KB066715

한반도 분단과
평화 부재의 삶

PA
RA
PA
CEM

이 저서는 2010년 정부(교육과학기술부)의 재원으로 한국연구재단의 지원을 받아
수행된 연구임(NRF-2010-361-A00017).

002
파라파쳄 시리즈

서울대학교
통일평화연구원

한반도 분단과
평화 부재의 삶

김병로 외

아카넷

평화인문학 기획총서를 펴내며

21세기형 불안이 확산되면서 평화를 바라는 마음이 한층 절실해지고 있다. 탈냉전과 세계화, 정보화의 큰 흐름이 국가의 경계를 넘어 공존의 지구촌 시대를 가능케 하리라는 낙관도 없지는 않지만 분쟁과 테러의 뉴스는 그치질 않고 개개인의 삶도 더 힘들어지는 모습이다. 해묵은 국가주의나 민족감정이 되살아나는 경우도 적지 않고 갈수록 심각해지는 환경재난은 인류가 이전보다 더 위험한 사회에 살고 있다는 생각을 증폭시킨다. 특히 한반도를 위시한 동아시아는 그 역동성만큼이나 불안정성도 크다. 급부상하는 중국과 아시아로의 회귀를 공언하는 미국의 관계가 이 지역을 중심으로 어떤 협력과 긴장을 초래할지도 주목거리다.

너나없이 겪고 있는 이런 전면적이고 총체적인 불안을 어떻게 해결할 것인지는 인류 공동체의 미래를 좌우할 매우 중요한 과제다. 이와 같은 난제는 근대문명을 평화의 맥락에서 근본적으로 성찰하는 작업에서 해결의 단초를 찾을 수 있을 터이다. 인류가 애써 추구해온 문명기획은 성장, 발전, 이익, 성공을 추구하는 패러다임이라 할 수 있는바, 이는 위기, 착취, 실패, 좌절을 동반할 수밖에 없는 딜레마를 안고 있다. 동아시아를 비롯하여 이런 비평화를 절감하는 지역일수록 특유의 근대적 성취가 초래한 삶의 불안정성이 깊이 자리 잡고 있다. 근대문명의 양면성을 넘어 어떻게 평화로운 미래, 평화로운 삶을 창출해낼 것인가는 21세기 첫 10년을 갓 지난 우리에게 던져진 무거운 화두다.

평화는 새로운 문명이다. 평화는 전쟁 부재의 시기에 잠시 얻어지는 일시적 산물이 아니며 폭력을 관리하는 것만으로 자연스레 확보할 수 있는 것도 아니다. 국가 간 전쟁이 없다고 해서 인류가 평화를 누리는 것이 아니며, 개인의 자유가 극대화된다고 해서 공동체의 평화가 보장되지도 않는다. 전 세계를 실시간으로 묶고 있는 시장과 정보 네트워크도 배제와 불신, 갈등과 증오를 부추기는 기제가 될 수 있다. 근대문명과 뗄 수 없는 비평화의 조건들을 대체할 새로운 삶의 양식을 찾아나서는 일은 그래서 중요하며 지속적으로 추구해야 한다는 점에서 이는 현재진행형 문명기획이다.

따라서 "평화를 원한다면 전쟁을 준비하라(Si vis pacem, para bellum)"라는 고전적인 경구보다 "평화를 원한다면 평화를 준비하라(Si vis pacem, para pacem)"라는 슬로건이 절실한 때다. 평화로운 사람, 평화로운 태도, 평화로운 문화, 평화로운 국가, 평화로운 정치, 평화로운 예술, 평화로운 종교를 준비하는 일은 그 자체가 창조적인 과업이고 인문학적 성찰과 사회과학적 분석력이 필요한 과제다. 그것은 평화를 구현할 수 있는 제도와 조건, 구조와 틀을 만드는 일이자 우리의 삶과 내면을 재구성할 가치와 정신의 개혁이기도 하다. 또한 전쟁을 억제하고 분쟁을 관리하는 정치적 역량은 물론이고 소수자를 배려하고 인간을 중시하는 문화역량이 필수적으로 요청되는 종합기획이다. 이기적 욕망에 사로잡힌 인격 대신 건강한 자부심과 민주적 심성, 배려의 정신으로 소통하는 사회적 아비투스를 구축하는 일이기도 하다.

한반도는 이러한 21세기 평화구현에 핵심적인 공간이자 특수보편의 사례이며 한반도 안팎에서 제기되는 평화의제들은 민족적 과제이자 지역적 쟁점인 동시에 세계사적 희망이 응축된 것이다. 나아가 21세기 동북아는 경제나 정치만이 아니라 평화형성에서도 인류의 미래를 좌우할 관건적 지역이 될 것이다. 그렇다면 무엇보다도 분단된 한반도의 긴장을 해소하고 남북한의 평화와 통일을 구현하는 일이 중요하다. 대국으로의 굴기에 거침없는 중국과 국가주의로의 선회에 목을 매는 일본, 유럽과 아시아를 잇는 맹주로 재도약하려는 러시아, 근대적 성취로 자부심을 키워온 한국 사이에 새로운 신뢰를 구축하는 것 역시 큰 숙제다. 시장의 확대, 물류의 확산, 사회적·문화적 소통을 넘어 지역의 평화형성을 공통의 의제로 발전시킴으로써 영토와 역사를 둘러싼 분쟁의 덫을 피하는 지혜를 모색하는 것은 21세기 세계사의 보편기획에 다름 아니다.

서울대학교 통일평화연구원(IPUS)은 한국연구재단 HK사업의 일환으로 2010년 12월부터 한반도발 평화인문학을 정립하는 장기연구사업을 시작했다. 평화인문학은 21세기 인류가 필요로 하는 평화의 총체성을 구현하기 위한 종합적인 지식체계로서 사회과학과 인문학, 자연과학과 예술까지 포함하는 융합적인 작업이다. 물론 학술적인 작업만으로 정치적·군사적 갈등이 통제되고 평화지향의 아비투스가 개인과 사회, 지역과 세계로 확산되리라 생각하기는 어렵다. 하지만 비평화의 조건들을 분석하고 평화의 제도를 구상하며 평화문화를 기획하는 것은 절실하면서도 유의미한 출발점이라 하겠다. 성경의 표현을 빌면 평화는 '바라는 것의 실상이고 보지 못하는 것의 증거'일 터여서 종합적인 예지와 융합적인 상상력으로 평화를 지향하는 것 자체가 평화를 구성해내는 힘이 될 것을 기대한다. 평화인문학 총서와 파라파쳄 평화 시리즈, 그리고 평화학 아카이브의 간행이 한반도와 세계의 평화 창출에 소중한 밑거름이 되기를 소망한다. 이 기획에 함께 참여하고 고민을 나누는 연구자들에게 고마움을 표하며 이런 야심찬 꿈을 시도할 수 있도록 지원해준 한국연구재단, 서울대학교, 그리고 출판을 기꺼이 감당해준 아카넷에 감사의 뜻을 전한다.

서울대학교 통일평화연구원 평화인문학연구단장 박명규

차례

서문

　이 책은 한반도 분단의 아픔과 눈물을 고스란히 담고 있는 이산가족 이야기를 다루고 있다. 남북분단의 오랜 세월 속에 너무 식상하고 빛바랜 주제가 되어버렸지만, 평화인문학의 눈으로 한반도를 다시 보노라면 분단의 고통을 가장 가까이서 체험한 사람들은 아무래도 이산가족들이다. 식상한 주제가 아니냐는 눈총을 무릅쓰고 이산가족 문제를 꺼내지 않을 수 없었던 이유는, 남북한과 세계 각지로 흩어져 살고 있는 이산가족들의 삶이 한반도의 분단과 전쟁이 만들어낸 폭력과 비평화의 현실을 가장 적나라하게 드러내고 있다고 생각했기 때문이다. 아직도 깊은 슬픔과 고통을 당하고 있는 이산가족 문제를 제쳐두고 다른 어떤 이론이나 분석을 논의한다는 것이 마음에 와 닿지 않았다. 너무나 평범하고 잊혀가는 관심사가 되어버렸지만, 한반도 평화 부재의 삶을 드러내는 평화인문학의 주제로서 이산가족만큼은 반드시 다루고 넘어가야 한다는 일종의 사명감이 발동했던 것 같다.

다양한 역사적 맥락에서 형성된 이산가족의 양태와 그들이 겪어온 삶의 이야기를 그려내기 위해 책을 크게 네 개의 장으로 묶었다. 제1장에서는 한반도의 전쟁과 분단이 지속되는 과정에서 발생한 여러 유형의 이산가족을 설명하고 이산가족 문제의 복합적 측면을 살펴본다. 한반도에서 이산가족은 월남인과 월북인, 국군포로, 비전향장기수, 미귀환공작원, 납북인, 납남인, 북송재일교포, 조선족과 고려인, 미주한인 등 디아스포라 한인, 그리고 최근의 북한이탈주민에 이르기까지 실로 다양하고 복잡한 양상을 띠고 있음을 설명한다. 지금까지 몇 차례의 이산가족 상봉이 이루어졌지만 여전히 많은 가족들이 생사 여부조차 모른 채 살아가고 있는 것이 이산가족의 아픈 현실이다. '왜 만나지 못하는가'라는 근원적인 질문을 던지며, '반동분자'나 '빨갱이'로 낙인찍거나 '자유의 용사'라는 미명 아래 정치선전으로 내몰린 가족 이산의 현실을 들여다본다.

제2장은 분단으로 찢긴 가족의 모습을 그렸다. 분단체제 속에서 엄청난 트라우마를 겪은 이산가족들, 그리고 체제 안에서 이념과 사상으로 짓밟힌 사람들, 생존을 위해 고향을 떠난 탈북자들의 멍든 가족 이야기를 쓰고 있다. 가족 이야기를 소리 내어 말하지 못하고 사는 월북인, 북한에 납치당한 것도 억울한데 귀환한 납북어부에게 덧씌워진 붉은 딱지, 국가에 의해 조작·왜곡된 간첩단 사건 등으로 과도하게 희생된 이산가족의 삶과 일상을 다루고 있다. 나아가 공개적인 반동분자로 억압당한 북한의 이산가족의 처참한 현실도 함께 소개한다. 결과적으로 '적'의 편에 가족을 두었다는 이유만으로 각종 국가폭력에 노출되어 고통을 당하고 무너진 이산가족 스토리를 생생한 구술자료와 사료로 풀어내고자 하였다.

제3장에서는 분단 상황에서 벌어진 치열한 이데올로기 경쟁과 대립이 빚어낸 이산가족들의 문제를 다루고 있다. 납치로 끌려간 최은희와 신상

옥, 망명을 선택한 지식인 오길남, 남한으로 망명한 주체사상 이론가 황장엽, 로열 패밀리 이한영과 성혜림, 북한의 남편을 47년이나 기다린 독일 여성 레나테 홍, 이들 모두 가족에 대한 죄책감과 그리움 때문에 죽음과도 같은 고통을 느꼈던 사람들이다. 그들의 신념과 대의, 욕망의 그림자가 가족에게 고스란히 드리우고 있음을 서술하고 있다. 이런 점에서 이 장은 망명과 납치로 야기된 이산가족 문제가 분단과 별개로 다루어지고 해결될 수 없음을 그리움의 고통을 안고 살아가는 가족의 이름으로 항변한다.

제4장은 동북아지역 격동의 정세 속에서 해외 한민족이 겪어야 했던 디아스포라 한인의 이산가족 이야기를 다룬다. 수백만 명의 이주민들이 한반도를 떠나 이역(異域)에서 흩어지고 각자의 처지에 따라 현지 사회에 적응해야 했던 디아스포라의 이산체험을 구술자료를 통해 사례별로 조망한다. 일본 본토, 사할린, 간도, 중앙아시아, 연해주, 미주 지역으로 가족 이산의 세세한 양상은 다르지만, 실향민으로서 이산의 아픔을 간직한 채 새로운 현실에 뿌리를 내려야 하는 타향살이는 한민족의 수난사를 고스란히 담고 있다. 탈냉전 이후 모국으로 돌아올 수 있는 기회가 생겼지만 기억 속 그리워했던 고향은 낯선 땅이 되었고 소식이 끊긴 가족들을 찾았지만 이방인처럼 낯설게 느껴지는 아픔을 그리고 있다.

이 책이 나오기까지 집필에 아낌없는 수고로 동참해준 동료학자 네 분에게 진심 어린 감사를 드린다. 이산가족 문제를 연구한 학자나 전문가가 많지 않은 터라 필진 섭외가 만만치 않은데 평소에 깊은 관심을 갖고 자료를 모아온 학자들이 선뜻 나서주었다. 필진 모두 우리 평화인문학연구단의 취지에 공감하며 관련 문헌을 읽고 연구와 토론을 전개하는 데 적극 참여 해주었다. 필진들이 개인적으로 모아둔 구술자료를 아낌없이 내어주었고 필요한 부분은 추가 면접을 통해 자료를 보완하였다. 그뿐만 아니라,

집필진 모두 평화인문학 프로젝트에 걸맞게 뛰어난 감수성과 탁월한 글쓰기 솜씨를 발휘해주어 식상해질 수 있는 이산가족 이슈를 예리한 감각과 진한 감동으로 엮어낼 수 있었다. 바쁜 일정 가운데서도 이산가족 연구에 선뜻 시간을 할애해주고 뜻을 모아준 학문 동지 네 분에게 다시 한번 감사의 마음을 전하고 싶다.

마지막으로 연구프로젝트가 진행되는 동안 일정과 연락, 자료준비를 꼼꼼히 챙겨준 노영지 연구원에게 고마움을 전한다. 책의 편집과 교정에도 성실히 임해주어 정해진 기간 안에 연구를 마치고 책으로 출판할 수 있게 되었다. 집필과 교정에 끝까지 성실하게 참여해준 집필자, 연구원 모두에게 깊은 감사를 표한다.

아무쪼록 이 책이 이산가족의 문제에 대한 관심과 공감을 새롭게 불러일으킴으로써 한반도 평화를 구축하는 자산으로 활용되기를 기대한다. 무엇보다 이 책이 한반도 분단의 아픔을 온몸으로 받아낸 이산가족들에게 조금이나마 위로가 될 수 있기를 바라며, 하루속히 자유로운 가족 상봉이 이루어질 수 있기를 소망한다.

2013년 5월
필자를 대표하여
관악산 연구실에서 김병로

분단과 전쟁, 그리고 가족의 흩어짐

1. 분단과 전쟁의 상흔

TV 카메라 앵글에 잡히는 이산가족 상봉 장면은 언제나 울음바다다. 60년 분단의 세월에 꼭꼭 눌러왔던 삶의 고통과 그리움을 한바탕 쏟아내는 장면은 보고 또 봐도 눈시울이 붉어진다. 어머니, 아버지, 언니, 오빠, 누나를 부르며 바닥에 털썩 주저앉아 땅을 치며 통곡하는 모습, 헤어지기 아쉬워 창밖으로 내민 손을 부여잡고 떠나지 못하는 이산가족들의 모습이 선명하게 떠오른다.

그러나 언젠가 북한 방송의 이산가족 상봉 장면을 보고 적지 않은 충격을 받은 적이 있다. 북한에서 보여주는 이산가족 상봉은 내가 지금까지 보아왔던 모습과는 너무나 달랐기 때문이다. 오랜만에 만난 가족들이 상봉의 기쁨을 나누며 서로의 안부를 묻고 오순도순 대화하며 활짝 웃고 있는 것

아닌가! 통곡하거나 울음바다를 이루는 장면은 전혀 등장하지 않았다. 정말 달라도 너무 다른 이산가족 상봉 장면이었다.

북한의 이러한 보도 행태가 궁금하던 차에 이산가족 상봉을 주선하고 직접 참여한 정부 관계자의 말을 들으니 조금은 이해가 되었다. 지금까지 우리에게 전달된 이산가족의 이미지는 가족 상봉의 현장과는 조금 다를 수 있다는 것이다. 실제 이산가족 상봉 현장에서는 애통해하며 눈물을 흘리는 시간은 잠깐이고 많은 시간들을 서로의 안부를 묻고 지난날 못 다한 대화를 나누기에 여념이 없다고 한다. 때문에 '눈물'과 '한'으로만 고정되어 있는 우리의 이산가족 상봉 이미지는 뭔가 오래 빛바랜 감이 없지 않다.

그런가 하면 이산가족 상봉의 현실은 오히려 만남의 기쁨이나 감격 혹은 애절함이나 통곡과는 달리 분단의 세월이 만들어낸 거리감에 먹먹해지는 것이 보통이다. 과거의 기억이나 경험을 가진 세대가 거의 사라지고 구전을 통해 들었던 가족관계를 확인하는 세대가 되다 보니 가족 상봉의 기쁨은 잠시뿐, 특별히 할 말이 없어 냉랭함이 흐르기도 하고, 재혼 등으로 복잡해진 가족관계 때문에 착잡함과 부담감에 압도되기도 한다. 아무리 가족이라 해도 너무 오랫동안 얼굴을 보지 못하고 대화를 나누지 못하다 보니 오래전 과거의 추억만으로 정을 나눈다는 것이 쉽지만은 않은 것이다. 가장 친밀해야 할 가족을 이처럼 차갑고 싸늘하게 만들어놓은 것은 과연 무엇인가?

1998년 김대중 정부가 출범하는 때를 맞추어 북한 당국이 자체적으로 이산가족 상봉을 추진했던 적이 있다. 마치 남한에서 1983년 KBS가 실시했던 '이산가족찾기'와 같은 대대적인 캠페인이었다. 북한에서는 '이산가족'을 한국전쟁 때 북한을 위해 싸우지 않고 '적'의 편(남한)으로 도주한 반동분자로 여겨 정치적, 사회적 차별을 가해왔다. 이와 달리 소위 '전사자',

'피살자'로 간주되는 전쟁의 피해자들을 '핵심군중'으로 등용하여 북한 사회의 계층구조를 "계급에서 성분으로" 완전히 탈바꿈하는 계기로 삼았다. 이처럼 철저한 성분정책을 추진한 북한이기에 주민들은 자신들이 '월남인 가족' 즉 '이산가족'으로 낙인찍히지 않고 '전사자', '피살자'와 같은 '영웅가족'으로 분류되기를 바라는 것은 자연스러운 이치다.

그런데 놀랍게도 북한 당국이 1998년 10개월 동안 '주소안내소'를 설치하여 주민들의 신청을 받은 결과 국내에 흩어져 있는 460여 가족이 상봉하는 성과가 있었다. 전쟁 때 죽은 줄로만 알았던 가족, 혹은 행방불명으로 영영 찾지 못할 줄로만 알았던 부모와 형제자매가 북한의 다른 지역에 살고 있었던 것이다. 철통같은 관리시스템으로 주민들을 통제하고 있을 것으로 여겨졌던 북한에서 수백 명 주민들의 신상 파악이 제대로 되어 있지 않다는 사실이 믿기 어려웠다. 하기는 세계 선진 제도를 자부하는 우리 사회에서도 여전히 국내 이산가족이 존재하고 있음을 생각하면 인간 사회의 부실한 측면은 어디에나 있을 것이다.

해방정국의 혼돈과 한국전쟁으로 양산된 이산가족은 남북분단 역사의 비극과 고통을 대변하는 민족문제의 상징으로 자리하고 있다. 전쟁은 남북한에 200만 명이라는 엄청난 죽음과 학살, 그리고 수만 명의 고아와, 수백만의 불구자를 만들어내며 가족을 파괴하였다. 전쟁으로 발생한 직접적인 인명피해는 남북한의 많은 가족에게 크나큰 상실감과 씻을 수 없는 상처를 안겨주었다. 한반도에 사는 수많은 사람들이 바로 이러한 상실감과 상처를 가슴속에 깊이 안고 있다. 그러나 이보다 더 가슴 아픈 일은 지금까지도 가족이 죽었는지 살았는지조차 모른 채 지내는 사람들이 많다는 것이며 이러한 사실을 확인할 길이 없다는 것이다.

분단이 야기한 많은 문제 가운데 흩어진 가족을 만나게 하는 일만큼 절실한 사안은 없을 것이다. 전쟁 통에 죽은 줄로만 알았던 가족들이 국내의 어디엔가 흩어져 살고 있는 경우도 있고, 월남하거나 월북하여 살고 있지만 생사 여부를 모르거나 어디에서, 어떻게 살고 있는지 파악하기는 더욱 어려운 경우도 있다. 이산가족 문제는 다른 남북관계 현안과는 달리 42만 명의 이산 1세대가 사라지면 해결할 수 없는 시급성마저 띠고 있다. 이처럼 중대하고 시급한 문제라는 인식 때문에 남북한은 몇 차례의 역사적 만남을 통해 이산가족 문제를 진지하게 논의하였고, 1992년 발효된 〈남북기본합의서〉와 2000년의 〈6·15 남북공동선언〉에도 남북한이 이산가족 문제를 인도주의 정신에 입각하여 해결해나가야 할 중요한 과업으로 합의한 바 있다.

그럼에도 이산가족 문제는 여전히 해결되지 않고 있다. 남북한이 분단되어 '한국'과 '조선'이라는 나라를 세운 지 60년이란 시간이 흘렀고, "우리의 소원은 통일, 꿈에도 소원은 통일"을 그토록 오랫동안 외쳐왔지만 지금 남북한의 현실은 어떤가. 통일은커녕 분단과 전쟁 통에 헤어진 가족조차 제대로 만나지 못하며 살아가고 있는 실정이다. 1985년 9월에 첫 시범교류가 이루어져 가족 32명이 상봉하였고, 1990년대 들어 민간 차원의 주선으로 400여 명이 상봉하였으며, 2000년 6월 남북정상회담을 계기로 10년간 2만5천 명의 이산가족이 남북 정부의 도움으로 만남의 기회를 가졌을 뿐이다. 지금까지 남북한 당국이나 민간단체가 주선한 이산가족들의 만남과 접촉은 1천만 명이라는 이산가족의 규모에 비하면 턱없이 부족한 수치다. 1천만의 부모와 자식, 형제와 자매, 그리고 친척들이 남북으로 흩어져 생사조차 확인하지 못한 채 살고 있는 비극적 현실은 남북한의 분단과 갈등의 골이 얼마나 깊은지를 웅변적으로 보여준다.

남북한의 이러한 상황은 분단 이후 통일이 되기까지 이산가족들에게 많은 배려를 아끼지 않았던 동서독과는 너무나 대조적이다. 서독은 추상적인 통일을 외치기보다 상호접근을 위해 만남, 교류, 방문, 왕래 등 구체적이고 현실적인 노력을 기울였으며, 특히 브란트(B. Brandt) 수상은 동방정책을 통해 이산가족들의 접촉과 교류에 세심한 배려를 아끼지 않았다. 그 결과 동서독은 가족·친지들 간의 '긴급한 용건'이라고 판단될 경우 언제든지 이산가족들에게 방문이 허용되었고, 1년에 30일 혹은 60일의 체류가 가능하였다.

남북한 사이에는 이러한 제도가 전혀 없으며 조그마한 갈등만 야기되어도 금방 깨어져버릴 불안한 관계를 겨우 유지하고 있다. 남북한이 과연 이산가족들의 아픔을 헤아릴 수 있는 여유가 있을까? 동서독과 같이 제도화 단계까지는 아니더라도 이 문제를 해결하려는 진지한 마음은 갖고 있는가? 지극히 인도주의 의제여야 할 이산가족 문제가 남북 간에 정치적 문제로 막혀 있는 현실이 안타까울 뿐이다.

이 책에서는 남북분단의 아픔을 가장 가까이서 체험하고 있는 이산가족들의 삶을 통해 분단과 전쟁, 대립과 싸움이 한반도에서 우리의 삶을 어떻게 짓누르고 있는가를 살펴보고자 한다. 평화 부재의 삶을 온몸으로 살아가고 있는 이산가족들의 이야기를 깊이 들여다보며, 온전히 보호되어야 할 가족의 울타리가 전쟁과 이데올로기 대립으로 찢기고 짓밟힌 한반도 현실을 성찰해보고자 한다.

2. 평화로운 삶과 가족

일찍이 인류학자 머독은 가족을 공동주거, 경제적 상호협력, 재생산을 특징으로 하는 하나의 사회집단으로 규정한 바 있다.[1] 그러나 분석적으로 볼 때 가족은 다양한 층위를 가진다. 현대사회의 주요 특징을 이루는 핵가족은 과거와 달리 특유의 인식 및 행위 논리에 바탕을 둔 집합적 행위자(actor)이며, 독특한 양식에 따라 생산·분배·소비를 처리하는 제도(institution)이고, 동시에 다양한 사회집단과 개인, 국가가 관여하는 지배·통제·저항·타협의 여러 사회적 과정에 대처하는 적응적 기제(mechanism)이기도 하기 때문이다.[2] 따라서 가족의 복합적 층위는 가족주의를 분석할 때도 다양한 측면에서 고찰이 가능하다. 그중 하나는 개인과 가족의 이항 대립 속에서 가족에 우선을 두는 측면이고, 다른 하나는 여타의 사회집단과 비교하여 가족이 절대적 가치와 의미의 준거가 되는 측면이다. 전자의 가족주의 단면은 가족 단위의 '집단성'을 강조하기 때문에 가족을 위해 일개 가족 구성원의 희생과 헌신을 묵과한다. 그러나 후자는 가족의 절대적 '중심성'을 강조하기 때문에 가족적 폐쇄성 및 배타성을 드러내며 때로는 가족주의가 공공성에 반하는 '가족이기주의'로 나타나기도 한다.[3]

이 책의 핵심주제어는 '분단'과 분단으로 인해 헤어진 '가족'이다. 한반도 분단의 역사에서 잘 알 수 있듯이 분단과 가족은 상호 밀접한 관계를 맺고 있다. 분단은 가족 구성과 해체 그리고 가족사에 결정적 영향을 미쳤다. 역으로 남북분단 이후 구축된 분단체제 아래 가족은 분단질서를 수립하며, 분단의 이데올로기를 재생산하는 사적(私的) 공간으로 기능하기도 했다. 장경섭과 최우영의 연구처럼, 분단구조 아래서 이산가족은 국가

1 G. P. Murdock, *Social Structure*(New York: Macmillan, 1949).

2 장경섭, 「가족, 국가, 계급정치: 가족연구의 거시 사회변동론적 함의」, 『한국 근현대 가족의 재조명』(문학과 지성사, 1993), 214~239쪽.

3 최우영, 「조선시대 국가—사회관계의 변화와 가족주의의 기원」, 《가족과 문화》 제18집 1호(2006), 4~5쪽.

와 사회의 변화 속에서 전략적으로 행위 양태를 변화해가며 가족 중심성을 유지시켜 나가기 위해 부단히 노력해왔다. 그러나 기존의 이산가족 연구는 분단의 현장에서 온몸으로 겪어온 그들의 고통과 상처, 분단 트라우마(trauma)를 온전히 담아내지 못하고 있다. 다만 몇몇 학자들이 이산가족 개개인의 이면에 묻혀 있는 작은 기억들을 구술자료 형태로 기록하고 있을 뿐이다. 게다가 빠르게 변화해가는 세계화에 적응하며 경제생활을 유지하기에도 버거운 삶의 현실 속에 분단과 전쟁, 그리고 이산가족 이야기는 케케묵은 과거의 이야기로 치부되기 일쑤며 분단가족 이야기가 왜 복원되고 기억되며 치유되어야 하는지 그 설득력을 잃은 지 오래다.

1953년 7월 27일 전쟁은 휴전상태로 정지되었고, 남북분단은 60년간 지속되고 있다. 전쟁의 흔적은 사라졌고, 새로운 세대들은 연이어 출현했으며, 기억과 추억조차도 잊힐 만큼 긴 시간이 흘렀다. 그러나 전쟁이 종료된 것이 아닌 이상 분단은 지속되고 있고, 분단구조가 강제하는 다양한 고통과 상처 역시 곳곳에 산재한다. 최근에는 북한의 경제적 어려움 때문에 북한이탈주민(탈북자)이라는 21세기형 신(新)이산가족이 생겨나고 있다. 분단이 파생한 분단가족 이야기는 시간의 흐름과 함께 다른 형태와 파장을 발산하며 또 하나의 분단을 초래·지속시키고 있는 것이다.

이 책은 전쟁과 분단의 고통이 고스란히 담긴 이산가족의 역사가 분단의 지속과 함께 때론 주체적 행위자로, 때론 기억에서 망각으로 사라지며 어떻게 분단체제로 흡수되고 형질 변화를 거듭해왔는가를 비추어본다. 이를 통해 이산가족들의 파편화된 삶과 생활세계를 드러내고 분단이 얼마나 개개인들에게 폭력적이며 억압적인 삶을 강요했는지 그들의 삶을 조명한다. 나아가, 분단으로 인해 개인들의 사고와 생활이 망가지고 지역 공동체와의 관계가 헝클어지며 단절되는 고통을 기꺼이 감수해온 이산가족의 삶을 살펴본다. 분단과 가족의 이야기에서 우리 안의 성찰과 치유를 통한 공동체성의 회복 등 평화적 삶을 위한 첫발을 내딛고자 한다.

3. 이산가족 형성의 역사

이산(離散)이란 일반적으로 전쟁이나 무력충돌로 생겨난다. 그러나 한반도의 경우는 해방 이후 강대국의 국제정치에 의한 국토분단, 이데올로기적 대립과 전쟁, 그 이후 분단의 지속과 장기간의 휴전 상태 등 가족 이산의 배경이 다른 국가들과 크게 다르다고 할 수 있다. 한반도에서는 이산가족을 1945년 9월 이후 동기 여하를 불문하고 가족과 헤어져서 남북한 지역에 분리된 상태로 거주하고 있는 자와 그들의 자녀로 정의한다.[4] 즉 8·15 해방 전후, 한국전쟁 기간 및 그 이후에 북한지역에서 월남한 사람과 북한에 잔류하고 있는 가족들을 일컫는다.

한반도의 역사에서 가족의 강제적 나뉨은 분단과 전쟁으로만 야기된 것은 아니었다. 우리나라 이산가족의 역사는 분단과 한국전쟁은 물론 멀게는 식민지 시기까지 거슬러 올라간다. 일제 식민통치 시기에 강제 이민정책에 의해 가족의 분단이 초래되었고, 그보다 훨씬 이전에도 한반도가 국경을 마주하고 있는 러시아나 중국으로 경제적 혹은 생활상의 이유로 이주를 시도하면서 가족의 이산이 초래되었다. 그러나 한반도의 대다수 이산가족은 1945년 해방 이후 남쪽과 북쪽 지역에 미군과 소련군이 점령하고 분할통치에 들어가면서 생겨나기 시작하였다. 특히 한국전쟁은 이산가

4　대한적십자사, 『이산가족찾기 60년』(대한적십자사, 2005), 6쪽.

족을 대량으로 만들어냈고 1953년 이후 남북분단의 고착은 다양한 형태의 이산가족을 양산하였다. 전쟁은 대량의 사람을 인위적으로 이동시킨다. 전쟁의 범위가 넓고, 규모가 크고, 기간이 오랠수록 더 많은 사람이 이동하게 된다. 이들이 전쟁피난민인데, 전쟁피난민은 동시에 이산가족의 문제로 이어진다. 피난민 이동에서 가족 구성원 전체의 이동은 비율이 낮고 대개는 단독이나 일부 가족이 이동하기 때문이다.

분단 이후 북한지역에서 1946~47년과 1950~51년 두 차례에 걸쳐 대규모 남한이주가 이루어졌다. 8·15 해방 전후 및 한국전쟁 기간에 북한지역에서 얼마나 많은 인구가 남한으로 이주했는지에 대해서는 정확히 파악되지 않는다. 일반적으로 남한에서는 해방 후부터 한국전쟁 발발 이전까지 350만 명이 북한의 공산정권을 탈출하여 월남하였고, 한국전쟁 기간에 100만 명이 추가로 월남하여 총 500만 명이 남한으로 이주한 것으로 보고 있다.[5] 그러나 월남인 수치에 대한 이 추산은 다소 과장된 것으로 보이며, 학자들은 월남인 인구를 65만 명[6] 혹은 100만 명[7] 정도로 추산한다.[8] 대개 1950년에 일어난 한국전쟁에서 1명의 난민이 3~4명의 이산가족을 만들어

---

5 민병천, 『민족통일론』(고려원, 1985), 67~70쪽; 대한적십자사, 『이산가족백서』(대한적십자사, 1976), 181쪽; H.-J. Lee, "National Division and Family Problems," *Korea Journal* Vol. 25, No. 8(1985), 5쪽.

6 전광희, 「한국전쟁과 남북한 인구의 변화」, 한국사회학회 편, 『한국전쟁과 사회변동』(풀빛, 1992), 60~92쪽.

7 Andrew C. Nahm, *Korea, Tradition and Transformation: A History of the Korean People*(Seoul: Hollym, 1993), 378쪽.

8 한국 내무부는 1955년 '제1회 간이 총인구조사'에서 전쟁기간 중 월남인의 수를 44만 9,929명으로 발표하였으며, 1960년 내무부 통계국의 '국세(國勢)조사'에 따르면 북한 출신 (출생) 인구가 64만 명으로 집계되었다. 월남이주자 가운데 불이익을 받을 것을 우려하여 북한이주자임을 밝히지 않은 사람들이 있을 것으로 가정하면 64만 명보다는 훨씬 많을 것으로 보인다.

냈다고 본다면, 해방 이후 한국전쟁까지 8년 동안 월남인과 월북인 150만 명에 3, 4를 곱하여 약 450~600만 명으로 이산가족을 추정하는 것도 가능하다. 이는 1950년 당시 남북 총인구 3천여 만 명의 15~20%에 이르는 엄청난 규모라고 할 수 있다.[9]

이러한 이산가족의 이동은 그저 인구의 이합집산만을 의미하는 것이 아니라 사회 구성원을 바꾸고 사회의 성격마저 변화시킨다. 특히 38선 부근 지역은 전쟁과 분단을 거치면서 휴전 이전과 이후 나라가 바뀌고 그렇게 되면서 두 번, 세 번의 이산을 겪은 사람들이 모여 있기도 하다. 대표적인 곳으로 속초, 양양 지역을 꼽을 수 있다. 또한 철원, 포천, 파주, 의정부, 동두천 등은 분단 이후 대표적인 군사지역이 되었다.

한국전쟁 이후 남과 북은 분단이 고착화되어 현재에 이르고 있다. 그 과정에서 여러 유형의 이산가족이 나타났다. 휴전협정 과정에서 합의한 포로 송환 원칙과 이후 이승만 대통령의 반공포로 석방에 따라 북으로 송환되지 못한 포로 8만 명과 유가족들은 이산가족으로 남게 되었다. 또한 미송환되어 북한에 남은 국군포로 1만9천 명도 마찬가지이다. 그 뒤로 긴 분단의 과정에서 남북은 총성 없는 전쟁을 지속하였고 남파 또는 북파 간첩이 양산되었다. 이들은 전쟁 중에 생겨난 이산가족과는 역사적 배경이 다른 이산가족이라 할 수 있다.

1945년 8월 15일에서 1962년 12월 22일까지 《동아일보》에 실린 간첩 관련 기사가 1,631건이었고, 국가정보원 과거사건진실규명을통한발전위원회의 발표에 따르면 1951년부터 1996년까지 검거된 남파간첩은 모두 4,495명이다. 1950년대 간첩의 검거율이 60%라고 했을 때 검거되지 않은

---

9 김귀옥, 「냉전시대의 경계에 선 사람들―월남인-월북인-납북인」, 《황해문화》 2010 여름, 48쪽.

남파간첩을 포함시키면 최소한 7,500명으로 추정할 수 있다. 또한 남한에서 북한으로 침투시킨 북한간첩(공작원)은 정보사 요원만 보더라도 생환자를 포함하여 1만1,273명이라고 한다.[10] 특히 2000년 〈6·15 남북공동선언〉에서 공식적으로 이름붙여진 '비전향장기수'와 같은 '실종'된 남파공작원도 이에 포함된다.

납북인, 월북인, 국군포로, 비전향장기수, 해외동포, 탈북자 등 여러 양상으로 흩어진 이산가족들이 존재한다. 북한은 1950년 한국전쟁 당시 정계를 비롯한 각계 저명인사들을 북한으로 데리고 갔으며, 한국전쟁 이후에도 KAL기 납치 등 기타 사고로 인한 이산가족들을 만들어냈다.[11] 1955년에서 1995년까지 납북된 사람들은 442명으로 이들의 가족이 납북이산가족에 포함된다. 그런가 하면 해방 이후부터 오늘까지 남한지역에서 북한으로 넘어간 월북인과 재남가족도 이산가족의 범주에 포함된다. 남한에서는 10여 년 전까지 월북인 가족을 '빨갱이 가족'으로 간주하는 경향이 강했으며 정부 차원에서도 월북인 가족을 이산가족 범주에 넣어 상봉을 허용한 것이 그리 오래지 않았다.

전쟁으로 인한 이산가족의 문제는 전쟁 직후부터 각각의 정부가 민감하게 대응하는 등 이산가족 문제해결과 관련된 당국의 노력은 지속되었다. 당시 남한과 북한 모두 실향민 문제의 해결을 위해 활발히 논의하였다. 하지만 비전향장기수를 비롯한 다양한 원인의 이산가족 형태는 탈냉전 이후 그리고 정권의 변화에 따라 속속 밝혀지는 과정에 있고, 여러 가지 정치적, 경제적 이유로 미국과 중국, 일본, 러시아에 정착하게 된 해외동포와 귀순자 및 탈북자의 가족도 새로운 이산가족의 범주에 들어오게 되었다.

---

10 위의 글, 60쪽.
11 제성호, 「남북이산가족의 법적 성격과 해결방안」, 《통일문제연구》 제5권 1호(1993), 145~146쪽.

이산가족들의 이산원인과 이산시기 및 이산지역 등은 매우 다양한 분포를 보이고 있다. 1983년 6월 30일 KBS의 이산가족찾기 특별생방송 기간에 접수된 10만9천 건을 기준으로 이산가족들의 사회적 특징을 분석해보면 다음과 같다.[12] 첫째, 지역별로는 평안도(22.5%) 출신이 가장 많고 그 다음으로 황해도(20.5%), 함경도(13%) 순이다. 둘째, 연령별로는 50대(36%)가 가장 많고 60대(22.1%), 40대(21.8%) 등의 순으로 나타난다. 셋째, 시기별로는 1949~50년(38.3%) 사이에 헤어진 이산가족이 가장 많으며, 1951~52년(25.9%), 1945~46년(15.3%)의 순으로 나타나고 있다.

3년간의 한국전쟁은 남과 북에 엄청난 고통을 안기며 수많은 가족의 희생을 초래했다. 200만 명이라는 엄청난 인명 살상을 초래했고 부상자와 전쟁고아를 만들어냈다. 이들 모두가 가족이 나뉘는 크나큰 상처를 받았다. 북한은 이러한 결손가족을 동원하여 체제를 유지하는 수단으로 활용하기도 하였다. 전쟁으로 발생한 3만 명의 전쟁고아를 길림과 상해, 몽골로 후송시켰다가 전쟁 후 북한으로 송환하여 이른바 '혁명학원'에서 집단교육을 실시함으로써 북한의 최고 엘리트 계층을 구성하도록 하였다. 전사자, 피살자 가족의 상처와 아픔, 분노를 동원하여 구조화하는 북한의 성분정책은 전쟁이 빚어낸 가족의 붕괴에 근거하여 추진될 수 있었다.

남한은 전쟁의 피해자들을 구조화하거나 제도화하지 못했으나 북한에 의한 인명 살상과 물리적, 심리적 피해를 정치적으로 동원하여 원망과 분노를 지속적으로 생산해왔다. 전쟁은 무참한 폭력으로 가족을 갈라놓고 인간의 육체와 정신, 마음을 무자비하게 짓밟는다. 그 폭력은 거기에 그치지 않고 여전히 우리 사회를 아프게 하고 있다. 한반도의 전쟁은 현재도

---

12 대한적십자사, 『이산가족백서』 제2권(대한적십자사, 1986), 245~246쪽.

진행 중이다. 사람이 상하고 가족이 나뉘는 아픔과 고통을 해결할 힘이 없는 것이다. 그저 대립하고 말로 싸움을 벌이며 투쟁을 하고 있다는 것만을 의미하지 않는다. 분단과 전쟁은 지속되고 있다. 참된 하나됨과 연합, 평화는 어떻게 가능할까? 이러한 물음에 대답하고자 그 현실을 다시 들여다본다. 상처받고 아픈 현실을.

전쟁으로 야기된 가족의 손실은 남과 북에서 모두 발생했으나 남한과 비교할 때 북한의 가족 손실이 매우 컸음을 알 수 있다. 남한의 피해규모에 대한 평가들이 정확히 일치하지는 않지만 대략 사망자와 실종자가 군인 27만8천 명, 민간인 57만4천 명(월북인 포함)으로 총 85만2천 명이며, 부상자는 군인 70만9천 명, 민간인 23만여 명을 포함하여 총 111만5천 명이다.[13] 사망자와 실종자 등 직접적인 인적 손실은 85만 명이며 많게 보는 사람들도 100만 명 정도로 평가한다. 당시 남한의 인구가 2천만 명이었으니 전쟁으로 인한 인적 손실은 전체 인구의 5%에 해당한다. 북한은 전쟁 당시 960만 인구 중 120만의 인적 손실을 입었으니 남한의 가족 손실은 북한과 비교하면 상대적으로 적은 비중이다.[14] 인구수를 감안한 인적 손실의 충격은 남한보다 북한이 3∼4배 컸다고 보는 편이 옳을 것이다.

남북 간의 이러한 아픔은 여러 형태였지만 특히 가족의 헤어짐과 흩어짐으로 극대화되었다. 혹독한 전쟁의 경험과 피해에 대한 두려움 때문에 어느 누구도 가족의 문제를 쉽게 꺼내지 못하였다. 월북인, 월남인, 납북인, 국군포로 등 어떤 형태의 가족 이산도 자칫 잘못하면 죽음에 내몰릴 수도 있기 때문에 드러내지 못하고 감추어졌다. 이데올로기와 이념이 인도

---

13 유완식·김태서, 『북한 30년사』, 137∼138쪽; 전쟁기념사업회, 『한국전쟁사』 제1권, 480쪽.
14 김병로, 「한국전쟁의 인적 손실과 북한 계급정책의 변화」, 《통일정책연구》 제9권 1호, 219∼242쪽.

주의를 철저히 짓밟은 것이었다.

탈냉전 이후 이산가족 문제는 새로운 차원으로 발전하였다. 남한이 1990년, 1992년에 구소련 및 중국과 각각 수교를 맺게 되자 재러, 재중 동포들의 친지방문이 활발해졌고 그동안 감추어졌던 이산가족의 실체가 드러났다. 해방 이후 북한주민들의 해외이주가 이루어지기도 하고 소련군정 통치 기간 중 재판을 받고 시베리아로 유형을 떠난 사람들까지 여러 이산가족의 현실이 밝혀지게 된 것이다. 이 가운데 김선혁씨 가족과 같이 본인은 시베리아로 유형을 떠나고 나머지 가족은 월남하여 일부는 남한에 살고 있고 몇몇은 미국으로 이민을 가서 디아스포라 이산가족이 된 경우도 적지 않다.[15] 또한 북한 체제를 벗어나 중국과 제3국 및 남한으로 들어오는 탈북자가 급증하여 새로운 형태의 이산가족이 발생하고 있다.

이처럼 탈냉전기에 들어 해외 이산가족들의 귀환 등 새로운 유형의 이산가족 문제가 제기되고 남한이주 탈북자들의 정착 등 새로운 문제가 대두됨에 따라 국민들의 대북관심은 분산되었다. 남북한 관계를 보더라도 1980년대까지는 남북분단과 한국전쟁으로 발생한 이산가족 문제가 대화의 핵심적 사안이었다. 1972년 분단 이후 처음으로 이루어진 남북대화에서도 이산가족 상봉을 목적으로 한 남북적십자회담이 근간을 이루었다. 또한 비록 그 규모는 크지 않았지만 분단사상 최초로 실현된 1985년의 이

---

15 김선혁씨는 1946년 5월 소련군 당국에 체포되어 극동 시베리아로 유형을 떠나 보로쿠타 수용소, 이르비트 수용소, 까민스크우랄스크 수용소, 드브라우라크 수용소 등의 강제수용소를 거치며 7년간의 형기를 마치고 1953년 석방되었으나, 유배생활을 시작하여 우크라이나 키예프에 정착하기까지 힘든 이주생활을 지속했다. 1988년 고르바초프가 정권을 잡은 이후 변화가 시작되었고 1990년 5월 소련의 해체, 1990년 9월 한소수교로 이어졌으며, 그 과정에서 이처럼 유배생활을 하던 북한이주민의 사례가 보도되기도 했다[미주 《동아일보》(1990. 10. 9)].

산가족 고향방문도 그렇고 2000년 남북정상회담에서도 이산가족 상봉을 전면의 이슈로 내세웠다. 그러나 최근 몇 년 동안 핵문제와 탈북자, 남남 갈등 해소 등 정치적 문제에 관심이 쏠림으로써 이산가족 문제는 뒤로 밀려난 듯 보인다.

몇 년 전 납북인 가족의 어머니 한 분을 만나서 대화를 나눈 적이 있다. 1970년대 말 고등학생이던 아들이 실종되었는데 10여 년 후에 그 아들이 북한으로 납치되었으며 북한에 살아 있다는 사실을 알게 되었다고 한다. 그 어머니는 지금 아들을 찾기 위해 백방으로 뛰어 다니며 호소하고 있다. 그런 그 어머니의 말씀을 듣고 많은 생각을 하게 되었다. 그분의 말에 따르면, 북한에서는 자기 아들이 월북했다고 주장하고 있고 남한의 인권단체에서는 납북되었다고 주장하며 서로가 대립하고 있는데, 사실 본인은 자기 아들이 납북되었건 월북하였건 별 관심이 없다는 것이다. 우선 아들이 살아 있다고 하니 감사할 따름이고, 자기가 소원하는 것은 단지 아들을 한번 만나보고 싶다는 것이다. 그 어머니에게는 납북이냐 월북이냐를 따지는 것은 아무 소용이 없는 일이다. 진실을 밝히고 파헤치는 작업, 그래서 정의를 실현하는 일에 앞서 아들을 만나고 싶어 하는 어머니의 심정을 헤아리는 일이 필요하다는 생각이 들었다. 분단과 전쟁이 만들어낸 이 아픈 역사가 21세기 분단 한반도를 살아가는 사람들의 마음에 아물지 않은 채로 남아 있기 때문이다.

1

한반도 이산가족 양상의
복합성

PARA
RA
PA
CEM

한반도 이산의 역사는 식민지 시기로 거슬러 올라간다. 하지만 우리가 일반적으로 접하고 문제 삼고 있는 이산의 유형은 한국전쟁과 그 이후 분단이 지속되는 과정 속에서 다양하게 발생되었다. 때문에 한반도에는 여러 유형의 이산가족이 양산되었고, 이산가족 문제를 푸는 데 있어서도 복잡한 양상을 띠게 되었다.

한반도에서 이산가족의 발생 원인은 분단과 전쟁, 월남과 월북, 한국전쟁 기간 중 납치 또는 의용군 입대, 일본에서의 북송, 정전협정 체결 후 미귀환(미송환), 납북·북한이탈 등 다양하다.[1] 역사적으로 살펴보면 첫째, 일제의 한반도 강점과 국권 상실 후 항일독립운동, 생활고 해결을 위한 중국, 만주 등으로의 이주가 있다. 둘째, 일제의 태평양 전쟁 당시 강제징

---

1 대한적십자사, 『이산가족찾기 60년』(2005), 6쪽.

병·징용으로 중국·일본·사할린 등지에서 거주하다가 미귀환한 경우이다. 셋째, 38도선으로 휴전선이 확정되고서 남북 간의 왕래 차단과 북한의 공산화 과정에서 월남인이 대량 발생한 경우이다. 넷째, 한국전쟁 중 피난민의 남하, 강제납북 및 월북인이 발생하였다. 다섯째, 정전 이후 납북 또는 북한지역에서의 이탈로 인해 이산가족이 발생한 경우이다. 이처럼 한반도 이산의 복잡한 역사적 배경이 다양한 이산가족을 양산하였다.

이산가족의 여러 유형을 살펴보면 월남인과 그 가족, 월북인과 그 가족, 북파공작원 및 남파공작원, 납치자, 미송환포로와 그 가족 등 실로 다양하다. 보통 이산가족이라고 불리는 월남인, 월북인, 전쟁고아 등의 역내 이산가족이 있고, 특수 이산가족에는 납남인, 납북인, 남파공작원, 북파공작원, 미귀환 인민군포로, 미귀환 국군포로가 있다. 그리고 특수 유족이산가족에는 좌익빨갱이 혐의 유족이산가족, 우익반동 혐의 유족이산가족 등으로 나누고 있다.[2] 이산가족은 기존에 논의되었던 일반적인 이산가족의 형태 이외에 분단이 60년간 지속되면서 생겨난, 일반적인 유형에서 벗어나는 다양한 형태들이 존재하고 있다. 이는 곧 이산가족 문제해결이 복잡하다는 것을 말해준다.

이처럼 복합적인 이산가족의 유형을 정리하면, 월남실향민, 월북인, 미송환 국군포로, 비전향장기수, 납북인, 북한이탈주민 등으로 분류된다. 서은성은 이산가족의 분류를 공간적 의미로 월남인과 월북인으로 구분하고, 시기별로 전쟁 전, 전쟁 중, 전쟁 후로 나누고, 원인이 자의적이냐 타의적이냐에 따라 미송환 국군포로, 납북인, 납남인으로 나누었다.[3]

2 서은성, 「이산가족의 의미 변화 분석」(경남대학교 북한대학원 석사학위논문, 2006), 8~9쪽.
3 위의 글, 10쪽 표 참조.

1. 벗어나는 다양성

1) 월남인

월남인의 규모에 대한 정확한 통계자료는 없지만 여러 연구들에서 추정하고는 있다. 1948년 이승만 대통령은 제헌의회 개원식 축사에서 "이북에서 넘어온 동포가 450만"이라고 언급했고, 이를 바탕으로 이북5도위원회에서는 1970년 가(假)호적 취득 시 조사된 월남도민이 546만 명이며, 이후 인구증가율을 감안할 때 현재 월남인 및 월남인 가족이 767만 명에 이를 것이라 추정하였다.[4] 그러나 1949년 당시 북한(38선 이북지역) 인구가 962만 명 정도였다는 사실에 비추어보면 이 숫자는 과장되어 있다. 당시 정부의 공식적 인구조사(census) 결과를 보면 1945~1949년의 월남인이 1949년 조사에선 48만1천 명, 1955년 조사에선 45만 명이다. 1955년 인구센서스 결과에서는 전쟁 전 월남인 28만3,313명과 전쟁 중 월남인 45만 2,188명 등 월남인의 규모는 총 73만5,501명으로 집계되었다. 또 이북 5도 출신자의 경우 1960년 63만8천 명, 1966년에 69만7천 명, 1970년에 67만5천 명으로 기록되어 있다.[5] 인구학 전문가 권태환은 1945~1949년에 74만 명, 전쟁기간 중 65만 명을 합하여 대략 139만 명 정도로 추정한다. 여기에 강정구는 84만 명, 우의영은 120만 명 등 학자마다 조금씩 다르지만 학계에서는 대체로 월남인을 60만 명에서 많게는 139만 명까지 파악하고 있다.[6]

---

4 이북5도민 홈페이지(www.ibuk5do.go.kr) 참조.
5 이수강, 「월남인 규모의 허와 실, 그리고 '냉전적 통념'에 대해」, 《월간 인물과 사상》, 2001년 4월호.

최근 2005년 통계청 조사에 따르면 남북한 이산가족이 있는 인구는 71만5,968명이고, 남한에 있는 북한출생자(월남인)는 16만1,605명이다. 이중에서 이산가족정보통합센터에 신고된 사람들은 2005년 총 12만 5,706명, 2012년 현재는 12만8,690명이다. 이산가족정보통합센터의 통계 는 자발적 신고자 숫자이기 때문에 숫자의 증감이 이산가족의 현황을 반 영한다고는 할 수 없다. 따라서 통계청 조사를 기본으로 2005년 남한에 있 는 순수 북한출생자 16만1,605명을 기준으로 해야 하며, 8년이 지난 시점 인 2012년 현재 사망자들을 고려한다면 남한에 있는 북한출생자는 16만 명 정도이고, 그 가족의 숫자도 감소되었을 것이다.

월남인의 월남 동기를 살펴보면, 우리가 흔히 알고 있는 '반공'이나 '반 소'와 같은 정치적 동기보다는 좀 더 복합적이라고 할 수 있다. 즉 한국전 쟁 전 월남 동기는 상대적으로 정치적 동기가 큰 비중을 차지하지만[7] 전쟁 중에는 오히려 '피난' 또는 '전쟁 상황' 그 자체 때문에 월남한 사람들이 훨 씬 더 많다. 그렇다면 월남인 중 상당수는 '반공', '반소'와 같은 정치적인 이유보다는 전쟁에 의한 '피난'으로 월남했다고 보아야 할 것이다. 특히 속 초의 함경도 월남인에 대한 현지조사에서는 70%에 이르는 사람들이 전쟁 에 의한 '피난'으로 월남하게 되었다고 대답하고 있다. 게다가 1950년 12월 전후한 시기에 만주와 북한 북부지역에 '원자폭탄'이 투하된다는 소문이

---

6 월남인의 숫자가 과도하게 과장되어 보도되는 현상은 당시 인구파악이 제대로 되지 않은 데 기인하지만, 이들이 사회주의를 혐오하여 자유의 품으로 돌아온 사람들이라는 정치적 해석 을 덧붙인 까닭도 있다. Kwon Tai Hwan, *Demography of Korea: Population Change and It's Components, 1925~66*(Seoul National University Press, 1977); 강정구, 「해 방 후 월남인의 월남동기와 계급성에 관한 연구」, 『분단과 전쟁의 한국현대사』(역사비평사, 1995).

7 한국전쟁 전 월남 동기에서는 정치적 동기 외에도 '생활난', '귀향', '구직' 등의 동기도 작용 하였다. 김귀옥, 『월남민의 생활 경험과 정체성』(서울대학교 출판부, 2002), 44쪽.

돌았고, 이 소문이 일반인들의 피난 동기로 작용, 정치적 동기를 가진 월남인들에게도 월남의 절박성을 부여하게 된 것이다.[8]

전후 월남인에 해당하는 '북한이탈주민'의 경우, 한국전쟁 이후 남한의 관계 법령에 따라 이들에 대한 용어가 계속 변화하였다. '월남귀순자', '귀순용사', '귀순북한동포'를 거쳐 현재는 '북한이탈주민', '새터민' 등으로 불리고 있다. 남한에 정착한 북한이탈주민은 2012년 7월 현재 2만4천 명을 넘어섰다. 북한이탈주민의 탈북 동기 또한 변화하였다. 1990년대 초반까지만 하더라도 정치적 이유에 따른 체제 일탈형이 가장 많았다. 즉 북한이탈주민을 월남귀순자, 귀순용사로 부른 까닭이 거기에 있다고 할 수 있다. 하지만 1995년 이후 2000년대 초반까지는 북한의 극심한 경제난과 식량난으로 인한 생계형 탈북이 주를 이루었고, 2000년 이후 최근의 경향은 먼저 탈북한 가족들의 도움으로 탈북하는 비율이 높아지면서 '삶의 질' 향상을 위한 동기가 높아지고 있다. 아직까지 북한이탈주민은 이산가족으로 분류되고 있지는 않지만 그러나 크게 보면 그들 역시 분단의 피해자이며, 분단에 의한 이주자라고 했을 때 이산가족이라 할 수 있다.

2) 월북인

월북인의 규모는 흔히 30만 명으로 추산하고 있다. 하지만 월북인에 대한 정확한 통계는 제대로 조사된 바 없다. 월북인 관련 통계자료를 살펴보면 1952년 남한 당국은 월북인 중 인민군에 의한 납북인을 8만2,595명, 의용군 징병자 20여 만 명 등 강제 납북인이 약 30만 명이라고 주장한 바 있

---

8 위의 책, 248~249쪽.

으며 자진 월북인에 대해서는 언급하고 있지 않다. 학계에서는 전쟁 전 자진 월북인이 5만여 명, 전쟁 중 월북인과 납북인이 30여 만 명으로 모두 35만 명 정도가 자의나 타의에 의해 월북한 것으로 추산하고 있어 30만 명에서 35만 명 정도가 한국전쟁 시기 북쪽으로 넘어간 월북인이라 추정된다.[9]

전쟁 당시 월북인에는 월북 방식으로 볼 때 여러 유형이 있다. '납치형', '자원 월북형', '인민의용군 징병형'으로 나눌 수 있다. 당시 자원 월북형 월북인은 사회주의 계열로 분류될 수 있다. 하지만 모든 자원 월북인이 사회주의 계열은 아니었다고 한다. 왜냐하면 당시 "미술가, 음악가, 영화인에 이르기까지 쓸 만한 사람이 많이 북으로 가버렸다"는 당시 서울대 역사학과 교수였던 김성칠의 일기문에서처럼 월북인 모두가 사회주의자는 아닌 것으로 보인다.[10]

인민의용군 징병형은 억압적 상황에서 피랍된 것으로 파악할 수 있는데 전쟁 당시 인민군이나 인민위원회 주도로 의용군을 모집하여 징병되었기 때문이다. 하지만 가족들은 '끌려간' 것으로 알고 있다고 하더라도, 정작 월북인 본인은 '자원'해서 입대하였다고 설명하는 경우가 있어 이산가족의 원인을 일면으로 단정하기 어려운 부분이 있다.

의거(義擧)입북인의 경우는 북한이탈주민과 함께 공식적인 이산가족으로 분류되어 있지 않다. 대개 의거입북인은 북한의 방송을 통해 알려지는데 그들의 직업은 정치인, 군인, 교사, 사업가, 사회운동가, 노동자, 어부, 실업자 등으로 다양하다. 의거입북인도 마찬가지로 그 규모가 얼마나 되

---

9 조은, 「분단의 긴 그림자―월북가족 이야기」, 한국구술사학회 편, 『구술사로 읽는 한국전쟁』(휴머니스트, 2011), 217쪽.

10 김귀옥, 「탈냉전시대 이산가족 문제를 보는 새로운 시각과 해법」, 《통일문제연구》 제43호 (통일문제연구소, 2005), 151쪽.

는지 정확한 통계는 없다.

이처럼 남한에서는 1990년대까지만 해도 정부나 사회 차원에서 '월북인'을 이산가족으로 부르지 않았다. 즉 당시 한국 사회에서 이산가족을 지칭할 때는 월남인이나 납북인뿐이었다.[11] 그러나 1990년대 말부터 총 16차례 이산가족 상봉행사가 진행되면서 남북관계의 변화에 따라 월북인과 월북인 가족의 상봉이 이루어지고 표면화되면서 월북인 가족이 '빨갱이 가족'이 아니라 '이산가족'의 지위를 갖게 된 것이다. 탈냉전 이후 이산가족의 다양한 사례들이 이념적 억압에서부터 자유로워지면서 다양한 이산가족 문제가 더욱 부각되기 시작하였다.

3) 미송환 피납치인

납북인

납북인 규모는 1953년 『대한민국 통계연감』에서 8만4,532명으로 집계하고 있다.[12] 그 후 1955년 대한적십자사는 1만7,500명으로 발표하였고, 1956년에는 정부에서 '납북인안부탐지신고서'를 받아 분류한 결과 유가족에 의해 신고된 납북인의 수는 7,034명이었다. 당시 피랍자를 본적지 및 피랍지별, 직업별로 분류하면 〈표 1〉과 같다. 피랍지를 살펴보면 서울, 경기도, 강원도 순으로 남과 북의 접경지역에서 피랍자 비율이 높았다. 특히 서울과 경기도의 피랍자 비율이 상당히 높은데 그 이유는 아래의 〈표 2〉의 피랍자 분류와 연결하여 설명할 수 있다.

---

11 위의 글, 160쪽.
12 내무부, 『대한민국 통계연감』(1953); 대한적십자사, 『이산가족백서』(1976); 위의 글, 153쪽 재인용.

〈표 1〉 본적지 및 피랍지별 피랍자 분류

함경북도	87	함경남도	226	평안북도	295	평안남도	216
충청북도	253	충청남도	312	전라북도	133	전라남도	180
황해도	212	강원도	545	서울	2,199	경기도	1,695
경상북도	455	경상남도	203	제주도	23	총계	7,034

* 출처: 대한적십자사(1976), 159쪽(필자 강조).

　　〈표 2〉 피랍자 분류에서 가장 눈에 띄는 것은 공무원의 수이다. 즉 서울의 피랍자 수가 높은 것은 피랍자 중 공무원의 비율이 높은 것과 관련 있을 것으로 생각된다. 즉 서울과 경기지역에 공무원의 비율이 높았을 것으로 추정되며 또한 피랍자 중 교육자와 기술자의 비율도 눈여겨볼 만하다.

　　정치인이나 유명인사 납치사건에서는 시점이 중요한 문제가 된다. 즉 북한의 고위층 인사였던 신경완의 증언에 따르면 1950년 6월 인민군이 서울을 점령한 직후 8월까지 네 차례의 '모시기 공작'이 이루어졌다고 증언하고 있는데 이 공작에는 친북인사에서 반북인사까지 망라되어 있었다고 한다.[13] 당시 '납북인사'들이 서울을 떠날 때 가족들에게 "잠깐 평양에 다녀 오겠다"고 말한 것은 북측이 이들의 납치를 숨겼을 가능성도 있고, 또한 그 이후 전쟁의 상황이 그렇게 바뀔지 몰랐을 가능성도 생각해볼 수 있다. 김귀옥에 따르면 북측이 처음부터 납치의 의도로 '모시기 공작'을 시작하였다기보다는 1950년 9월 초 미국이 인천상륙작전에 성공하면서 결과적으로 '납치'되었다는 것이다.[14]

13 이태호·신경완, 『압록강변의 겨울: 납북요인들의 삶과 통일의 한』(다섯수레, 1991), 27~28쪽.
14 김귀옥(2005), 154쪽.

〈표 2〉 직업별 피랍자 분류

정치인	85	종교인	82	은행원	94	공무원	1,359
교육자	355	회사원	737	판검사	34	의료원	199
통역	16	변호사	72	예술인	36	기술자	330
언론인	75	저술가	15	노동	177	기업인	208
어업	6	학생	677	상업	966	임업	6
농업	1,005	철공업	162	무직	248	광업	24
토건업	66					총계	7,034

* 출처: 대한적십자사(1976), 159쪽(필자 강조).

윤여상의 연구에서는 납북인의 유형을 납북의 시기 및 납북인의 신분을 기준으로 분류하고 있다. 납북인의 유형을 국군포로, 한국전쟁 시 납북인, 납북어부, 일반 납북인, 외국에서 납치된 납북인, 북송재일교포, 항공기 승무원과 승객, 기타 유형(현역군인 및 정보요원 일부)으로 구분하고 있다.[15]

특히 납북어부의 경우엔 납북된 위치와 경위에 따라 다시 네 가지로 구분한다. 첫째, 북방한계선을 넘지 않았음에도 불구하고 북한 측에 강제 나포된 경우, 둘째, 북방한계선을 넘어 북한 측 수역에서 조업이나 항해 중 나포되었으나 북방한계선을 넘었다는 사실을 본인들이 몰랐거나 불가항력에 의한 경우, 셋째, 조업의 편의와 어획량 증대를 위해 고의로 북방한계선을 넘었다가 나포된 경우, 넷째, 월북을 기도하는 일부의 선원에 의해

---

15 윤여상, 「납북인 실태와 해결방안」, 《뜻》 통권 제3호(6·25전쟁납북인사가족협의회, 2002), 16~25쪽.

<표 3> 정전 이후 납북인 현황

구분	계	어부	KAL기	해군 I-2정	해경 836함	기타	
						국내	해외
납북	3,790	3,692	51	20	2	5	20
미귀환	485	434	12	20	2	5	12

* 출처: 통일부 보도자료, 2005년 8월 22일.

강제로 입북하게 된 경우로 나누고 있다.

한국전쟁 이후 납북된 자는 총 3,790명인데 그 가운데 북한은 남북협상을 통해 혹은 일방적으로 3,303명을 남한으로 송환하였기 때문에 2005년 3월 현재 북한에 억류된 자들은 485명이다. 이 숫자에 자원 월북인이 포함되었는지는 불확실하다. 위의 〈표 3〉에서 볼 수 있듯이 정전 이후 납북인 현황을 보면 납북어부가 대부분임을 알 수 있다.

납북된 사람들 중 485명을 제외하고는 모두 귀환하였다. 귀환하지 못한 사람들의 경우 그 가족들은 정부의 감시와 제재를 받았다. 또한 귀환한 납북인들의 경우도 납북인 본인은 물론 가족들 또한 정부의 감시와 제재를 당했다.[16] 그들에게는 북을 한번 경험했다는 이유로 평생 꼬리표가 붙어 감시와 통제를 받았으며, 이 전적은 대를 물려 연좌제 적용을 받기까지 했다.[17] 전후 납북인의 경우 전후 월북인 문제와 섞여 있는데, 납북인으로는 정치인, 납북어부 및 목사, 교사, 교수, 군인, 기업인 등이 있다. 2000년

---

16 납북인 및 납북인 가족, 그리고 귀환 납북인들의 증언을 종합해볼 때 납북인 가족들이 받아온 피해의 유형은 고문을 포함한 감시와 통제, 진학 및 취업상의 불이익, 사회의 적대적 시각으로 인한 정신적 피해, 경제적 불이익 등이 있다고 한다. 김영대, 「소수자로서의 납북인 및 납북인 가족문제: 정책의제형성을 중심으로」, 『한국거버넌스학회 학술대회자료집』(2006), 256~257쪽.

17 김종군, 「구술을 통해 본 분단 트라우마의 실체」, 《통일인문학논총》 제51집(2011), 48쪽.

12월 초 남쪽 정부는 정전 이후 미귀환 납북인 485명의 명단을 공개한 바 있다.

납남인

납남인은 납치나 강제적 조건 아래서 남한으로 온 북한 출신을 말한다. 물론 정확한 통계 수치는 없다. 하지만 1957년 당시 북한의 조선적십자사는 국제적십자대회에서 한국전쟁 중 유엔군이나 국군 등에 의해 납치되었다고 주장한 200만 명 가운데 1만4,112명의 납남인의 신원을 확인해 달라고 요청한 바 있다. 전후 납남인에도 여러 범주의 사람들이 있다. 한편 납남인의 경우 북파공작원의 활동과 관련되어 있어서 그 숫자나 현황에 대해서는 거의 파악되지 않는다.

4) 미송환포로

미송환포로에는 국군포로와 인민군포로가 모두 포함된다. 1951년 12월 18일 교전당사자 간 포로교환 명단을 교부할 때, 유엔군 측이 북측에 제시한 인민군과 중국군 포로수는 13만2,414명이었고, 북측이 유엔군 측에 제시한 국군과 유엔군 포로의 수는 1만1,599명이었다. 1954년 1월 포로 송환 당시 북쪽에 송환된 인민군포로가 7만5,823명, 중국군포로가 6,670명으로 총 8만2,493명이고, 남쪽에 송환된 국군포로가 8,333명과 유엔군포로가 5,124명으로 총 1만3,457명이었다.[18] 그 가운데 송환되지 못한 인민군포로와 국군포로가 이산가족 문제에 포함되어 있다.

---

18 국방군사연구원, 『한국전쟁 下』(국방군사연구원, 1997), 613쪽.

우선 미송환 인민군포로, '반공포로'는 1953년 정전협정 체결이 임박하던 6월 18일, 소위 '이승만 특명' 또는 '6·18 특명'에 의해 2만7천 명이 탈출 형식으로 석방되었다. 또한 1954년 1월 23일 공식 포로 송환일에 송환되지 않은 7,600명을 포함하여 전체 3만5,200명의 인민군포로가 남한에 남게 되었다. 당시 석방된 인민군포로들은 '반공포로'로 불렸으며, 1955년 '대한반공청년회'를 설립하였다.

현재 미송환 국군포로에 대한 정확한 자료는 없지만, 한국 측에서는 한국군 출신으로 행방불명되었거나 실종된 국군을 8만2,318명으로 보고 있고, 그 가운데 북한에 억류되어 송환되지 못한 국군포로를 대략 2만1천여 명, 인민군으로 강제 편입된 포로를 1만1,455명으로 추정해왔다.[19] 2000년 국방부의 발표에 따르면 군적 정리 및 전산 전환 처리과정에서 집계된 미송환 국군포로는 1만9천여 명이며, 확보된 생존자수는 343명이라고 발표한 바 있다.[20]

5) 미귀환 공작원

미귀환 공작원은 2000년 〈6·15 남북공동선언〉으로 인정받은 '비전향장기수'와 같은 '실종'된 남파공작원이나, 북파공작원들이 포함된다. 남파공작원과 북파공작원 당사자들과 그 유가족은 전쟁 이후 분단이 만들어낸 이산가족이라고 할 수 있다.

2000년 11월 7일 김원웅 의원은 국방부 자료를 인용하여 1950년 이래로 1999년까지 남파공작원은 총 6,446명이며, 그중 생포자 3,177명, 사

19 신영진, 「한국전쟁시 동원연구」, 『점령정책·노무운용·동원』(국방군사연구소, 1995), 283쪽.
20 《동아일보》(2000. 9. 4).

살자 1,644명, 자수자 275명임을 밝혔다. 한편 1950년대 이래로 지금까지 북파공작원 중 북파되어 사망했거나 행방불명된 규모는 7,726명 정도로 밝혀져 있지만, 확실한 숫자는 알 수 없다.[21] 수많은 간첩 사건에는 월남(납남 포함)이건 월북(납북 포함)이건 이산가족 문제가 포함되어 있다. 실제로 실향민들이 모여살고 있는 양양과 속초에서는 항상 간첩 사건과 관련된 이야기를 쉽게 접할 수 있을 정도였다.[22]

특히 납북되었던 어부의 경우 조업 중 자의에 의한 것이든 타의에 의한 것이든 북한에 갔다는 것은 남한에 남아있는 가족들과의 이산을 경험한 것이고, 북한에 머물다 귀환한 납북어부는 북한에 머물 당시 가족을 이루었다면 이산가족의 문제는 더욱 복잡해지는 것이다. 이러한 다양한 이산가족의 형태는 공론화되지 못하다가 2000년 〈6·15 남북공동선언〉을 계기로 표면에 드러나기 시작하였다.

미송환 납치자, 미송환포로, 비전향장기수 등을 포함한 미귀환 공작원 등의 경우 전쟁으로 인한 이산과는 달리 분단 과정과 분단 이후 남과 북의 정치적인 상황에 의해 발생한 경우이다. 그렇다고 하여 정치적인 해법으로만 해결하기 어려우며 오히려 전쟁으로 인한 이산의 경우보다 훨씬 더 복잡하다고 볼 수 있다. 미송환 납치자, 미송환포로, 비전향장기수 등은 특별한 소수의 사람을 제외하고는 대부분 잔류한 사회에서 일가를 이루어 살아가고 있는 경우가 대부분이다.[23] 이러한 예는 여러 이산가족 연구에서 밝혀지고 있는 것으로 이들을 정치적인 해법으로만 귀환하게 하는 것은

---

21 김귀옥(2005), 161쪽.
22 김귀옥, 「이산가족의 섬, 한반도: 한국전쟁과 이산가족의 경험·고통」, 《문화과학》 55호(문화연구사, 2008), 284~285쪽.
23 김귀옥(2005), 160쪽.

이중 삼중의 이산가족을 양산해내는 결과로 이어지고 있다.

6) 디아스포라 한인

해외에 살고 있는 한인동포들은 전 세계 170여 개국에 대략 7백만 명 정도로 추산되고 있다. 중국에 240만 명, 미국 210만 명, 일본 90만 명, 러시아 53만 명으로 주로 4개국에 전체 동포의 90%가 집중적으로 거주하고 있다. 재외한인의 민족 이산은 오랜 역사를 두고 세계적으로 확산된 화교, 유대인 및 인도인의 디아스포라와는 분명히 다른 모습을 보인다. 한인들은 19세기 중엽 이래 한반도가 맞게 된 어려운 상황 속에서 생존을 위해서, 독립운동에 참여하고자 혹은 일제의 강제동원, 국제결혼, 정치적인 선택 등의 이유로 조국을 떠나 해외 여러 지역으로 분산되어 이주하게 되었고 그곳 거주지에 정착하게 되었다.

조선시대 말부터 일제강점기에 형성된 해외 디아스포라의 경우, 해방 후 대다수가 한반도로 돌아왔지만 많은 사람들이 일본, 중국, 구소련 지역에서 돌아오지 못하고 남게 되었다. 그들은 전쟁과 분단의 지속으로 인해 남과 북으로 편향된 교류만 가능했고 자신의 고향과 생사 확인이나 서신 교환, 상봉 등과 같은 교류를 하지 못한 채 남아있었다.[24] 해방 당시 일본이나 중국, 북한에서 남한지역으로 들어온 사람이 168만7천 명이다. 그런데 일본만 해도 60만 명에 가까운 사람이 미귀환한 채 현지에 남았다. 1945년 당시 조선족 인구는 216만300명이었고, 해방 후 귀환한 사람이 그 절반 정도로 추정된다. 대한민국과 수교를 맺은 중국이나 러시아, 우즈베

---

24 김귀옥, 「분단과 전쟁의 디아스포라─재일조선인 문제를 중심으로」, 《역사비평》 91호(역사비평사, 2010), 57쪽.

〈표 4〉 디아스포라 한인 현황

구 분	1950		1997		2007	
아시아지역			2,802,383	(50.5)	4,040,376	(57.4)
일본	535,236	(28.2)	702,967	(12.6)	893,740	(12.7)
중국	1,120,400	(58.9)	1,985,503	(35.8)	2,762,160	(39.2)
기타	－		112,913	(2.0)	384,476	(5.5)
미주지역			2,110,557	(38.1)	2,341,163	(33.2)
미국	약 10,000	(0.5)	2,000,431	(36.1)	2,016,911	(28.6)
캐나다	－		110,126	(2.0)	216,628	(3.1)
중남미	－		98,852	(1.8)	107,624	(1.5)
유럽지역			522,585	(9.4)	645,252	(9.2)
CIS	182,339	(10.5)	450,104	(8.1)	533,976	(7.6)
유럽	－		72,482	(1.3)	111,276	(1.6)
중동지역	－		7,442	(0.1)	9,440	(0.1)
아프리카지역	－		3,410	(0.06)	8,485	(0.1)
총 계	1,865,636		5,544,229	(100.0)	7,044,717	(100.0)

* 출처: 김귀옥(2010), 61쪽 표.

키스탄에 거주하는 해외동포의 경우는 한국 방문이 쉬운 반면 아직도 냉전 상태에 있는 남과 북, 그리고 재일조선인과 남한의 이산가족 교류는 어려운 것이 현실이다.

일본의 경우 일제강점기 조선인들이 귀환한 후, 1947년 〈외국인등록령〉에 따라 외국인으로 등록된 재일조선인이 53만2천여 명이었다(〈표 4〉 참조). 중국은 중화인민공화국 수립 이후 최초의 인구조사인 1953년 통계에 따르면 해방 후 중국에 남은 '조선족'이 112만여 명에 이른다. 미국의 경우에는 1만여 명 정도로 하와이 인구센서스 결과 7천여 명과 미국 본토

한인 커뮤니티 추계 3천여 명을 합친 숫자이다. 1950년을 전후한 시기, 해외 디아스포라 규모가 세계적으로 190~200만여 명 정도였을 것으로 추정된다.

재일본 조선인과 북송재일교포

재일조선인의 경우 남북분단 상황이 재일교포 사회에 그대로 반영되어 현재에도 남과 북으로 분열된 채 교류하고 있다.[25] '조선적(朝鮮籍)'을 그대로 갖고 있는 재일조선인은 북한과 교류하고 있고, 그외 민단을 선택한 동포들은 남한과 교류하고 있다. 때문에 그들은 남과 북으로 나뉘어 정체성이 형성되었다고 할 수 있다. 남한 사람들은 대부분 '조선적'의 재일조선인을 '북한 사람'으로 인식한다. 이러한 남한 사람들의 인식에는 1959년에 시작되었던 재일조선인 북송사업이 큰 영향을 주었다고 볼 수 있다. 재일교포 북송사업은 1959년부터 1984년까지 진행되었고, 이 기간에 재일조선인 중 약 9만3,340명이 북송되었다. 이 사건으로 인해 재일조선인을 친북 성향의 재일본조선인총연합회(이하 총련)계의 사람과 민단 계통의 대한민국 사람으로 나누어 생각하게 만든 것이다.

재일조선인의 북송사업은 일본의 가족과 헤어지게 하는 또 다른 이산을 낳았다. 북송된 교포들은 북한으로 가서 북쪽의 가족들을 만났지만 반대로 북송 이후 교포들의 일본 방문이 제한되면서 일본에 남아있던 가족과는 이산하게 되는 결과를 낳았다.[26] 특히 1948년 제주 4·3 사건을 전후로 상당수의 제주 사람들이 일본으로 밀항하였는데, 제주 출신의 재일동포가 일본에서의 차별과 가난 때문에 더 이상 살기 힘들어지면서 1959년

---

25 중국이나 구소련 지역의 동포들은 남한과 수교하기 이전까지는 북한과 주로 교류하였다.
26 김귀옥(2010), 65쪽.

새로운 삶을 찾아 북송을 선택한 사람들도 있다.[27] 북송재일조선인 중 일부는 탈북하여 남한에 입국, 탈북민으로 남한에 정착하고 있기도 하다. 이들은 제주에서 일본, 일본에서 북한을 선택, 이후 탈북하여 남한에 정착하는 과정을 거치는 등 복합적인 이산가족이 된 대표적인 예라고 할 수 있다. 남한은 2000년 〈6·15 남북공동선언〉 이후 총련계의 고향방문을 허용, 여러 차례 방문이 이루어졌다. 1990년대 이후 1959년에 북송되었던 재일동포가 탈북하여 남한에 들어와 일본의 이산가족과 교류하기도 하였다. 2010년 3월 말 현재, 재일조선인 출신의 남한 입국 탈북자가 89명이다.[28]

조선족과 고려인

한국전쟁과 그 이후 분단의 지속은 한반도 내 남북의 이산가족뿐 아니라 해외에 있는 동포들의 분단도 가져왔다. 그 결과 한반도 내 남북 이산가족은 물론 해외 디아스포라 공동체에서도 냉전이 지속되었다. 세계적인 탈냉전 시대를 맞이하여 변화가 생기기 시작하면서 남한은 1990년대 초반 중국과 수교하였고 이후 재중동포들의 한국 방문이 활발해졌다. 때문에 재중동포, 즉 조선족은 국내에 입국하여 있는 이주민 가운데 가장 많은 숫자를 차지하고 있다. 또한 남한은 구소련의 붕괴 이후 한-러 수교를 통해 중앙아시아의 고려인들과도 다양한 교류를 시작하였다. 이를 계기로 분단 과정에서 소외되었던 사할린 동포들도 1990년부터 본격적으로 남한에 귀국하기 시작하여 남한에 거주하고 있는 사할린 동포들의 규모가 2007년 말 현재 2,200여 명에 이르고 있다.[29]

---

27 위의 글, 73~74쪽.
28 위의 글, 85쪽.

조선족과 고려인의 경우 조선적의 재일조선인과 비교하였을 때 상대적으로 자유로운 왕래가 가능하다. 조선족과 고려인 사회에서는 남한과 북한 모두 교류하고 있기 때문에 민간 차원에서 이산가족 문제를 해결하는 실마리를 제공하고 있다. 특히 재중동포인 조선족 거주지역은 북한과 중국의 접경지대로 이 공간에서는 '탈북'이 일상적으로 일어나는 공간이자 새롭게 이산가족이 생겨나는 공간이기도 하면서 이산가족의 상봉이 이루어지는 공간이기도 하다.

미주한인

앞 〈표 4〉의 해외 디아스포라 현황을 살펴보면 1950년과 비교했을 때 가장 많은 수가 증가한 곳은 미주지역의 재외한인 숫자이다.

김귀옥의 연구에 따르면 냉전시대에 미국으로 이주가 가장 활발하였고 정치·경제적 교류와 함께 인적 교류도 가장 빈번하였다고 한다. 재미동포의 상황을 분석해보면 재미동포 역사에서 한국전쟁은 미국 이민의 길을 여는 중요한 계기가 되었다.[30] 1950년부터 1964년까지 미국으로 간 한인은 전적으로 한국전쟁에서 비롯한 것이며 여기에 미군과 결혼한 '전쟁부인'과 '혼혈아동', 입양되는 '전쟁고아' 등이 다수를 이루었다. 특히 1965년 이전까지 미국은 인종차별적 이민법 아래서 이민을 받아들였기 때문에 당시 한인의 미국 유입은 특별한 경우에 해당한다고 할 수 있다.[31]

이때 미국으로 건너간 이들 중 몇 명은 '조선민족혁명당' 당원으로 지목되어 1950년대 초반 미국의 매카시 선풍 때 미국 하원 반미활동조사위원

---

29 위의 글, 88쪽.
30 위의 글, 62쪽.
31 위의 글, 63쪽.

회의 조사를 받고 자진해서 또는 강제로 추방을 당해 북한으로 갔다. 해방 뒤 대한민국 수립 이후에도 재미한인동포 사회에서는 끊임없이 민주화운동과 통일운동이 전개되었다. 1970년대 박정희 정권 아래서는 재미동포 18명이 반체제 인사로 투옥되기도 하였고 1980년 5·18 광주민주화항쟁 당시에는 광주의 진상을 알리는 데도 기여하였다고 한다. 또한 1970년대부터는 남한과 북한, 해외를 이어나가기 위해 방북활동을 수반한 통일운동도 펼쳤다. 그리고 1980년대 재미동포들이 설립한 '조국통일북미주협회 이산가족찾기위원회'는 재미동포 중 이산가족뿐만 아니라 한국의 이산가족을 북측 가족과 상봉 및 교류할 수 있도록 주선하는 일에 앞장섰다. 더욱이 탈냉전 이전 시기부터 2000년대 초반까지 6천 명에 가까운 재미동포들(다수가 북쪽이 고향인 이산가족)이 북한을 방문하여 이산가족 상봉의 길을 여는 데 기여하였다.[32]

2. 기약 없는 가족 상봉

분단과 전쟁으로 발생한 이산가족 문제를 처리하기 위해 남북한은 휴전협정 당시부터 협상을 해왔다. 1951년부터 시작하여 1953년까지 진행된 휴전협정 과정에서 전쟁포로 교환 및 실향사민 문제해결과 관련하여 북한과 유엔군 측은 의견을 조율하는 데 많은 어려움이 있었다. 마침내 송환을 거부하는 포로에 대해서는 중립국위원회가 직권으로 처리한다는 안에 합의하고 실향사민 송환 문제는 휴전협정 제3조 59항에 다음과 같이 규정되었다.

---

32 위와 같음.

1. 휴전협정이 효력을 발생하는 시점에서 유엔군 사령군 통제하에 있는 자로서 1950년 6월 24일 이전에 북한에서 살았다가 월남, 다시 북한으로 돌아가기를 원하는 자, 또 공산군 사령관 통제하에 있는 자로서 1950년 6월 24일 이전에 남한에서 살다가 북한으로 갔던 자가 다시 남한으로 돌아가기를 원하는 사민에 대해 귀향을 도와준다.
2. 외국인 사민도 귀향을 허용한다.
3. '실향민간 귀향협조위원회'는 양측에서 각각 2명씩의 영관급 장교가 참석, 4명으로 구성한다.

1951년 말부터 1954년 초까지 북한과 유엔군 측은 '실향민간 귀향협조위원회'를 중심으로 하는 실향민 송환교섭을 진행하여 이들의 교환에 관한 기본사항을 합의하였다. 그러나 실질적인 협의이행 과정에서 실효성을 거두지는 못하였다. 이후 국제적십자위원회의 개입 요청과 남북 적십자사 간의 접촉 등 다양한 노력이 진행되었지만 포로 송환이 진전되지 못하였다.

1970년 8월 15일 박정희 대통령이 광복절 경축사에서 남과 북의 "선의의 경쟁"에 따라 1971년 8월 대한적십자사는 북한적십자회 측에 남북한 이산가족찾기운동을 위한 회담을 제의하였고 북측이 이를 수락하면서 1971년 8월부터 1977년까지 파견원 접촉, 예비회담을 거쳐 본회담에까지 이르렀다. 총 25차례에 걸친 예비회담 과정에서 가장 많은 논의가 오간 것은 의제와 관련된 것이었다.

북한적십자회 측은 사업대상에 가족뿐만 아니라 친척, 친우까지 포함시킬 것을 주장하면서 이들의 '남북 자유왕래와 상호방문'에 역점을 두었다. 이는 '거처확인→소식통보→서신교환→면회(또는 상봉)→재결합'으로 이어지는 국제심인사업에서 통용되는 사업항목과 절차를 무시하고 문제를 확대시키는 정치적 색채를 띤 것이어서 이를 조율하기 위한 논의가 계속 진행되었다.[33] 1972년 6월 16일 제20차 예비회담에서 본회담 의제에 관한 합의서를 채택하였고, 남북적십자 본회담 의제 5개항에 다음과 같이 합의하였다.[34]

1. 남북으로 흩어진 가족들과 친척들의 주소와 생사를 알아내어 알리는 문제
2. 남북으로 흩어진 가족들과 친척들 사이의 자유로운 방문과 자유로운 상봉을 실현하는 문제
3. 남북으로 흩어진 가족들과 친척들 사이의 자유로운 서신거래를 실시하는 문제
4. 남북으로 흩어진 가족들의 자유의사에 따른 재결합 문제
5. 기타 인도적으로 해결할 문제

하지만 본회담에서 북한 측은 이산가족들이 자유롭게 가족과 친척을 방문하고 상봉하기 위해서는 먼저 이를 위한 분위기가 보장되어야 한다고 주장하면서 이산가족찾기사업을 원활히 추진하기 위해서 남한의 법률적 조건과 사회적 환경이 개선되어야 하고 이를 위해 반공법과 국가보안법을 폐지하고 반공단체들을 해체할 것을 요구하였다. 결국 1973년 8월 28일 북한은 대화 중단을 선언하였다.

1970년대에는 이산가족 문제해결을 위한 여러 노력들이 이루어졌지만 실제 해결에는 이르지 못했다. 하지만 5개 항의 남북회담 의제에 합의한

---

33 대한적십자사(2005), 24쪽.
34 위의 책, 25쪽.

것은 성과였다고 할 수 있다. 이 의제 5개 항 설정으로 서신교환, 상호 자유방문 및 상봉, 재결합 등의 일련의 절차에 남과 북이 합의하였기 때문에 이산가족의 소재가 파악되면 그 이후의 절차에 따라 다음 단계 사업의 실현으로 이어질 수 있게 된 것이다. 이후 1985년에 실시된 이산가족고향방문단 교환으로 마련된 남북 이산가족 상봉은 이러한 절차에 기초하여 이루어진 것이라 할 수 있다. 또한 1970년대 사할린, 중국, 일본 등지에 거주하는 해외동포들에 대한 심인사업이 시작되어 소식확인, 서신왕래, 고국방문이 이루어지기도 하였다.

1982년 전두환 대통령은 국정연설에서 〈민족화합민주통일방안〉을 발표하였다. 이에 1982년 민족화합을 위한 실천조치로서 이산가족 문제해결 등 20개 항에 걸쳐 구체적인 시범사업을 남과 북이 함께 추진해 나갈 것을 북한에 제의하였지만, 북한은 이에 호응하지 않았다. 이러한 과정에서 1984년 서울 풍납동 지역의 수해를 계기로 북한은 조선중앙방송과 평양방송 보도를 통해 '남한의 수재민들에게 쌀을 비롯한 수재물자를 보내기로 결정하였으므로 대한적십자사가 협조하여 줄 것'을 요청하였다. 이에 대해 대한적십자사는 물자의 필요 여부를 떠나 남북 이산가족 문제해결의 돌파구를 마련하고 남북관계 개선에 기여할 수 있다는 판단하에 북의 제안을 수용하였다.[35]

이를 계기로 남북 적십자회담 본회담이 재개되었고, 1985년 8월 광복 40주년을 맞이하여 고향방문단과 예술공연단을 함께 교환하는 데 합의하였다. 대한적십자사는 1천만이산가족재회추진위원회, 평화통일정책자문회의 사무처 등의 협조를 받아 고향방문을 희망하는 이산가족과 친척들의

---

35 위의 책, 42쪽.

신청서를 접수받고 총 신청자 1,200명 가운데 혈연관계, 연령 등을 고려하여 1차 이산가족고향방문단 300명을 선정하였다. 이후 남과 북은 방문단 인원을 각 50명으로 합의하였다. 이에 따라 남북 100명의 이산가족 방문단 중 65명이 92명의 가족·친척들과 극적으로 상봉, 재회의 감격을 나누었다. 이틀에 걸쳐 이루어진 상봉에서 남한 측은 35명이 41명의 가족·친척과 북한 측은 30명이 51명과 상봉하였다. 또한 예술공연단은 9월 21일과 22일 이틀에 걸쳐 서울예술단은 평양대극장에서, 평양예술단은 서울 국립극장에서 각기 2회 공연을 실시하였다.[36]

하지만 이후 이산가족 고향방문 및 예술공연단 방문은 지속되지 못하였다. 1988년 노태우 대통령은 남북관계를 동반자 관계로 규정하면서 〈민족자존과 통일번영을 위한 특별선언(7·7 특별선언)〉에서 새로운 통일외교정책의 기본방향을 표명하였다. 〈특별선언〉 제2항에서 이산가족들의 생사·주소확인, 서신왕래, 상호방문을 적극 추진하겠다는 의지를 밝혔고 회담 재개를 위해 힘썼지만, 1980년대 말 사회주의권의 몰락 등으로 인해 북한은 이를 받아들이지 않았으며, 1989년 임수경 방북관련 사건을 북한이 정치적으로 활용하게 되면서 남북대화는 재개되지 못하였다.[37]

그럼에도 1985년 고향방문단과 예술단 교환방문의 성사는 이후 남북 이산가족들이 왕래하면서 가족·친척들과 재회시스템의 선례를 마련하였다는 점에서 큰 의의가 있다. 1985년 첫 번째 이산가족 고향방문은 이후 이산가족 상봉시스템의 기준을 마련한 것으로 볼 수 있다. 이후 이산가족들의 요구와 함께 노부모 방문단 교환을 합의하고자 남북고위급 회담이 열리는 등 이산가족 문제를 해결하려는 노력들이 계속되었다. 하지만

36 위의 책, 54쪽.
37 위의 책, 56쪽.

1990년대에는 국가 차원에서 이산가족 상봉은 이루어지지 못했다. 특히 김영삼 정부 시기 북한의 핵문제로 인해 이산가족 문제는 제대로 논의되기 힘들었다.

1998년 김대중 정부는 출범 직후 이산가족 문제를 '가장 시급하게 해결해야 할 과제'로 인식하면서 '이산가족 재회 및 편지왕래 조속 실현'을 100대 국정과제의 하나로 강조하였다. 또한 이 시기 김대중 정부가 북쪽에 이산가족 문제해결을 위한 적극적인 태도를 이끌어낼 수 있었던 것은 북한의 식량난과 무관하지 않았다. 즉 북한은 1990년대 중반 심각한 식량난과 경제난을 겪고 있는 상황에서 국제사회에 식량지원을 공개적으로 요청하였고, 남쪽에서도 비료 지원을 공식적으로 제기하였다. 남한은 이에 대해 적극적으로 식량지원에 나서면서 이산가족 상봉 추진과 고향방문단 교환을 실시하자고 제의하였다. 하지만 서해교전이 일어나면서 앞서 이루어진 많은 노력에도 불구하고 정권 초기 당국 차원의 이산가족 상봉이 이루어지지는 못하였다.

지금까지 성사된 이산가족 상봉행사에서 나타난 남북 이산가족의 특징은 다음과 같이 정리할 수 있다.[38] 첫째, 남북이산가족 상봉행사에 참여한 당사자들의 연령분포를 보면 남측은 고령자 원칙으로 우선 배정하고 있음을 알 수 있다. 즉 남측 방문단의 경우 70세 이상이 90% 이상을 차지하고 있는 반면 북한의 경우 60대가 50%를 차지하였다. 하지만 북한도 6차 행사 이후부터는 70대의 비율이 점점 늘어나 10차 행사에서는 70세가 90%를 차지하였다. 북측의 경우 이산가족 상봉 횟수가 늘어나고 신뢰가 쌓이면서 고령자들에 대한 배려를 한 것으로 보인다.

---

38 김귀옥(2005), 141~144쪽 참조.

둘째, 이산가족 상봉단의 출신지를 보면 남측 방문단의 경우 북한지역이 대부분을 차지하고 있다. 출신지별로 황해>평남>함남>평북>경기>강원 순이었다. 이는 이산가족 상봉을 신청한 사람들 대부분이 '월남인'임을 알 수 있다. 또한 경기도와 강원도가 9.7%, 6.5% 분포되고 있어 휴전선 이북 경기도와 강원도 지역의 월남인들이 많이 분포하고 있음을 알 수 있다. 북측 방문단의 경우 대개 '월북인'으로 구성되었다고 할 수 있다. 방문단의 출신지역은 경기도와 경북이 특히 많았으며 남측 방문단과 비교했을 때 출신지가 제한적인 것으로 보인다.

셋째, 가족관계별 분포를 살펴보면 남북 방문단의 차이를 볼 수 있다. 즉 북측의 경우 이산가족의 선발 기준이 6차 이산가족 상봉 이후부터 고령자들의 비율이 늘어났다. 그리고 이산가족 상봉의 가족관계 비율을 보았을 때 북측 상봉단은 남측 상봉단보다 부모·부부·자식의 상봉비율이 현저히 낮은 것을 알 수 있다.

제3국을 통한 생사확인, 상봉 등 민간 차원의 이산가족 교류는 1988년의 〈7·7 특별선언〉의 후속조치인 〈남북교류협력에관한기본지침〉(1989. 6. 12)과 1990년 8월 제정한 〈남북교류협력에관한법률〉에 따라 시작되었다. 1998년 이후 정부의 적극적인 정책 추진으로 인해 그 수가 증가하였다.

정리해보면, 1990년대에는 남북고위급회담, 남북 당국 간 차관급회담, 적십자회담 등을 통해 남북 당국이 이산가족 문제해결을 위해 많은 노력을 했음에도 정부 차원에서 실질적인 상봉은 이루어지지 못하였다. 그 이유는 이산가족 문제가 정치적으로 활용되었기 때문이라고 평가할 수 있을 것이다. 하지만 이 시기 제3국을 통한 민간 차원에서 이산가족 교류가 시작되고 활성화된 것이 큰 성과였다고 볼 수 있다. 즉 1990년대에는 이산가족 문제해결과 관련하여 다양한 대화채널이 형성되었다는 것과 민간 차원의 교류가 활성화되어 2000년대 이산가족 상봉의 기반을 조성하였다는 데 의의를 찾을 수 있다.

분단 이후 55년 만에 이루어진 남북정상회담에서는 〈6·15 남북공동선언〉을 통해 남북교류는 물론 이산가족 상봉 등에 합의하였다. 김대중 대통령은 정상회담 당시 이산가족과 관련해 다음과 같이 언급하였다.

> 이산가족들은 고향과 가족·친척들에 대해 절절한 그리움과 한을 안고 살아가고 있다. 이산가족 문제는 시간이 많이 남아있지 않은 문제인 만큼, 김정일 국방위원장이 특별한 관심을 가지고 협력해주어야 한다. 남과 북이 협력해서 생사와 주소를 확인해주고, 면회소를 설치하며, 자유의사에 의한 재결합을 차근차근 추진해 나가야 하고 이러한 문제들을 협의하기 위해 적십자회담을 조속히 개최해야 한다. 그리고 우선 광복 55주년이 되는 2000년 8·15를 기해 이산가족방문단을 교환하자.[39]

김대중 대통령은 넓은 의미의 이산가족 문제해결의 차원에서, 또 이산가족 문제해결을 촉진하기 위해 비전향장기수 송환을 수용하였다. 〈6·15 남북공동선언〉 이후 2000년 한 해 동안 이산가족방문단을 두 차례 교환하였고, 남쪽에 살고 있던 비전향장기수 63명을 인도적 차원에서 북으로 돌려보내는 조치를 취하였다.[40] 또한 2003년 3차 적십자 실무접촉에서 이산가족 면회소를 금강산 지역에 설치하는 것에 대해서 합의하였다. 금강산 이산가족 면회소 건설에 대한 합의는 〈6·15 남북공동선언〉 이후 활발하게 진행되었던 이산가족 상봉이 정례화될 수 있도록 토대를 마련하는 조

---

39 대한적십자사(2005), 94쪽.

치였다고 할 수 있다. 또한 2005년에는 남북 이산가족 교류확대를 위하여 화상상봉 방식을 도입하기로 합의함에 따라 2005년 8월 15일에는 처음으로 화상상봉이 이루어졌다.

1985년 처음 이산가족 고향방문이 이루어진 이후 2000년 〈6·15 남북공동선언〉을 계기로 시작된 이산가족 상봉행사는 2010년 현재까지 총 18회, 화상상봉은 총 4회 이루어졌다. 당국을 통한 이산가족 상봉행사는 2000년부터 2007년까지 16차례 상봉이 성사되었다. 이후 남한 정권의 변화 등 정치적으로 남북관계가 영향을 받으면서 당국을 통한 이산가족 행사는 어려워지기 시작하였다. 이명박 정부 들어 2009년과 2010년에는 추석을 계기로 상봉행사가 이루어진 이후 현재까지 더 이상 진행되지 못하고 있다. 이에 영향을 받아 정부의 적극적인 지원으로 활발했던 민간 차원의 상봉 또한 2008년부터는 그 수가 눈에 띄게 줄어들었다.

정부 주도의 이산가족 행사가 2012년 현재까지 총 18차례 이루어졌지만, 행사의 성격상 참가자의 숫자가 제한되다 보니 많은 이산 1세대들이 상봉을 이루지 못하고 안타깝게도 고령으로 사망하고 있다. 지금까지 4차례 이루어진 화상상봉은 이를 해결하기 위한 한 방법이었지만 이마저도 유지되고 있지 못하다. 그 밖에도 정부에서는 2005년부터 영상편지 사업을 시행하고 있다. 이는 이산가족 1세대의 생전의 모습을 영상자료로 제작·관리하여 향후 여건이 마련되면 북측 유가족에게 전달될 수 있도록 대비하는 차원에서 진행하는 사업으로 2005년과 2008년에 두 차례 시행되

---

40 비전향장기수의 송환은 김영삼 정부 당시 1993년 3월 이인모의 송환이 있었고, 김대중 정부 들어 1998년 7월에는 대한민국 정부가 전향제도를 폐지하였다. 이후 2000년 〈6·15 남북공동선언〉 이후 9월 송환을 희망하는 비전향장기수 63명을 송환하였다. 2005년 10월 2일에는 정순택의 시신이 송환되었다. 위키백과 참조(http://ko.wikipedia.org/wiki/%EB%B9%84%EC%A0%84%ED%96%A5_%EC%9E%A5%EA%B8%B0%EC%88%98).

었다.[41] 정부는 2012년 현재 수요조사를 거쳐 영상편지 제작을 계속해 나
가려고 하고 있다.

3. 왜 만나지 못하는가?

1) 이산가족을 보는 남북한의 시각 차이

남한에서 이산가족들은 공산주의 억압체제로부터 목숨을 걸고 사선을
넘어온 자유의 용사, 자유의 수호자로 간주되고 있다. 이런 점에서 이산가
족 문제는 정치적으로 볼 때 남한에는 매우 유리한 사안이라고 할 수 있
다. 월남인 이산가족이 많다는 것 자체만으로도 공산주의에 대한 자본주
의 또는 자유민주주의의 우월성이 선전될 수 있기 때문이다. 이러한 측면
에서 남한은 이산가족 문제를 부각시킬수록 체제의 우월성을 증명할 수
있는 기회가 되며, 따라서 이산가족 문제를 정치·이념·체제를 초월하는
인도주의 관점에서 해결해야 한다고 강조하는 입장에 서게 된다.

정치적으로 불리할 것이 없는 남한은 이산가족 상봉 문제를 이산가족이
겪고 있는 인간적 고통해소를 위해 남북관계의 다른 어떤 분야보다도 우
선적으로 해결해야 한다는 민족적 당위성을 내세워 강조해왔다. 또 남북
간의 대표적 인도주의 사업으로 명시한 〈남북기본합의서〉의 합의근거를
내세우며 북한의 호응을 요구하였다. 이처럼 이산가족 문제의 탈정치화를
주장하고 인도주의적 입장에서 해결해야 한다는 당위론을 내세워 이산가

---

41 이산가족정보통합시스템(https://reunion.unikorea.go.kr/reunion/jsp/user/um/
umf0201L) 참조. 2005년 한 해만도 4,012명이 참여하여 영상편지를 제작하였다.

족 문제해결을 대북압박 수단 혹은 남북관계의 고지선점 수단으로 활용해 온 측면이 없지 않다.

반면, 북한은 이산가족에 대한 남한의 이러한 주장에 대해 이산가족 문제는 정치적 문제라는 논리를 펴고 있다. 이산가족 문제가 본질적으로 인권의 문제이며 인도주의 문제라는 사실을 부인하지는 않지만 동시에 정치적 의미가 내포되어 있는 문제라는 것이다. 북한 쪽에서 보면 이산가족들은 사회주의 조국을 버리고 떠난 '반혁명분자' 혹은 '반동분자'들로 간주된다. 따라서 북한은 전쟁 이후 사회주의 체제 유지를 위해 주민들의 정치적 성향을 가족의 계급적 배경과 사회적 활동 등에 기초하여 핵심군중, 기본군중, 복잡군중으로 분류하고 복잡군중에 대해서는 '반혁명분자' 혹은 '반동분자'라는 낙인을 찍어 엄중한 처벌을 가하는 성분정책을 실시해왔다.[42] 이 과정에서 대부분의 월남인 가족들은 반동분자로 낙인찍혀 농촌지역으로 강제 이주되거나 사회 진출과 대학 진학, 군 승진 등에서 차별정책이 가해졌다.

이산가족에 대한 북한의 정책 변화는 꾸준히 전개되었다. 월남인 가족의 수가 많아지고 이들의 불만이 확대되자 1966년 북한은 전 주민 등록사업을 실시하여 극히 일부의 반동분자를 제외한 모든 인민대중을 널리 포섭하고 교양·개조하여 당의 지지자로 결속시킨다는 포섭정책을 펴나갔다. 북한은 월남인 가족들에 대해 사상 재검토사업을 통해 네 부류로 세분하고 '독재대상'으로 낙인찍어 탄압과 감시를 하는 제1부류를 제외한 나머지

---

42 북한은 1958년 12월~1960년 1월에 중앙당집중지도사업, 1966년부터 1년에 걸친 주민재등록사업, 1967년~1970년 6월에 '3계층 51개 부류 구분사업', 1980년대 들어 '외국귀화인 및 월북인에 대한 요해사업'(1980년 4월~10월)과 '북송교포에 대한 요해사업'(1981년 1월~4월) 등을 단계적으로 추진함으로써 전체 주민들을 핵심군중, 기본군중, 복잡군중으로 구분하고 의식주 배급 및 사회적 혜택을 차별적으로 배분하는 계급정책을 추진해왔다.

부류는 선도한다는 방침을 정한 것이다.[43] 그러나 1980년대 들어도 경직된 성분정책의 적용으로 인한 주민들의 불만과 노동의욕 상실 등이 사회문제가 되자 1984년 성분완화 방침을 재차 하달하였으며, 김일성 사후 1994년 11월에는 지금까지 탄압의 대상이었던 포섭계층에 대한 태도를 누그러뜨릴 필요성을 지적하는 내용을 발표하였다.[44] 이는 북한의 이산가족 정책이 과거의 계급적 성분에 의한 정치에서 벗어나 새로운 군중노선인 '인덕정치'와 '광폭정치'를 통해 주민들을 통제하려는 사회통합정책의 일환으로 진행되고 있음을 시사한다.[45]

그럼에도 월남인들에 대한 비공식적인 차별은 철폐되지 않았다. 특히 재북가족의 사회 진출, 대학 진학 및 군 복무에서는 아직도 뚜렷한 차별정책을 사용하고 있다. 북한이 1987년 제작·상영한 〈보증〉이라는 영화를 보면 성분차별정책이 여전히 시행되고 있음을 여실히 보여준다. 이 영화에서 남한에 가족을 둔 한 노동자가 성분문제로 작업현장에서 각종 불이익을 겪고 사회적·심리적 고통을 당하는 모습을 충분히 목격할 수 있다. 물론 이 영화는 이러한 소외계층에 대해 과감히 '보증'을 서주어야 한다는 체제 홍보의 목적을 띠었지만 성분차별정책이 여전히 시행되고 있음을 전제한 것이다. 북한은 성분정책의 완화가 어디까지나 '사상개조'라는 전제 아래 실현되는 것으로 못 박고 있다. 북한의 평양방송이 시사논단 논평을 통해 월남인들을 "우리 사회주의 제도에 대해 악의를 품고 남으로 달아난 악질 반동분자들"이라고 표현[46]하고 있는 것을 보면, 정부의 광폭정치 슬로

43 대한적십자사(1976), 178~184쪽.

44 김정일, 「사회주의는 과학이다」,《로동신문》(1994. 11. 4).

45 김정일은 "우리 당의 인덕정치는 각계각층의 인민들에게 차별 없이 사랑과 믿음을 안겨주는 폭넓은 사랑과 믿음의 정치이다. 이런 의미에서 우리는 우리 당의 인덕정치를 광폭정치라고 한다"고 말하였다.《로동신문》(1993. 1. 28).

건과는 달리, 아직도 기층민중 사이에서는 월남인 이산가족에 대한 차별의식이 여전히 존재하고 있음을 알 수 있다.

2) 이산가족에 대한 북한의 입장

이제까지 대다수 남한의 연구에서는 북한이 이산가족 문제에 대해 '소극적이거나 무관심하여 기피한다'[47]고 지적해왔다. 또한 북한은 이산가족을 '반혁명분자' 또는 '반동분자'로 간주하고 있다고 보았다.[48] 그 이유는 월남 이산가족의 경우 '북한을 반대하여' 월남했기 때문에 북한 정권으로서는 그들에 대해 적대적일 수밖에 없다는 논리이다.[49] 그도 그럴 것이 북한에서 월남인은 대부분 정치적으로 '반공', '반소'의 이념을 갖고 소군정 또는 북한의 민주개혁에 반대하여 월남한 지주와 종교인 출신으로 인식되어 왔기 때문이다.

하지만 북한의 이산가족과 관련된 자료는 물론 몇몇 연구자들의 연구에서는 북한 정권이 이산가족을 '반동분자'로만 인식하지 않고 이산의 다양한 원인과 마찬가지로 유형에 따라 다른 정책을 펴 나간다는 것을 확인해주고 있다.[50] 앞서 지적한 것처럼 이산가족은 가장 일반적인 형태라고 할 수 있는 월남인과 월북인 그리고 그의 가족은 물론, 전쟁 당시 남과 북의

---

46 《연합뉴스》(1999. 8. 2).

47 대한적십자사(1972).

48 민족통일연구원, 『남북한 이산가족 문제 해결방안』(1998).

49 김귀옥, 「북한은 이산가족 문제를 어떻게 인식해왔을까」, 《경제와 사회》 제49호(2001), 126쪽.

50 이와 관련된 연구들로는 박명선, 「북한출신 월남인의 사회경제적 배경 및 사회이동에 관한 연구」(이화여대 사회학과 석사학위논문, 1983); 강정구, 「해방 후 월남동기와 계급성에 관한 연구」, 한국사회학회 편, 『한국전쟁과 한국사회변동』(풀빛, 1992); 김귀옥(2001).

미송환포로와 그 가족이 있다. 또한 2000년대 들어와 밝혀진 것으로 사라진 공작원과 그 유가족 및 비전향장기수 등이 이에 포함된다. 그리고 납치자와 그 유가족이 있고 북파공작원들의 증언에 의해 알려진 납남인들이 있으며 탈북자와 탈남자 그리고 그 가족들이 있다. 따라서 북한도 이에 따라 다양한 이산가족 정책을 펴고 있을 것이라 예상 가능하다.

남과 북은 지난 60년간 체제 경쟁을 벌이면서 서로의 정당성에 대해 끊임없이 문제제기를 해왔다. 때문에 남과 북은 공히 월남인과 월북인 관련 정보 중 각 정권에 유리한 정보들을 부각시켰다고 해도 과언이 아니다.[51] 북한에서는 이산가족을 '분산된 가족'이라고 일컫고 있고 월남인과 그 가족에 대해서는 '반혁명적대분자'와 '실향사민'으로 구분하고 있다.

먼저 '반혁명적대분자'는 1945년 해방 이후부터 전쟁 전까지 월남인 중에서 친일 경력자나 대지주·대자본가로서 북한의 민주개혁이나 소련에 반대하여 월남한 경우가 이에 해당한다. 북한은 이들에 대해 법적 규정을 내세워 날카롭게 비난하고, 통제정책을 펴고 있다. 1946년에 제정된 〈친일파·민족반역자에 대한 규정〉과 1950년 제정된 형법에서 보면 이들의 법적 처벌에 대해 가늠할 수 있다. 특히 형법 제79조에서는 "일본 기타 제국주의의 지배 밑에서 책임적 또는 비밀적 직위에 참여하거나 또는 그외의 방법으로 조선민족의 민족해방운동과 인민민주주의운동을 적극적으로 박해·탄압한 자는 제66조에 규정한 형벌에 처한다"고 되어 있다.

---

51 김귀옥(2001)은 이에 대해 "이산가족 문제에서 월남 이산가족은 부분집합에 불과하다. 해외 이산가족을 제쳐놓고도 국내 이산가족의 종류만 해도 월남인과 그 유가족 외에도 월북인과 그 유가족, 북파공작원 및 남파공작원, 납치자 문제, 미송환포로와 그 유가족 등 무수하게 존재한다"고 언급하면서 "북한이 이토록 많고 복잡한 이산가족 문제에 소극적이거나 무관심하다거나 반혁명분자로 몰아쳤다고 지적하고 마는 것은 일면적인 견해"라고 지적하고 있다.

제66조 이런 '국가주권 적대' 행위에 대해서는 사형 및 전부의 재산몰수에 처하며 정상이 경한 경우에는 5년 이상의 징역 및 전부의 재산몰수에 처한다.

1946년 3월 5일에 공포된 〈북조선토지개혁에 대한 법령〉에서는 5정보 이상을 소유한 지주와 민족반역자의 토지와 재산이 무상몰수 되었다. 때문에 당시 북쪽 지역에 있었던 친일 경력자나 대지주, 대자본가들은 민주개혁이 시작된 1946년 한 해 동안만 18만여 명이 월남하였다.[52] 북한은 월남한 민족반역자 가족들에 대해 이탈을 도왔거나 신고하지 않았다는 이유로 형법에 따라 처벌하였다. 토지개혁 이후 북한 당국은 무상몰수를 당한 지주들에 대해 반역의 정도에 따라 강제 및 자원 이주를 하게 하였다.[53] 즉 다른 지역으로 지주세력을 이주시킴으로써 지주−소작관계 때문에 토지개혁에 영향을 받지 않게 하고 지역을 옮겨 새로운 농민계층으로 정착할 수 있도록 하였다.

북한은 한국전쟁 당시 '반동단체'를 조직하여 일반인들을 강압·기만·회유하여 적대적인 행위를 하거나 첩보활동에 참여한 간첩도 반혁명적대분자에 포함시켰다. 다만 그 간첩들이 1·4 후퇴 당시 각종 위협과 기만술책으로 수많은 인민들을 끌고 내려갔다고 언급[54]하고 있는 것으로 보아 한국전쟁 당시 월남한 사람 모두를 반혁명적대분자로 인식하고 있지 않음을 알 수 있다. 즉 월남인을 반동분자와 반동분자에 의해 끌려 내려간 인민들

---

52 김귀옥(2001), 133쪽. 김귀옥은 "1946년의 모든 월남인이 18만 명이며, 모두 친일파나 대지주 및 자본가 출신은 아니"라고 쓰고 있다.
53 손전후, 『우리나라 토지개혁사』(과학백과사전출판사, 1983); 김귀옥(2001), 134쪽 재인용.
54 위의 글, 134쪽.

로 구분하고 있다.

전쟁 이후 북한은 '반혁명적대분자'에 '친일주구'와 '적간첩', '적대계급 잔여분자'를 포함하였고 1974년 개정 형법에서 이들에 대해 강하게 처벌하고 있다. '반동선전선동죄(제56조)', '반혁명적 암해죄(제59조)', '반혁명적 파괴죄(제60조)', '민족반역죄(제63조)'가 그에 해당한다. 그러나 북한은 1987년 개정 형법에서 '반혁명범죄' 장을 없앴고 조문도 통합시키는 변화를 보였다. 분단 이후 세월이 지났기 때문에 월남인에 대한 반혁명범죄 의식이 약해진 것으로 보이며, 대신 탈북자를 '조국과 인민을 배반'한 자로 규정·처벌하고 있다.

북한은 체제에 반하여 월남한 사람이 아닌, 간첩들에게 끌려 내려간 사람들과 전쟁 중에 유엔군의 '원자탄 사용' 등의 소문을 듣고 남쪽으로 피난간 사람들을 '실향사민'으로 인식하고 있다. 북한은 1952년 1월 2일 정전회담 중 남한이 체제 우월성의 증거로 선전했던 '월남 피난민 500만 명'은 '유엔군의 위협에 강제로 납치해간 사람'이라고 주장하는 등 북한은 실향사민 송환을 계속해서 요구하였다.[55]

세상이 다 아는 바와 같이 지금 공화국 남반부 지역에서는 지난 전쟁 기간에 미제 침략군들이 총검의 위협과 공갈로써 강제 랍치하여 간 대량의 실향사민들이 유랑하고 있다. …… 그들은 모두가 공화국의 품안에서 희망과 행복에 충만된 생활을 하다가 미제 무력 침략군의 강압에 못 이겨 총구의 감시를 받아가며 남반부로 끌리어 간 사람들이다.[56](필자 강조)

---

55 위의 글, 136쪽.
56 《로동신문》(1954. 2. 19).

전쟁 중 북한 전 지역에서는 민간인들을 대상으로 한 학살 사건들이 많이 일어났다. 대표적인 사건으로 신천지역 1개 군에서만도 3만 명이 학살되는 사건이 벌어졌다. 북한은 신천지역의 민간인 학살 사건을 기념하여 신천박물관을 지어 반미교양에 적극 나서고 있다. 이처럼 북한에서는 신천지역 학살을 포함, 전국적으로 일어났던 사건들을 미군이 자행한 것으로 부각하여 선전하고 있지만, 사실 많은 지역에서 남한의 군·경 또는 서북청년단과 같은 반공청년들과 그들의 강요에 따른 지역주민에 의해 자행되는 경우가 많았다고 한다.[57] 유엔군이 철수하면서 학살에 가담했던 반공단체 구성원은 물론 강요에 의해 참여했던 지역주민들도 남하하였고 북쪽에 남아있던 희생자 가족과 월남인의 유가족들 사이에 보복 사건이 잇달아 일어났던 것으로 보인다. 다음 김일성의 발언에서 이에 대해 고민한 흔적이 엿보인다.

해방된 지역의 인민들이 이런 반동분자들에 대하여 복수하려 하는 것은 당연한 일입니다. 그러나 우리가 이 문제를 신중하게 취급하지 않으면 엄중한 오류를 범할 수 있습니다. 반동단체에 참가했다 하여 아무러한 법적 수속이나 심사 없이 되는 대로 숙청하여서는 안 됩니다. 우리는 인민을 사랑하며 아낄 줄 알아야 합니다. 적들의 위협과 공갈에 못 이겨 반동단체에 참가했으나 악질적인 행위를 하지 않은 자들은 관대히 용서하고 재교양하여야 합니다.[58]

이러한 현상들이 전쟁이 끝나도 가라앉지 않자 북한에서는 월남하지 않

---

57 국방부정훈부, 『구월산』(국방부, 1955); 김귀옥(2001), 137쪽 재인용.
58 김일성, 「현정세와 당면과업」, 『김일성 저작선집』(조선로동당출판사, 1950).

은 반동의 유가족들을 다른 지역으로 이주시키도록 하는 등 강력한 조치들을 취한 것으로 보인다. 1980년대에도 북한은 '반혁명적대분자'에 대한 강력한 통제정책을, 다른 한편으로는 관용정책을 유지하였다.

오랜 기간에 걸치는 일제의 식민지통치와 나라의 분렬, 특히 전쟁 시기에 있은 적들의 리간 책동들로 말미암아 우리나라 주민들의 사회정치적 구성은 매우 복잡하다. 그렇다고 하여 우리가 성분이나 사회정치생활이 복잡한 사람들을 다 버리고 순결한 사람들만 가지고 혁명을 할 수는 없는 것이다. 여기에서 우리당은 계급로선과 군중로선을 밀접히 결합시키면서 극소수의 악질분자들을 내놓고 모든 사람을 혁명의 편에 쟁취하는 방침을 취했다.[59]

북한 정권에 월북인은 북한의 체제 정당성을 부여하는 존재이다. 남한 정권에는 월남인과 탈북자의 존재가 그러할 것이다. 북한에게 월북인들은 월남인과 반대로 북한 체제가 좋아서 북쪽지역으로 온 사람들로서 적극적으로 선전할 수 있는 대상이기 때문이다.

하지만 월북인들에 있어 가장 문제가 되는 것은 납치의 문제이다. 즉 월북인들이 자진해서 북쪽으로 간 것인지 납치에 의한 것인지에 대한 서로의 주장이 엇갈린다. 이 부분에 대하여 남한 정부는 '납치'로 이야기하고 있지만 북한에서는 자진해서 월북한 것으로 대응하고 있다. 1954년 《로동신문》에서 북한은 이들에 대해 "류랑하여 온 극소수의 실향사민"으로 언급하면서 "이들은 남쪽으로 가길 원하지 않는다"고 적고 있다.

---

59 김근식, 『형법학(1)』(김일성종합대학출판사, 1986); 김귀옥(2001), 138쪽 재인용.

지나간 전쟁 기간 중에 우리 측에 류랑하여 온 극소수의 실향사민들은 조선민주주의인민공화국 정부의 따뜻한 인민적 시책과 협조 밑에 자유롭고 행복한 생활을 영위하고 있다. 그들은 과거 리승만 통치하에 있을 때는 상상할 수도 없었던 즐거운 생활을 하고 있다. 그들은 공화국 정부의 따뜻한 배려와 자기의 로력으로써 쟁취한 행복을 고수할 것을 희망하고 있다. 소수의 이 실향사민들은 모두 리승만 괴뢰도당들의 암흑 통치하에 **되돌아가는 것을 원하지 않고 있다.** 그들은 리승만 통치하로 돌아간다는 것은 죽음의 길을 찾아간다는 것을 누구보다도 잘 알고 있기 때문이다. 오늘 현재 각 지방정권 기관에 귀환을 요청하여 등록한 실향사민은 한 명도 없다.[60](필자 강조)

북한은 1957년 제15차 국제적십자 대회에서도 "(남조선 대표는) 전쟁기간에 월북한 사민들을 '랍치인사'라고 왜곡"하고 있다고 주장했다. 북한은 이 문제를 남측이 납치해간 200만여 명의 북측 실향사민 문제와 연결하여 풀어야 하는 것으로 '분산된 가족을 재통합'하는 문제로 보고 있다.[61]

북한 체제의 정당성을 뒷받침하는 월북인은 정치인, 인민의용군, 의거입북인 등으로 분류할 수 있다. 그중에서 월북한 정치인의 경우 '납치'되었을 가능성이 크다. 하지만 1956년 7월 북한에서는 '재북평화통일촉진협의회'를 결성하고 납치되었던 정치인들을 공식적으로 등장시키면서 남한에 남아있던 그 유가족들에게는 큰 타격을 주었다.[62] 이처럼 월북인들에 대한 남과 북의 논란은 계속되고 있다. 북한의 경우 월북인들은 북한 체제의 정당성의 증거로 매우 중요하기 때문에 정치인, 인민의용군, 의거입북인 등

---

60 《로동신문》(1954. 2. 19).
61 《로동신문》(1957. 11. 27).
62 김귀옥(2001), 141쪽.

월북인 모두를 우선적으로 배려하는 정책을 폈을 것으로 생각된다.

남한과 북한은 각각의 체제 정당성을 강화하기 위하여 월남인, 월북인들에 대한 정책을 펴 나갔으며 각 정부가 주장하는 '납치'에 대해 자발적인 월남인 또는 월북인이라 적극 설명하게 되면서 월북인과 월남인 당사자와 그 가족들에게는 국가의 정책이 '폭력'으로 작용하기도 하였다. 분단의 지속이 이데올로기 분단으로 이어져 이산가족들에 대한 사회적 인식 또한 이산가족들에게 '굴레'로 작용하였다.

이처럼 남한과 북한은 월남인과 월북인들을 포함한 모든 유형의 이산가족 문제를 정치적으로 활용해온 측면이 있고, 또한 정반대의 상황에서 활용하고 있기 때문에 그 사이에서 피해자가 되고 있는 이산가족들의 다양한 고통과 삶의 치유 과정은 매우 복잡하다고 할 수 있다. 이는 궁극적으로 분단의 해소와 미래 평화정착에 많은 난관으로 작용할 것이다.

3) 이산가족의 정치적 파장

북한은 월남인 이산가족 상봉이 북한 내부의 개방화와 민주화에 미칠 영향을 충분히 인식하고 있기 때문에 이산가족 문제를 단순한 인도주의적 사안으로만 취급하기 힘들다. 즉 체제 존립과 직결된 정치문제로 간주하고 있다. 북한은 이산가족의 상봉으로 인해 남한을 비롯한 외부세계의 실상이 알려짐으로써 개방 분위기가 확산될 것을 우려하고 있다. 북한에 있어 이산가족의 지속적인 교류는 남한을 비롯한 외부세계의 실상을 북한 주민에게 알리는 계기를 제공하고 자본주의 사조 및 다원주의적 사상을 유입시켜 체제붕괴까지 촉발할 수 있는 막대한 결과를 초래할 수 있다.

또한 대내적으로 이산가족 상봉의 활성화는 그동안 반동분자로 규정되어 차별받던 이산가족의 사회적 지위가 상승함으로써 정치적 부담을 발생시킨다. 물론 북한 당국은 김정일의 '광폭정치'에 힘입어 이산가족 상봉이 실현되었다고 정당화하고 있지만 결과적으로 복잡군중들의 사회적 요구와 활동의 공간을 확대시킴으로써 정치적 부담을 안게 된다. 북한에서 이산가족은 "조국을 버리고 떠난 사람들"이기 때문에 정치적으로 차별을 받아왔다. 때문에 월남인 가족들의 상봉문제는 북한에 상당한 정치적 부담이 될 것이다.

지금까지 월남인 가족에 비해 우대를 받았던 핵심군중과 일반주민들이 이산가족 상봉 이후 전보다 나은 생활을 하는 이들을 보게 된다면 현 체제에 대한 가치관이 급격히 변화할 수 있다. 실제로 1980년대 후반부터 북한이 외화벌이 목적으로 해외교포 정책을 변화함에 따라 월남인 가족과 같이 복잡군중으로 분류되었던 해외망명자 가족들이 미국, 일본, 캐나다 등지의 가족과 친척으로부터 물질적, 재정적 지원을 받아 갑자기 잘살게 되는 것을 보면서 주민들의 의식구조에 커다란 변화가 나타났음을 볼 수 있다. 남한의 이산가족은 북한에서 '반동분자', '철천지원수'로 각인되어 있기 때문에 이산가족들의 사회적 지위상승이 가져오는 파장은 해외망명자 가족이 주는 영향보다 클 것이다.

이러한 정치적 부담을 상쇄하고 남한의 이산가족 상봉에 대한 국내적 영향을 차단하고자 북한은 김정일의 인덕정치와 광폭정치를 선전하며 국내외 흩어진 이산가족들에 대한 상봉을 주선하는 사업을 확대해 나가고 있다. 1998년 12월 17일 조선중앙방송을 통해 "1998년 3월 1일 사회안전성의 주소안내소 사업이 시작된 이래 해내외 각지에 흩어져 생사 여부를 모르던 460여 명의 가족, 친척 혈육들이 상봉하는 성과를 거두었다"고 선전하였다. 또한 방송은 김정일이 이 사업의 목적과 기본임무, 사업체계와 방법에 대해 구체적으로 지도하였다고 보도하는 한편, "주소안내소 일꾼들은 사람의 행처를 찾기 위해 수많은 문건을 보내고 장거리 전화를 거는 것은 물론 멀고 험한 길을 걷기"까지 했으며, "뜻깊은 상봉을 이룬 가족, 친척 및 인민들은 당의 은덕을 가슴깊이 새기고 김정일의 두리에 굳게 뭉쳐 이 땅위에 주체의 강성대국을 건설할 혁명적 열의에 넘쳐 있다"고 선전하였다.

북한은 남한의 이산가족 상봉 제안을 거부한다는 비난을 회피하고 대내외적으로 인도주의적 입장을 최대한 활용하기 위해 북한 내에 흩어져 살고 있는 이산가족 상봉을 적극적으로 주선하고 있다. 남한이 고향인 사촌 형제가 주소안내소에 편지를 보내 50년 만에 상봉되었다는 내부사례가 소개되는가 하면 한국전쟁 때 헤어졌다가 47년 만에 감격적으로 상봉한 형제와 자매의 사연을 상세히 소개한 바 있다.[63] 또 일제시대에 헤어졌던 황남 재령군과 개성시 판문군에 사는 세 남매의 상봉사례도 소개하였다.[64] 이러한 사업을 전개함으로써 북한은 월남인 이산가족 상봉이 가져올 정치적 파장을 흡수할 수 있는 내적 공간을 만들어 가고자 하는 것으로 보인다.

한걸음 나아가 북한은 남한의 납북인, 국군포로 송환 요구에 대해 이들이 자발적 의사에 따라 월북한 사람이라는 점을 대중매체를 활용하여 선전하였다. 남한 내 비전향장기수 송환을 요구하는 북한에 대해 남한은 납북인과 국군포로를 교환해야 한다고 주장해왔다. 이에 맞서 북한은 1999년 4월 말~5월 초 월북인, 납북인, 국군포로 등 40여 명을 대중매체에 '의거월북인'으로 등장시켜 이들은 자발적 의사에 따라 월북한 사람들로 남한 내 비전향장기수와 이들을 교환하는 것은 불가하다고 주장하

---

63 《로동신문》(1998. 4. 20, 1998. 5. 7, 1999. 7. 17).
64 《평양방송》(1998. 11. 27).

였다. 이러한 북한의 시도는 1999년 4월 말 유엔 인권위원회에서 이산가족, 납북인, 국군포로 등에 대한 북한의 조치를 촉구한 데 대한 국제적 압력을 누그러뜨리기 위한 대응으로 보인다.

북한은 이처럼 남한과 국제사회가 요구하는 이산가족 정책을 회피하기 위한 국내적 대응 차원에서 월북인 이산가족과 국내 이산가족의 상봉을 추진하고 있는데, 이러한 시도가 진행되면 북한 당국의 이산가족 교류 정책에 힘입어 월남인 가족들의 이산가족 교류에 대한 요구도 자연스럽게 확대될 것으로 예상된다. 북한에 남아있는 월남인 가족들은 북한이 정책적으로 허용한 공간을 활용하여 남한 및 해외에 거주하는 이산가족들과 교류 및 상봉을 적극적으로 요구하게 될 것이다. 그렇게 되면 북한 내부의 정치적 부담은 그만큼 커진다고 볼 수 있다.

이산가족 상봉이 남한에 미치는 정치적 파급효과도 적지 않다. 이산가족 교류경험에 비추어 볼 때 교류가 활성화될수록 남한 이산가족들의 경제적 부담이 커져 이들의 상봉과 재결합에 대한 태도가 소극적이고 부정적으로 변화할 수 있다. 북한 내 가족을 지속적으로 만나기 위해서는 북한 이산가족들에 대한 남한 이산가족들의 재정적 지원이 불가피하기 때문이다. 이산가족 상봉 이후 남한 가족이 북한 가족과 지속적 만남을 꺼릴 경우 사회갈등은 지금보다 커질 우려도 있다. 재정적 부담 이외에도 북한의 김일성 혁명사상과 주체사상 교육으로 무장된 북한의 젊은 세대들이 남한의 가족, 친지들과 만나는 과정에서 이념적 가치관을 표현한다거나 남한의 상업주의 문화가 표출될 경우 남북 이산가족들은 문화적, 심리적 이질감을 느끼게 될 가능성도 크다. 남한의 이산가족들은 북한의 가족, 친척들이 경제 및 문화 수준이 낮은 데서 오는 경제적 부담감과 교류 과정에서 느끼는 문화적 이질감 등으로 인해 북한 가족들을 경시하는 경향도 생겨날 것으로 보인다. 남한의 이산가족들은 혈육 간의 상봉에 대한 기대감이 크지만 경제적 부담, 문화적 이질감 등으로 북한 이산가족에 대한 부정적 이미지를 고착시킬 우려가 크다.

이산가족들의 거주이전, 호적관계, 중혼관계, 상속문제 등 법적인 소송이 발생할 가능성도 있다. 분단과 전쟁으로 발생한 고전적 형태의 이산가족 이외에 월북인, 납북인, 탈북귀순자 등 여러 형태의 이산가족들이 북한 가족과 상봉 및 교류를 시도하려는 사회적 요구가 확대될 가능성이 높다. 뿐만 아니라 중국과 구소련 지역을 포함하여 해외에 거주하고 있는 해외 동포 이산가족들도 남한 내 가족과의 상봉, 재결합, 거주이전 등을 요구할 가능성이 있다. 이러한 요구와 변화는 남한 사회 내에도 사회적, 정치적 파장을 몰고 올 수 있다.

이산가족의 아픔과 고통을 해결해야 한다는 지극히 당연하고도 인류보편적인 문제를 보는 시각이 서로 다르고, 그것이 가져올 엄청난 정치적 부담 때문에 한반도에서 가족 이산과 상봉의 문제는 쉽게 해결될 기미가 보이지 않는다. 식민과 분단과 전쟁으로 찢겨 나간 한반도의 이산가족들은 체제 선전에 내몰린 채 아직도 휴머니즘과 평화의 의제로 다루어지지 못하고 있다. 분단의 오랜 시간 동안 딱딱하게 굳어버린 이들의 삶의 흔적은 한반도 분단이 이산가족의 삶을 어떻게 유린했는가를 말해준다.

분단으로 찢긴 가족

PA
RA
PA
CEM

이 장에서는 이산가족이 겪어온 삶의 여정을 사실(fact)과 증명(proof)을 통한 논리적 글쓰기 방식보다는 구술자료를 중심으로 한 이야기 서술방식으로 전개한다. 크게 세 묶음으로 나누어 서술할 터인데, 하나는 해방 후 전쟁을 거치면서 이데올로기의 소용돌이 속에서 북으로, 남으로 가족이 흩어지게 된 월남가족과 월북가족의 삶의 이야기다. 두 번째는 가족 이산의 상태에서 월북인(자진월북, 피랍자 포함) 가족을 두었다는 이유만으로 각종 반공법, 국가보안법, 불고지죄, 간첩죄 등 국가폭력에 노출되어 고통을 당할 수밖에 없었던 이산가족의 체험을 다룬다. 이들은 분단체제의 희생양으로 각종 이데올로기적 법과 제도 속에서 빨간 딱지와 연좌제의 피해자들이다. 세 번째는 신(新)이산가족이라 분류 가능한 2만3천여 명의 탈북자 가족이 또 다른 이산가족으로서 살아가면서 겪는 아픔 속에서도 가족 재형성의 새로운 희망을 이야기한다.

이 장에 서술한 월남인 가족(월남가족)과 월북인 가족(월북가족)의 이야기는 기존 연구에 나타난 구술채록 자료를 활용하고, 2007년부터 5년간 전후 분단체제 아래 국가폭력의 희생자를 양산했던 반공법, 국가보안법 피해사건을 조사한 진실·화해를 위한 과거사정리위원회의 『진실화해위원회 종합보고서』 전권을 참고하였다. 또한 전후 북측으로 납북되었다고 주장하는 납북인피해가족위와 그들의 이야기를 담은 한국전쟁납북사건자료원의 『한국전쟁납북사건사료집 1, 2』를 참고하였다. 이들 자료를 통해 이산가족들의 증언 및 조사 당시 구술했던 자료들이 광범위하게 활용되었다. 탈북자들의 이산가족 이야기는 직접 구술인터뷰를 진행하였다. 가족이야기를 중심으로 진행한 인터뷰도 있고, 다른 주제의 인터뷰를 진행하면서 함께 얘기된 가족이야기를 이 장에서 활용하기도 하였다.

남북한 이산가족 이야기와 전혀 다른 맥락과 배경을 지니고 있는 인도와 파키스탄의 분단구술사도 매우 좋은 자료로 활용되었다.[1] 글에서 직접 인용은 하지 않았지만 우르와쉬 부딸리아의 『침묵의 이면에 감추어진 역사』는 가족 이산이 가족 구성원에게 미치는 상처와 고통에 대해 구술자료의 학문적 가치와 역사적 의미에 대해 깨달음을 준 훌륭한 교과서였다.

---

1 우르와쉬 부딸리아 지음, 이광수 옮김, 『침묵의 이면에 감추어진 역사』(산지니, 2009).

1. 이산가족의 분단 트라우마

1) 월남가족의 삶과 생활세계

앞 장에서 설명했듯이 월남인의 규모에 대한 정확한 통계자료를 찾기 어렵지만 대체로 한국전쟁 이전에 74만 명, 전쟁기간 중에 65만 명을 합하여 약 140만 명 정도로 추정한다. 학계에서 월남가족에 대한 연구를 시작한 것은 1980년대 중반부터이다. 연구는 주요하게 ① 남하 동기, ② 남하 후 정착과정: 계층적 이동, ③ 월남인으로서의 정체성을 주요하게 다루었다.[2]

해방 후 북한지역에서 월남한 사람들의 다양한 동기와 특징을 하나로 정리할 수 없지만 남하 동기에 관한 기존 연구를 보면, 해방 이후 북한지역은 일련의 개혁을 단행하여 일제 잔재를 일소하고 봉건적인 토지소유관계를 변혁했다는 점에 주목한다. 공업 생산의 증가, 농작물 수확의 증가 등 경제적 불만족이 감소되었기 때문에 월남인들이 경제적 이유로 남하한 경우는 매우 드물다.[3] 오히려 정치사상적 이유와 재산몰수로 인한 월남이 많았다.

그러나 한국전쟁이 끝난 후 월남인들은 전쟁이라는 물리적, 외부적 압력에 의해 의도치 않게 월남한 경우와 국군의 피난 권유에 따라 가족과 친척을 따라나선 경우도 많다. 주요 사건으로는 중공군의 개입과 원자폭탄이 터진다는 소문이 계기가 되었다.[4] 실제 한국전쟁 당시 원자탄 투하는

---

2 관련한 기존 연구와 연구 쟁점은 다음을 참조. 윤택림, 「분단의 경험과 통일에 대한 인식: 미수복 경기도 실향민의 구술 생애사를 통하여」, 《통일인문학논총》 제53집(2012. 5).
3 박명선, 「북한출신 월남인의 사회경제적 배경 및 사회이동에 관한 연구」(이화여자대학교 대학원 석사학위논문, 1983), 35~36쪽.

없었지만, 1950년 12월을 전후하여 《동아일보》에도 만주 등지에 대한 원자탄 투하계획이 집중 보도 되었고 주민들을 한꺼번에 남하·소개하는 데 원자탄 투하설은 주효하였다.

원자폭탄을 피하려면 함흥까진 내려가야 산대. 이런 소문들이 퍼지기 시작하면서 눈 덮인 국도는 북쪽에서부터 밀어닥치는 군인들과 피난민 행렬로 새까맣게 붙어났다. 한편 성진 시가에 이르는 쌍포고개는 그새 국군들에 의해 통행이 제한받기 시작했고, 나중엔 노약자를 뺀 젊은이들만 통과가 가능해졌다.[5]

원자탄 투하 소문에 목숨을 보전하기 위해 피난한 사람들, 원산 밑으로 도망가면 살 수 있다고 내려온 사람들, 국군이나 미군, 경찰, 대한청년단의 후퇴 수송에 동원되어 월남하는지도 모른 채 내려온 사람들, 군경에 의한 집단 소개령에 따라 방향도 모른 채 내려온 사람들, 한밤 중 유격대원들의 위협에 신발도 못 신은 채 고향을 떠난 사람들……. 모든 이산가족이 그러하듯이 전후 월남인 대부분의 가족 이산도 '계획'된 것이기보다 '불확실한 상황'에 '예상하지 못했던' 일이었다.

그때 목선이 세 척이 출발하게 됐어. 세 척이 출발해 나오다가 함흥, 거 함흥에 와서 그루다 시방 그 밤을 새우는데, 내가 일호선 탔는데, 일호선 타

4 John W. Rily, Jr. and Wilbur Schramm, *The Reds Take a City*(New Jersey: Rutgers University Press, 1951), 202~205쪽.
5 김귀옥, 「글로벌 시대 한국 이산가족의 정체성과 새로운 가능성」, 《사회와 역사》 제81집 (2009), 138쪽 재인용.

구 내러와 보이까 여게가, 여게가 내 가족을 보니까, 그루이까 가 보이까 내 가족두 굶구 오다가(몸을 쪼그리며) 영 요러구 있어요. 그른데 그 삼호선에 가보이깐, 그 삼호선에 가 보이까, 이 배에는 여유가 있더라구. 그래서 내 딴에 또 가족을 펜안이 데리가구퍼서 여기 있는 거 삼호선에루 옮게 났거든. 그루구서 그때는 출발, 세 대가 출발했는데 우리랑 이호선에 탄 사람덜이랑, 만약에 다 여게서 다 우리가 잽페서 피해루 보는 사람들이니까 죽으나 사나 나가야지, 근데 이 사람들은(삼호선 사람들)은 안 나가두 좋으이까 이짝 나가던 사람들도 나더뻐리구 도루 들어가 뻐렜단 말이야.[6]

위에 재인용한 속초 아바이마을의 터줏대감과 같은 신포 할아버지 사례는 드라마같이 극적이다. 중공군의 개입으로 연합군이 후퇴를 결정하자 치안대에 관여하던 청년들은 남으로 피하라는 통보를 미리 받았다. 목선 세 척을 준비하여 맨 앞의 배에는 치안대 청년들이 타고, 두 번째는 그 부인들과 자식들이 탔으며, 세 번째 배는 북에 남아도 생명의 위협을 당하지 않을 마을 사람들이 탔었다고 한다. 그런데 배가 풍랑을 만나 잠시 정박한 틈에 두 번째 배에 탄 가족이 궁금하여 가보니 부인이 어린 딸을 안고 비좁은 배 바닥에 굶주려서 웅크리고 있었다. 세 번째 배는 여유가 있어 그곳으로 옮겨주고 출발했는데 풍랑이 심하니 생명의 위협이 없는 3호선 사람들은 다시 고향으로 뱃머리를 돌려 들어가 버렸다는 것이다.

김종군의 구술 인터뷰에 따르면 이 같은 이산의 과정이 평생 한으로 남은 신포 할아버지는 1992년 중국과 수교가 되자마자 접경지역으로 가서 아내와 딸의 생사를 확인하기 위해 노력을 기울였으며, 각고의 노력 끝에

---

6 김종군, 「구술을 통해 본 분단트라우마의 실체」, 《통일인문학논총》 제51집(2011. 5), 54쪽 재인용.

사진 한 장과 생사를 확인했다고 한다. 그러나 딸에게 의탁하여 비교적 안정되게 사는 부인이 만남을 거부했으며, 사위가 당 간부로 있어서 자칫 딸에게 피해가 갈까봐 연락 자체를 거부했다고 한다. 한순간 자신의 실수로 가족이 북으로 돌아가게 되었다는 사실, 그리고 다시는 만날 수 없는 분단 현실 앞에 신포 할아버지가 죄책감과 그리움으로 얼마나 가슴 찢어지는 고통을 평생 받았을지는 글을 읽는 이에게도 고스란히 전해진다.

월남가족들이 전쟁 통에 피난을 나오는 과정은 매우 긴박했다. 때문에 이들은 월남하여 남한에 정착할 것을 상정하지 않았다. 자신들의 재산이나 재물은 놔둔 채 몸만 빠져나온 경우도 허다하게 많았고, 잠시 고향을 떠났다가 난리가 끝나면 다시 고향으로 돌아갈 것이라 생각했다.

> 6·25 동란 때 이남으로 올 때에 이십 리 밖에만 피하면 도로, 이틀만 피하면 도로 고향으로 간다 했는데, 이십 리 하면 또 이십 리에다가…… 여기 남한까지 온 거예요. 그래가지고는 이날 이때까지 못 간 거여……[7]

남하 이후 월남인들은 일자리를 얻기 위해 서울을 중심으로 도시지역에 몰려들었고, 전쟁 직후에는 누구에게나 어려운 생활이었으나 돌아갈 고향조차 없는 월남인들에게는 그 정도가 더욱 심해서 식량배급에 의지하다가 걸식, 행상, 막노동에 이르기까지 하층민 생활을 경험하지 않은 이가 거의 없었다. 월남인들 중에는 교육 수준과 계급적 배경에서 북쪽의 상위에 속하는 사람들이 많았다는 사실을 고려해볼 때, 월남인들의 남쪽에서 삶과 생활은 일시적이나마 계급이동을 경험하게 했을 것이다. 또한 월남인 이

---

7 김수자, 「한국전쟁과 월남여성들의 전쟁경험과 인식」, 《여성과 역사》 제10집(2009), 204쪽 재인용.

산가족의 성격을 규명한 기존 연구들을 보면 월남 때 동행자 유형이 대부분 부분가족 형태 혹은 단신월남 형태가 많다. 가족과 헤어진 사유로는 피난이 가장 많았으며, 헤어진 가족과의 관계는 주로 삼촌(사촌, 조카 포함)이 많았으며, 형제, 부모도 많은 비율을 차지하고 있다.[8]

소설가 이호철은 널리 알려진 대로 전쟁 시기 고향인 원산에서 남으로 내려오는 배를 타고 혈혈단신 월남한 작가이다. 이호철은 자신의 경험을 녹여내어 그의 초기작 「탈향」(1955)과 「탈각」(1959)을 발표하였으며, 소설을 통해 북쪽의 고향을 떠나 남쪽의 낯선 땅에서 뿌리내리고 살아가야 하는 월남인의 고뇌를 형상화하고 있다. 「탈향」에 나오는 4명의 주인공들은 이호철과 같이 북쪽 고향을 떠나 남쪽에서 살면서 자신의 근거인 고향을 잊고 새로운 땅에서 살아가야 하는 처지들이다. 이들이 남쪽에서 새로운 가정을 꾸려가는 과정은 이미 떠나온 고향과 완전한 단절을 이루는 과정이자 전혀 낯선 공간에서 4명의 주인공들이 서로 다른 삶을 살아가며 이들이 갈라지는 과정으로 표출된다. 이 과정은 겉으로는 현실에 맞서서 꿋꿋하게 살아가려는 의지의 표명이지만 그 내부에는 이산의 아픔을 간직한 채 새로운 현실에서 뿌리를 내려야 하는 상처받은 월남인의 삶과 의지를 보여준다.

이러저럭 한 달쯤 무사히 지나갔다. 그러나 고향으로 돌아갈 날은 갈수록 아득했다. 이 한 달 사이에 두찬이는 두찬이대로, 광석이는 광석이대로 남모르게 제각기 다른 배포가 서게 된 것은(배포랄 것까지는 없지만) 그들을 탓할 수만 없는 일이었다. 쉽사리 고향으로 못 돌아갈 바에는 늘 이러고만

---

8 이성희 · 김태현, 「월남이산가족의 가족주의와 사회적 지원망」, 《대한가정학회지》 Vol.31 No.4(1993), 15~16쪽.

있을 수는 없다. 달리 변통을 취해야겠다. 두찬이와 광석이는 나머지 셋 때문에 괜히 얽매여 있는 것처럼 스스로를 생각하게 된 것이었다. 자연 우리 사이는 차츰 데면데면해지고, 흘끔흘끔 서로의 눈치를 살피게끔 됐다.(중략) 광석이는 차츰 반원들과 얼려 왁자지껄하는 데 더 재미를 느끼는 것 같았고, 날이 갈수록 자신만만해졌다.[9]

소설 속의 주인공들은 이들을 묶어주던 공통분모인 고향이, 정확하게 말하면 고향으로 돌아갈 수 있다는 기대가 서서히 멀어지기 시작하자 이들이 각자 다른 '배포'를 세우고 현실을 받아들이는 과정으로 진행된다. 그리고 고향에 돌아가지 못한다면 이곳에서 '혼자'라도 살아남아야 한다는 생각에 광석이도 두찬이도 자신의 셈속을 차리게 된다. 때문에 '고향에 돌아가면'이라는 전제를 버리는 이 과정은 떳떳하지 못한 것으로 인식된다. 이호철의 소설을 분석한 이춘우는 이것을 다음과 같이 설명한다. "전쟁이 가져온 이산의 문제는 단지 고향과 떨어져 살아야 하는 문제가 아니라, 이산 이후의 삶을 다시 살아가야 한다는 것. 수많은 이산민이 겪어야 했을 심리적, 현실적 상처의 바탕에 혼자서 현실을 감당해 나가야 한다는 실존적 부담감이 가장 문제였다."[10]

남한 사회 적응과 관련해서 1983년 시점에서 조사된 박명선의 연구를 보면, 월남인들은 초기에 사투리를 금하고 말씨를 고쳤다고 하며, 남한의 젊은 층, 저학력층일수록 월남인에 대한 태도가 나쁘다고 응답했다. 즉, 많은 남쪽 주민들이 월남인임을 알게 된 후 깊이 사귀려하지 않아 소외되

9 이호철, 「탈향」, 《문학예술》(1955. 7), 14쪽.
10 이춘우, 「이호철 소설에 나타난 피난(避難)과 이산(離散)─「탈향」과 「탈각」을 대상으로」, 《겨레어문학》 제37집(2006. 12), 319쪽.

는 경우가 허다하며 그에 따라 소외감을 많이 느꼈으며, 주변인과 원만한 관계를 유지하기 위해 신분노출을 꺼려했다는 것이다. 구체적으로 〈표 5〉와 같이 월남인이기 때문에 받은 피해를 묻는 질문에 대해서는 주거지 정착, 지방색, 편견 문제에서 피해를 받았다고 답했다.[11]

이들이 고향을 떠나온 사람들이므로 주거지 정착이 어려운 것은 당연하지만 지방색이나 편견을 느낀 이후 월남인들의 유대는 더욱 깊어질 수밖에 없다. 이에 월남인들은 고향이라는 정치·경제·심리적 의존처가 없기 때문에 그것을 보상하려는 각종 모임을 만들고 유지한다. 월남인의 74.4%가 각종 공식, 비공식 모임에 나가고 있는 것으로 조사되었다. 그러나 안정적 사회관계를 보이고 있다 할지라도, 원초적 연고관계를 상실하고 새로운 삶을 개척해야 했던 월남인들의 묻혀진 비애는 여전히 중요한 요소로 부각된다. 많은 사람들이 일시적으로 고향을 떠나는 것으로 믿었고 그래서 가족을 두고 단신 혹은 가족 중 일부만이 월남한 경우가 대부분인 월남인들은 그들이 비록 경제적, 사회적으로 정착할 수 있었다고 하더라도 심리적으로 원만하게 남한 사회에 동화될 수는 없었을 것이다. 때문에 지방색 혹은 지연주의로 인한 피해는 동향민끼리의 연대의식을 더욱 불러일으켜 월남인들이 동향민 모임을 조직함으로써 그들의 부족한 사회적 관계망을 보충하고 심

**〈표 5〉 월남인의 남한 정착과정
중 피해사항 분포(%)**

항 목	
취직, 구직	6.4
결혼	1.0
융자 및 빚	6.7
주거지 정착	12.8
이웃과 친분	1.0
지방색, 편견	14.1
기타	1.7
피해가 없다	25.4
무응답	31.0
합 계	**100(315)**

* 출처: 박명선(1983).

---

11 박명선(1983).

리적 안정감을 얻고 있는 것으로 볼 수 있다. 박명선의 1983년 연구에 이어 10년 뒤 조사·보고된 이성희·김태현의 연구에서도 같은 결과가 나타나고 있다. 월남인들은 동향민 모임의 이득으로 경제적 도움(14.2%)보다는 고향소식을 들으면서 실향의 아픔을 달래는 정신적 위로(51.7%)가 응답의 다수를 차지한다.[12] 이 같은 사실에서 월남인들이 남한 사회 내에서 심리적 통합의 불완전성을 겪고 있음을 엿볼 수 있다. 뿐만 아니라 이들이 월남하여 남한 사회에 적응·통합되는 과정에서 공동으로 경험하게 되는 소외, 즉 정치·문화·경제적 소외와 고립은 시간이 지남에 따라 약화될 수 있으나, 월남인들에게는 아직도 고향과 가족이라는 원초적 관계에 대한 깊은 향수와 한(恨)이 남아있다.

그쪽 방향만 가면은 눈물이 나와 지금도 그냥 춘천서 돌아서려고 하면…… 기차 그거 탈려고 춘천에서 그러면 거기서부터 눈물이 나오는 거야. 이북으로 갈라면. 아직까지도 고향에 가고 싶은데 왜 같은 민족끼리 통일을 왜 안 하느냐. 난 그게 답답해. 난 그 말하고 싶어. 왜 사람을 가슴이 아프고 왜 괴롭게 하면서 왜 통일을 안 하느냐…… 어서 통일이나 됐으면 좋겠어, 통일 돼가지고 우리 같은 동족인데 원수같이 하지 말고 조금씩 양보해 가지고 그냥 왔다 갔다 라도 했으면. 마음 놓고 그냥 고향 가고 싶은데 얼마나 좋겠어…… 이 말 할라고 이 인터뷰 하는 거야.[13]

분단 구조 아래 가장 고통과 상처가 되는 부분은 월남가족, 월남인들의 정체성이 될 것이다. 오랫동안 분단 구조 아래 실향민으로 불리는 월남인

12 이성희·김태현(1993), 15쪽.
13 김수자(2009), 211쪽 재인용.

들은 '실향민 = 반공전사'로 등치되어왔다. 이 같은 이미지는 '빨갱이'를 사냥하는 반공시대 남한 사회의 분위기에서 반공이데올로기에 많은 월남가족들이 동원되면서 형성되었다. 현재 월남가족은 '이북5도민회'라는 공식 조직과 사무실이 있으며 다양한 행사와 모임도 가지고 있다. 이북5도민회는 각 도민회의 연합체 형태를 띠고 각 도민회는 중앙시군회, 지구도민회, 그리고 중앙부녀회와 중앙청년회 등의 산하단체를 두고 있다. 또 이북5도청이라는 공식기관이 있어 이들을 행정적으로 지원하고 자체적으로 신문도 발행한다. 이북5도민회가 친목단체로 시작했지만 친목단체라고만 보기 힘들며 정치색을 띤 조직일 수밖에 없다는 것이 관계자의 말이다. 이들의 고향에 대한 생각은 '고향을 떠나온 것'이 아니라, '고향에서 쫓겨난 것'으로, 실향은 곧 반공과 등치된다. 또 고향을 쫓겨나올 때 '잃고 빼앗긴 것'에 대한 억울한 감정은 보수이데올로기의 강화로 나타난다.

　이북에서 나오신 분들은 이북에 대한 생활을 뻔히 겪다 나와서 거기의 생활을 굉장히 싫어하잖아요? 싫어하는 정도가 아니죠. 그러니깐 이북에서 나오신 분들은 전부다 지금 좌파라는 것을 굉장히 싫어하시잖아요…… 또 저희 세대는 반공교육을 엄청나게 중요시하는 시대에 공부를 했고 귀에 딱지가 앉도록 들어서 거기에 대한 교육이 엄청나게 잘되어 있는 거죠. 지금도 저희는 자유민주주의체제를 부르짖고 있죠. 지금 현재 이런 얘기 저는 떳떳하게 하는데 좌파정치, 좌파들의 행위 같은 것 저희는 용납을 못해요. 그리고 김정일한테 끌려 다니고 있잖아요…….

　엄마한테 귀가 딱지가 앉도록 얘기를 들은 건데…… 엄마(친정)댁이 잘 살았거든요. 외할아버지 댁이 잘 살아서 지금 연백, 황해도 가면은 땅이 많은가 봐요. 그 땅이 많은데, 아버지가 아마 8·15 해방되고 남북이 갈리니까 소련군이 와서 김일성 체제가 됐잖아요? 그래서 거기 생활이 안 맞고. 47년도에 내려온 것 같아요, 이북하고는 사상이 안 맞죠.[14]

이들 조직의 핵심은 단연 '실향민 1세들'이며 후배세대 육성을 위한 장학 사업을 중요 사업으로 진행한다. 이때 후계세대의 육성은 단순히 숫자의 문제만이 아니라 이데올로기 재생산의 문제와 연관된다. 사례를 보면 월남가족의 반공이데올로기는 대를 잇고 있다.

큰 이모랑 엄마랑 같이 모시고 다니면서 얘기를 하는데, 그리고 뉴스 같은 것을 보면 분노를 잘하고 선거 때 되면 누가 되어야 된다고 그러고 이런 얘기하잖아요. 그런데 우리는 생각이 다 똑같은 거예요…… 그러니깐 얘기를 안 해도 아니까 물어보질 않았던 것예요. 저는 어려서부터 배운 게 '북한은 이러이러한 생활을 한다.' 이런 게 있었기 때문에 '엄마, 이랬어? 저랬어?' 지금 애들 같으면 물어볼지는 모르겠지만 항상 머릿속에 들어 있는 게 있었기 때문에 구체적으로 물어보지는 않은 것 같아요…… 그냥. 체제, 북한체제, 그러니깐 우리는 다 경험하고 나와서 거기서는 절대 못 산다. 그렇게 얘기를 하지…… 저희 집 애들은 뭐 당연히. 이념 성향은 저희랑 똑같은 거죠. 저희가 집에서 흐름이 그렇게 흘러가니깐 평상시…… 이념적 얘기는 안 하죠…… 집안의 흐름이 그렇게 흘러가니까 자기네들이 듣고 판단을 하는 거죠…… 우리 세대는 거의 보수거든요? 보수인데, 친구들 자식들은 거

---

14 이북5도민회 관련 조사연구 및 구술인터뷰는 다음을 참조. 조은, 「전쟁과 분단의 일상화와 기억의 정치—'월남'가족과 '월북'가족 자녀들의 구술을 중심으로」, 《사회와 역사》 제77집 (2008), 198~210쪽.

의 많이 진보 쪽으로 찍더라고요. 근데 우리 애들은 어떻게 우리 말을 잘 듣는지 몰라요. 그거는 피인 거 같아요.[15]

오랫동안 이산가족 연구를 진행했던 김귀옥 역시도 월남인을 조사하면서 다소 놀랐던 하나가 월남인 당사자는 말할 것도 없고, 대개 그들의 가족도 자신을 반공주의자로 여긴다는 점이라고 말한 바 있다. 김귀옥은 월남인들이 반공전사가 될 수밖에 없었던 이유를 두 가지로 적시하고 있다. 하나는 '피난민증'이라는 증명서 발급 과정이 곧 북한에서의 경험을 부인하고 자신이 북한체제 동조자가 아님을 입증해야 하는 과정이었기 때문에 반공담론을 동물적으로 체득한 결과로 보았다. 또 다른 하나는 '징집기피'와 이에 따른 면죄부를 부여받기 위해 무조건 정부를 지지하거나 순종적으로 동원되는 반공의 길을 택한 결과로 보았다. 따라서 이들의 경황없는 피난이 월남으로 이어졌음에도 불구하고, '왜 반공의 수호전사가 될 수밖에 없었는가'를 '생존을 위한 의식의 창조(invention of anti-communism)'로 해석하였다.[16]

그러나 또 다른 조사보고에 의하면 남한에서 월남인들은 '빨갱이'로서 의심을 받고 있다고 생각했고, 스스로가 '지독하다', '억세다'와 같은 부정적인 이미지를 가지고 있다고 생각하였다.[17] 때문에 이들은 '빨갱이'의 낙인으로부터 면제를 받는 직업, 예를 들면 공무원과 군인 등을 택하였고, 그렇지 않으면 '빨갱이' 낙인과 무관한 동대문시장 상인 등 돈을 버는 장사나 사업을 통해 남한 사회에 정착해갔다. 미국으로 이민을 간 경우도

15 조은(2008), 210쪽 재인용.
16 김귀옥(2009), 143~145쪽.
17 김수자(2009), 205쪽.

많았다. 강력한 보수주의자를 자처하면서 반공의 수호자가 되기도 했지만, 월북가족과 비교하여 이념적 공격을 상대적으로 덜 받았기 때문에 탈이념화도 가능했던 것이다. 이 같은 다양한 사례에 비추어볼 때 월남인 및 월남가족은 정체성의 혼동을 겪어야만 했고, 삶의 다양한 방안 중 가장 최적의 생존욕구를 실현시켜주는 반공의 전선에 서는 것이 가장 쉬웠다고 할 수 있겠다.

2) 월북가족의 삶과 생활세계

제1장에서 이미 말힌 바와 같이 전후에 월북한 사람의 추계는 정확하지 않다. 정부 당국과 학자들 사이에 개략적 추산에는 차이가 있지만, 정부 당국은 전쟁 시기 납북 요인 8만여 명과 의용군 징병자 20여 만 명 등 강제 납북인이 약 30만 명이라고 주장한 바 있고 학자에 따라 전쟁 전의 자진 월북인 5만여 명과 전쟁 시기 월북인, 납북인 30여 만 명 등 모두 35만 명 정도가 자의나 타의에 의해 월북한 것으로 집계하고 있다. 따라서 30만~35만 명으로 월북인의 규모를 산정한다면 남북한에 흩어져 있는 월북가족은 1백만 명을 넘을 것으로 추산된다.

월북가족이 대거 공개적으로 언론에 모습을 드러낸 것은 2000년 제1차 남북 이산가족 상봉이 성사되었을 때이다. 그 전까지 월북가족은 한국 사회에서 침묵 속에 갇혀 있었다. 월북인의 존재는 가족 안에서조차 지워지거나 은폐되는 경우가 많았다. 따라서 월북가족 이야기는 한국 사회에서 대표적인 침묵의 영역이면서 동시에 새로운 독해가 필요한 숙제의 영역이기도 하다. 월북가족은 연좌제라는 이름으로 오랫동안 신원 조회에서 불이익을 당했으며, 공무원이나 교직 채용에서 배제되었다. 신원 조회 때문에 여권 신청도 쉽지 않아 해외여행도 자유롭지 않았다. 연좌제가 공식적으로 폐기된 것은 2004년도 한국전쟁이 끝난 지 50년이 지나서였다. 월북 가족은 50년간 공민의 자격이 상당 부분 박탈된 채 연좌제의 그늘에 갇혀 있었고, 연좌제가 폐기된 현재도 그 그늘에서 완전히 벗어났다고 보기 힘들다. 무엇보다 월북인의 존재만으로도 가족은 지역 공동체에서 배제되었고, 친인척 관계의 해체 등 가족 관계조차도 제대로 유지하기 힘들었다는 사실 때문이다.

먼 곳에 있는 이들의 삶으로 들어가기 전, 이보다 가까운 필자의 경험을 먼저 나누고자 한다. 2002년 새해 신정 설날을 쇠고 돌아온 지 얼마 되지 않아 아버지에게 전화를 한 통 받았다. "얘야, 이북에서 누님이 날 찾는단다! 방금 적십자사로부터 전화를 받았다. 누님이 살아계신다니 생각지도 못했다." 아버지는 누님이 살아서 자신을 찾는다는 사실에 상기되어 꿈만 같다고 떨리는 목소리로 소식을 전하셨지만, 난 그런 고모가 있었다는 사실에 더 놀랐다. 장조카와 나이가 엇비슷할 정도로 형제 중 아주 어린 막내였던 아버지는 부모에 대한 기억도, 형님·누님에 대한 기억과 추억도 많지 않았다. 그래서인지 평소 형제들에 대한 말씀이 별로 없으셨다. 내 기억에도 아프셨던 고모님은 어릴 적 돌아가셨고, 지방에 살던 큰아버지는 1980년대 초에 돌아가셨기 때문에 그 밖에 아버지 형제와 그 가족의 이야기는 별로 들은 바도 없고, 자세히 알지도 못했다. 아니 전화를 받고 난 이후에야 아버지의 가족사를 잘 모르고 있다는 사실을 깨달았다. 그런데 이북으로 간 고모가 있다니.

우리는 분단 60여 년을 훌쩍 넘겨 전쟁과 분단에서 멀어진 것처럼 느끼지만, 사실 분단의 역사는 어느 집 가족사를 들춰 봐도 쉽게 배어 나온다. 우리는 그저 숙명처럼 운명처럼 체제 안으로 순응해가고, 그런 과정에서 침묵하고 망각하고 상실해갈 뿐이다. 때로는 이제 과거의 일이 된 이산가족의 현실, 그네들 스스로가 망각과 회피의 삶 속으로 묻어버린 이야기들을 굳이 끄집어내어야 하는 것일까 고민이 되었다. 그러나 이 같은 단편적 생각은 고모를 만나러 가던 버스 안에서 바뀌게 된다.

2002년 2월 금강산에서 실시된 3차 이산가족 상봉을 통해 우리 가족은 북으로 간 고모와 만났다. 그런데 그날의 만남에서 우리 가족은 정치적 행사치레에 쫓겨 사적인 만남을 나누기 어려웠다. 그도 그럴 것이 당시 북한 당국은 이산가족 상봉사업을 인도적 교류협력 이름 아래 남측으로부터 경제적 지원을 얻어내는 수단으로 하였기에 사업의 형식성이 매우 짙었다. 오히려 필자의 기억에 상하게 남는 일은 금강산으로 가기 위해 상봉 가족 5인을 구성하고, 고속버스 안에서 가족들이 함께 처음으로 아버지 가족사를 복원하던 일이었다. 모두 생전 처음 듣는 이야기였다.

그동안 말하지 않았을 뿐이지 다른 친척들의 삶 또한 전쟁과 분단의 과정 속에서 가족 이산과 이데올로기의 대립이 뒤엉켜 가족의 생활을 굴절시켰고, 이후 지속된 분단체제 아래 몇몇은 기회를 박탈당하고, 자신의 행위를 보다 친국가적으로 과장했으며, 행복한 가정을 구성하는 데 많은 장애가 있었음을 알게 되었다. 무엇보다 친인척 서로가 묻지 않고, 말하지 않고, 암묵적으로 '잘살고 있음'을 확인하는 정도의 그럭저럭한 가족관계를 유지해온 핵심적 이유가 이 같은 가족사 때문이었다. 이것이 나에게는 '우리는 친척이 없고, 특별한 가족사가 없는 것'으로 인식되어온 이유였다. 그래서 어쩌면 우리가 알고 있는 '별일 없음' 이면에는 매우 '특별한' 한반도 분단의 역사가 숨어있을지도 모른다는 사실을 깨닫게 되었다.

역사 속에서 평범한 사람들, 작은 이들의 이야기를 끄집어내고 밝히는 것은 바로 이 같은 측면에서 의미를 갖는다. 실체가 불분명한 '분단'의 그림자는 국가와 민족의 번영을 위해 개개인의 고통과 상처를 잊도록 했으며, 특정한 역사적 기억을 중심으로 재설정될 것이 암묵적으로 요구되었다. 필자가 이산가족 상봉사업을 계기로 고속버스 안에서 한반도 분단과 이산가족의 삶을 복원하며 우리가 얼마나 분단의 상처에 노출되어 있는지 자각하고 깨달았듯이, 특별한 계기가 없다면 대부분의 월북가족은 침묵과 순응, 체념과 포기 속에서 그들의 삶을 기억 저편에 묻어두고 있다. 그래서 월북인이라 일컫는 이들의 삶을 펼쳐 보이기란 쉽지 않다. 그럼에도 이들의 이야기를 끄집어내는 이유는 월북가족들의 상처가 말하지 않는다고 없어지는 것이 아니며, 시간이 지난다고 극복되는 것이 아니라는 점에서다. 식민지 청산을 제대로 하지 않은 우리 민족에게 식민지적 잔재가 끊임없는 발전장애를 초래하듯이, 분단과 반공의 억눌림은 미래의 평화로운 삶의 구상을 왜곡하고 굴절시키기 때문이다. 어이없는 가족 이산에 통탄의 세월을 보내며 고향을 떠나와 타지에서 삶을 살아내야 했던 많은 월남인들과 같이 월북인들은 가족 이산의 사실 자체만으로도 생존과 생계에 위협을 받았던 깊은 내면의 상처를 안고 있다.

월북가족은 단순히 북쪽으로 지리적 이동을 한 자들의 가족을 뜻하는 것이 아니라 북을 선택한 사람들의 가족, 곧 '빨갱이 가족'이라는 사회적 기호가 되어왔다.[18] 때문에 월북가족들은 하나같이 국가에 의해 끊임없이 좌익과 연계를 의심받고, 연좌제의 사슬고리 안에서 생활세계를 통제 받았다. 그래서 '월북가족 = 빨갱이'라는 고통의 트라우마를 안고 살고 있다. 그러나 월북가족 역시 가족의 합의 아래 합리적으로 선택된 이산가족이 아니다. 가족 구성원 중 누군가 혹은 다수의 친인척이 월북함으로써 남아

---

18 김귀옥, 『이산가족, '반공전사'도 '빨갱이도'도 아닌……』(역사비평사, 2004).

있는 가족들이 짊어지게 된 분단과 이산의 멍에일 뿐이다.

이들 가족의 첫 번째 특징은 월북가족임을 소리 내어 말하지 않는 것이다. 문헌에 의하면 대표적인 경우가 작가 이문열과 김원일, 방송인 김세원과 아나운서 이지연, 그리고 가장 최근에 언론의 조명이 집중된 정진석 추기경이 있다. 박헌영을 아버지로 둔 원경 스님은 워낙 유명한 부친 탓에 일찍 '커밍아웃'할 수밖에 없었지만, 나머지 이들은 집안 누군가가 월북했다는 사실을 어느 시점까지 전혀 몰랐거나 알게 된 경우에도 부정적으로 인식하고 있었다. 예를 들어 작가 이문열과 김원일은 어머니를 통해 알게 된 경우인데 '자식과 어머니를 버린 아버지'로 각인되어 있었다. 이처럼 직접 가족에게 들어 알게 된 경우는 드물다. 정진석 추기경은 "서울대 화학공학과에 입학하였을 때 호적초본을 떼어 보고 아버지의 존재를 처음 확인하였고 그때 많이 고민하였다"고 하였다.[19] 그만큼 월북인의 존재는 우리 사회에서 금기시되어왔다.

김동호씨[20] 역시 구술 인터뷰를 진행하기 전까지 가족사에 관해 전혀 언급한 적이 없었다. 필자와 구술 인터뷰를 진행하는 동안에도 말하기를 꺼려했고, 중간중간 한숨을 내어 쉬며 '이것까지 말해야 하는가'를 반복했다. 김호동씨는 1차 구술에서 말하지 않은 것을 나중에 이어지는 후술에서야 다시 언급하는 등 월북가족의 존재와 가족사 이야기를 털어놓고 말하는 것 자체를 두려워했다. 알고 보니 김씨의 큰숙부는 전시인민위원회의 면 위원

---

19 조은, 「전쟁과 분단의 일상화와 기억의 정치—'월남'가족과 '월북'가족 자녀들의 구술을 중심으로」, 김귀옥·조은·이임하·김동환·강우성·이태주·윤충로, 『전쟁의 기억 냉전의 구술』(선인, 2008), 65~71쪽.

20 김동호씨의 사례는 다음을 참조. 김명희, 「한국의 정치변동과 가족주의의 재생산 과정에 관한 연구—한국전쟁 좌익 관련 유가족들의 생애체험을 통해 본 가족과 국가」(성공회대학교 사회학과 석사학위논문, 2009).

장을 맡았었고, 큰형님은 인민군으로 자원입대한 후 서울수복 이후 본대에 합류하지 못해 입산하였고 1952년 토벌대에 체포되어 수감된 경력이 있었다. 직계가족뿐 아니라 총 9명의 일가 구성원이 모두 한국전쟁을 거치면서 알게 모르게 좌익과 연루되어 사망했고, 행적이 확인되지 않는 친척도 있었다. 이런 와중에 김씨만이 유일하게 기업인으로 일떠섰고 김씨 일가의 중심에서 가족 전체를 이끌어 나가는 역할과 책임을 짊어지고 있었다.

신철수의 경우도 마찬가지이다. 신씨는 3남 3녀의 다섯째였는데, 아버지와 둘째 형, 누나 둘, 막내 동생, 큰형님의 딸 등 6명이 모두 북쪽으로 올라갔다. 초등학교 2학년인 그는 어쩌다 어머니, 형수와 남게 되었는데 서울수복 뒤에는 어머니마저 학살당하고 말았다. 그의 아버지는 면장으로 인망이 있었는데 인공(人共) 치하에서 자연스레 면 인민위원장을 맡았다가 국군이 들어오자 북쪽으로 가게 되었다. 잠깐 다시 내려와 마실가서 없었던 가족만 빼고 집에 있던 모두를 데리고 간 것이다. 신씨는 혼자된 형수와 둘이서 살아가야 했다. 그는 그때의 이야기가 자랑일 것도 없어서 자식들한테도 말을 안 했다면서 어머니의 학살과 아버지의 월북, 그리고 자식들에게까지 뻗친 월북가족의 아픔을 힘들어했다. 신씨는 어머니가 학살당한 사연을 생생하게 전한 후 자녀들이 아느냐고 물었더니 역정을 냈다.

뭐 좋은 거라고 허기 싫은 얘기 예를 들어서 음 그럼 한마디로 얘기해서 빨갱이 빨갱이 자식인데 그 뭘 우리 아버지 빨갱이 했다고 나서서 얘기를 할 사람이 어디 있갔어. 우리 아들이 군인 가서 최전방에 있었어. 보안대에서 자꾸 전화가 오더라구. 그래서 한번은 그냥 스무스하게 다 들춰내려 왔길래 다 드러냈고…… 또 전화 왔길래 전화해서 막 욕을 했어요. 어떻게 자꾸 그런 얘기를 하느냐, 그러면 걔를 후방으로 빼라, 왜 최전방에 놔뒀어. 그렇게 이북으로 넘어갈까봐 걱정되면 후방으로 빼놔라. 나쁜 놈의 새끼들. 애는 알지도 못하는 건데, 그 무슨 상처를 줄라고 너희들이 자꾸 묻는 게야 그리구서는 수화기를 내가 탁 내려놨지, 그후로는 오지도 않아.[21]

물론 후폭풍이 두려워 쉬쉬하는 경우가 다반수이지만, 이미 마을 공동체 안에서 공개된 사실이기도 하거니와 끊임없는 감시와 수사로 인해 '오는 비를 맞는 방법밖에 없는' 고통스런 성장기를 보낸 가족들도 있다. 강범수씨의 집이 그러하다. 강씨 가족은 빨갱이 가족이라는 주홍글씨를 평생 가슴속에 달고 살았다. 그의 집안은 호남의 지주였으나, 아버지뿐만 아니라 삼촌과 고모 그리고 외가 쪽으로 외삼촌과 이모도 월북했다. 고향에서는 알 만한 사람은 다 아는 월북가족 집안인 셈이다. 강씨는 초등학교 때부터 사찰기관에 불려 다녀서 가족이 말해주지 않아도 국가기관을 통해 아버지의 정체를 알 수밖에 없었다. 다만 강씨의 아버지 이야기는 집안에서 철저하게 금기시되어 강씨의 아들과 딸에게는 할아버지가 바람을 피워 딴살림을 차리고 호적까지 파 가버린 사람으로 되어있다.

월북가족들은 월북인으로 인한 가족 이산의 자세한 과정을 '침묵'하기 때문에 월남가족들과 같이 생생하거나, 드라마 같은 극적인 장면이 표출되지 않는다. 어떻게, 왜, 언제, 무슨 이유로 가족이 헤어지게 되었는지 당시 상황을 자세히 그리고 있는 가족들은 찾기 어렵다. 월북인들은 해방 후 좌익과 연루되었다거나, 인민군을 쫓아 올라갔다거나, 산으로 들어갔다가 따라 월북했다거나 등등 누군가를 쫓아 올라간 사람들이다. 그래서 그 원

---

21 조은(2008), 224쪽 재인용.

망과 미움이 '가족을 버린 사람' 혹은 '바람을 피운' 부정적 존재로 왜곡된다 하여도 월북가족들은 군이 정정하려고 하지 않았다.

그럼에도 월북가족들이 월북인의 존재를 숨기고 싶어도 숨기기 어려운 까닭은 바로 연좌제 때문이다. 월북가족들의 공통된 두 번째 특징이 바로 연좌제로 인한 고통과 지역사회로부터의 배제이다. 앞선 김동호씨 가족 역시 연좌제 때문에 아버지와 큰형님이 그런 경력이 있는 이상, 둘째 형은 군대를 가도 요직을 배당받지 못하고 좌천되었으며, 넷째 아우 또한 취업이 되지 않았다. 어디가나 감시의 대상이 되었고, 2~3개월 사이로 현황이 보고되는 사찰의 대상이었다. 김씨 고향에는 점조직 비슷하게 정보 수집을 하는 프락치들이 있었고, 편지를 객지에서 주고받아도 다 뜯고 확인을 했다고 한다. 가족들이 택할 수 있는 진로는 자영업, 상업 등 매우 제한적이었으므로 김씨는 가계 생존을 위해 어쩔 수없이 장사를 할 수밖에 없었다고 했다.

강범수씨의 경우는 이보다 직접적이었다. 월북가족과 공안 사건은 밀접한 연계를 가질 수밖에 없다는 비논리적 반공회로는 이들을 끊임없이 괴롭혔다.

강씨와 어머니는 어딘가로 불려가 문초를 당하고 나면 곧이어 대규모 간첩단 사건이 발표되고는 해서 또 불려 가면 '아, 또 간첩단 사건이 터지겠구나'라고 생각하며 살았다. 이사라도 가면 누군가가 벌써 알고 찾아왔다. 불려 가면 언제나 어머니한테 "당신 남편 언제 만났소?"라는 으름장으로 문초가 시작되었다. 어머니가 할 수 있는 말은 "나는 없어진 사람 모르요" 그 말뿐이었다. 죄 없이 왜 이러느냐고 내가 뭔 죄가 있어…… 그때는 으레 당신이 왜 죄가 없어 그런 남편하고 당신이 산 게 죄라고 으름장을 놓았다.[22]

이들은 빨갱이의 낙인 및 감시에서 오는 지속적인 피해의식에 시달렸으며 빨갱이 가족의 운명으로부터 벗어나고자 하는 강박의식 같은 것이 존재했다. 이들은 전쟁의 과정에서 경제적, 정치적 신분의 훼손을 경험하고 전후 60년 동안 반공 일변도의 사회 분위기 속에서 이념으로 재편된 가족 상황을 체험하였기 때문이다. 무엇보다 연좌제는 이들을 구속하는 핵심적 장치였다. 여기에 일상적인 신원조회 및 민간사찰, 사회적 배제의 위협에서 오는 피해의식 때문에 이들 가족들은 침묵과 순응 또는 체념과 포기를 통해 가족 중심의 작은 사회 안으로 숨어들어가는 일밖에 할 수가 없었던 것이다.

월북가족들의 또 다른 특징은 바로 자신이 그들과 무관함을 입증하고자 하는 일종의 '거리두기'이다. 그리고 이것은 살아남은 가족을 보호하기 위한 일종의 생존 장치이기도 하였다. 월남가족들이 동향집단을 구성하고 활동하는 것과 달리 월북가족은 월북이라는 정체성을 매개로 한 모임과 단체가 없다. 이들은 정서적·이념적으로 철저히 반감을 드러내는 경우부터 일정한 거리두기 방식을 통해 가족 구성원을 끊어내고 있었다.

김동호씨의 경우에는 1970년대 이후 자영업으로 가계를 꾸려 나갔고, 이 시기는 박정희를 중심으로 한 한국의 고도성장 시기와 생애사가 일치한다. 김씨는 탈이념화의 과정과 대한민국의 성장 시기를 일치시키면서 가족과 경제를 중심으로 자신의 정치적 성향을 보수화시켜 나가는 모습을 보여주었다. 즉 자신의 정치적 보수 성향을 통해 월북가족과 사상·이념에서 거리를 두었고, 대한민국의 성장·발전기가 곧 자신의 생애사와 일치함을 강조했다. 아래의 마영수씨 사례도 마찬가지이다.

22 위의 글, 218쪽 재인용.

마씨는 북쪽에서 형이 이산가족 상봉을 신청해 온 경우이다. 잊고 살았다 해도 과언이 아닌 형의 등장에 마씨는 몹시 당황했고, 그의 자녀들은 아버지의 형이 살고 있다는 사실을 전혀 몰랐기 때문에 충격을 받았다고 했다. 그런데 마씨는 북으로 간 형이 집에서 별로 좋게 평가받지 못했음을 강조하고, 분단에 대해 교과서적인 설명을 덧붙였다. 이를 통해 조금이라도 월북가족이라는 신분을 정리하고 싶어 했던 것이다.

어찌됐던 우리나라는 미국과 등지고는 살아서는 안 돼. 6·25 때 우리가 공산화 안 된 것도 어쩌면 미국 덕에 안 된 것이고…… 기성세대는 사상적으로 6·25를 지내고 난 다음에 공산주의에 대해서 뿌리 깊은 거부감을 가지고 있는 것이고……[23]

도상수씨는 월북가족으로서 생존문제를 해결하고, 그 피해를 줄이고자 반대적 이념성향을 가진 우익과 혼사를 진행한 경우이다.

그의 아버지는 전쟁이 끝난 후 빨갱이 집이라는 약점을 덮기 위해 딸을 우익 집안으로 일부러 시집보냈다. 그는 이씨(氏)는 적이다. 맨날 그랬는데 그래도 우리 집이 이 정도 살아남은 게 아마도 누님을 이씨 집으로 시집을 보냈기 때문이라는 말로 아픈 가족사를 정리했다. 그는 고향을 떠난 후 30년 동안 가지 않았다. 그는 신원조회에 하자가 있어서 변변한 직업을 갖기도 힘들 거라고 생각했고, 실제로 고등학교 교사 임용이 안 되어 고전했는데 어렵사리 모교에서 대학교수가 될 수 있었다.[24]

---

23 한국구술사학회 편, 『구술사로 읽는 한국전쟁』(휴머니스트, 2011), 229쪽.
24 위의 책, 222쪽.

국가와 개인의 사이에서 가족은 가족 구성원의 생명과 안전을 담보하는 보호 장치로 기능하지만, 가족 자체를 유지하기 위해 가족 개개인의 희생과 헌신을 요구하기도 한다. 가족이란 국가와 개인의 사이에서 전략적으로 기능과 역할을 변모시켜가면서 가족 자체의 탄성과 유연성을 발휘하는 매우 강하고 위력한 사회집단이다. 월북가족의 이야기는 바로 해방과 전쟁, 그리고 분단 60년을 경과하면서 이산가족 그들이 어떻게 생존하고 생활하며 가족을 유지하고 지켜왔는지 잘 보여준다.

이산가족들은 월북한 가족 구성원으로 인한 피해가 그 가족 구성원들에게 확대되는 것을 막고자 했다. 직계가족인 부모, 형제 단위의 가족들과는 최대한 소통을 적게 했고, 내왕을 피했으며, 심지어 고향을 등지기까지 했다. 이와 달리 자신들의 자녀들에게는 빨갱이의 대물림을 막기 위해 안간힘을 썼다. 침묵으로 일관했고, 반대급부적인 이념 성향을 나타냄으로써 빨갱이라는 이념적 성향을 탈색하고자 했다. 이는 모두 가족의 안위와 생존을 위한 몸부림이었다. 또한 월북가족은 월북인이라는 가족 구성원에게 거리두기를 함으로써 그들을 거주와 생계를 같이 하는 가족으로 껴안지 않았다. 애써 부정하지는 않으나, 이미 지나간 존재일 뿐이었던 것이다. 그렇다면 이들이 그 고통의 기억을 다 잊었을까.

2. 분단과 이산의 멍에

1) 분단구조의 희생자

한국전쟁의 진행 과정을 '톱질' 행위와 비교한 학자도 있듯이, 가족 이산은 전선이 북에서 남으로 남하할 때와 남에서 북으로 북상할 때를 기점으로 가장 많이 발생했다. 앞서 본 월남인은 전선이 남하할 때 무리에 끼어 내려온 가족 구성원 일부를 지칭하며, 월북인은 전선이 북상할 때 인민군을 따라 올라간 가족 구성원의 일부를 일컫는다. 그러나 명백하게 '자신의 의지'대로 남과 북으로 갈라져 이산가족이 된 월남인, 월북인도 있지만, 해방과 전쟁 사이에서 원인과 이유가 불명확한 상태로 이산가족이 된 경우도 있다. 또한 분단이 공고해져감에 따라 북한과 연루된 행위 자체(접촉·방문·간접시인·묵인)만으로도 가족 이산·가족 해체를 경험해야만 했던 사례도 있다. 이들은 (남과 북으로 나뉜) 이산가족은 아니지만 분단이 낳은 분단구조의 희생자로서 가족 이산의 경험을 겪게 된 '넓은 의미'의 이산가족이다.

원인과 이유가 불명확한 대표적 사례로 '북한으로 끌려가 돌아오지 못하고 있는 피랍자'가 있다. 이 문제를 제기하고 있는 가족단체는 '6·25전쟁납북인사가족협의회'이다. 이들은 2000년 11월 '6·25전쟁납북인사가족협의회'를 결성하고, 전쟁 중에 납북된 사람들의 생환을 요구하며 당장은 그들 가족의 안부라도 알기 위한 노력을 국가가 기울여줄 것을 요구하고 있다. '납북인의 범주를 자진 월북인과 어떻게 구분할 것인가'라는 문제의 소지는 있지만, 이 단체 기록에 의하면 1952년 대한민국 정부가 작성한 〈6·25사변 피랍치자 명부〉에 기록된 8만2,959명과 2002년 한국 정부가 발표한 납북 민간인 487명을 포함하여 현재 납북인은 총 8만3천여 명에 이른다.[25]

납북인 단체에서 채록한 증언들을 보면, 이들 가족이 '자진 월북인'과 구별하여 '납북인'이라는 명칭을 사용하는 이유는 월북의 동기가 '개인의 선택'이 아니기 때문이다. 북한에 의한 민간인 납치는 한국전쟁 발발 직후부터 9·28 서울수복 직전까지 가장 많이 이루어졌다. 피랍 대상자는 공직자, 정치계, 언론계, 종교계, 문화계 유명인사는 물론 일반 농민, 기술자, 자영업자에 이르기까지 사회 각계각층의 민간인들이 포함되어 있다. 그러나 당시 전선이 북상하면서 납치 1순위 대상자는 대한민국 정부를 위해 공헌한 자 및 반공단체에 소속된 민간인이었다. 또 북한에서 필요로 하는 남측의 전문가, 기술자들도 포함되었다. 이들은 예기치 않은 상태에서 전쟁을 맞고, 한강 다리가 끊어진 상태에서 피난이 불가능해 자택 혹은 인근 지역에 숨어 있다가 지방 좌익 세력들에 의해 고발·연행되거나, 전선이 북상하기 시작하자 퇴각하는 인민군에 의해 강제로 끌려간 경우에 해당한다. 가족들의 증언을 들어보면 피랍자들은 이데올로기적 성향으로 보았을 때 절대 북으로 올라갈 리 없는 사람들이다.

납치범들은 주로 피랍인의 긴장이 완화된 새벽 혹은 늦은 밤 찾아와 '조사할 것이 있다'며 각 지역 내무서로 데려갔다. 피랍자는 지역 내무서에서 며칠간 구금된 후 정치보위부, 서대문형무소를 거쳐 북송됐으며 연행된 날 이후 현재까지도 가족을 만난 사례 및 소식이 전해진 경우는 거의 없는 형편이다. 이 밖에도 지역 초등학교나 대강당에 소집, 학생들을 의용군으로 끌어간 사례가 있으며 의료인과 같은 전문인의 경우 전쟁 초반부터 전문기술을 이용할 목적으로 북송했던 사례도 있었다.

그때 이북으로 끌려간 젊은이들이 대부분 의용군입니다. 인민군들이 포

---

25 한국전쟁납북사건자료원은 2005년 4월부터 한국전쟁 당시 납북된 사람들의 남은 가족들을 대상으로 피랍 당시의 상황과 피랍 후 남은 가족들의 삶에 대한 증언을 육성 그대로 기록하는 작업을 해오고 있다. 이에 납북관련 자료는 다음 문헌을 참조. 한국전쟁납북사건자료원, 『한국전쟁납북사건사료집 1』(2006. 9); 『한국전쟁납북사건사료집 2』(2009. 9).

위를 해서 끌고 갔어요. 밤에만 걸어서 갔어요. 낮에는 못 가니까. 그렇게 한 달을 끌려갔어요. 평양으로 해서 평양에서 한 100여 리를 더 가고 보니깐 강동이라는 야영훈련소더라고. 거기 끌려가서 별수 없이 훈련을 받고 인민군복을 입고 인민군이 되어서 남한 사람들한테 총부리를 갖대 대는 기라. 처음엔 인민군이 되는지도 몰랐어요. 며칠 밤을 훈련을 받으면서 생각하니깐 이건 아니다. 내가 딴 짓은 다 해도 이건 못 한다. 딴 사람을 죽이는 것도 아니고 형제를 죽이러 가는데 내가 우에 그 짓을 하나. 나는 죽어도 이거는 못해. 나는 내빼겨 그리고 도주를 한 거예요.[26]

위의 사례는 피랍되었다가 도주하여 온 박수호 사례자의 증언이다. 그러나 박수호는 멀쩡히 신원이 확인되는 남한의 주민이고, 의용군에 강제로 끌려갔다가 도망쳐 온 것인데도 공산주의자로 오인되었고, 그래서 다시 전쟁포로로 붙들려서 거제도로 끌려갔다고 한다. 죽음의 수용소를 거쳐 부모형제가 있는 집에 돌아왔지만 집이라고 찾아오니 집은 폐허가 되고 먹고살 것은 없고 아버지는 세상을 떠났고 가족은 뿔뿔이 흩어졌다. 납북된 박수호는 어느날 공산주의자로 둔갑했고, 그들의 가족은 해체되었다.

이렇듯 영문을 알 수 없이 갑작스레 가족 구성원 중 누군가를 잃은 납북인 가족들의 고통스러운 삶은 이후 한국 현대사에 기록되고 있지 못하다. 전쟁을 결정한 자(정치가)와 수행한 자(군인)에 견주어 순전한 피해자들(민간인)인 이들은 이름도 흔적도 없이 역사의 뒤안길로 유폐되어 남한과 북한 모두에서 홀대를 받으며 지난 60년 동안 신고간난의 세월을 견뎌야 했다. 이들 납북인 가족들의 삶 역시 분단 역사의 중요한 한 장면이다.

---

26 김진환, 「빨치산, 또 하나의 전쟁」, 한국구술사학회 편, 『구술사로 읽는 한국전쟁』(휴머니스트, 2011), 164쪽.

<표 6> 유형별 신청서 접수 결과

계	항일독립운동	해외 동포사	민간인 집단희생	적대세력 관련	인권침해	기타
10,860	274	14	7,922	1,687	612	351
(100%)	(2.5)	(0.1)	(73.1)	(15.6)	(5.6)	(3.2)

* 출처: 『진실화해위원회 종합보고서 I: 위원회의 연혁과 활동 종합권고』, 69쪽.

전쟁 이후 남과 북은 각각의 분단체제를 공고히 하는 과정에서 가족과 마을 공동체에 국가 권력을 깊숙이 개입시켰다. 체제수호를 위한 반공이 데올로기는 국시가 되었고, 공산세력과 연계된 그 어떤 행위도 곧 국가를 위해하는 것으로 언결되었기 때문에 개인과 가족의 삶은 국가폭력 앞에 고스란히 내던져졌다. 북한과 빨갱이는 곧 절대 권력의 수호신이었다.

2005년 12월 발족한 진실화해위원회는 〈진실·화해를 위한 과거사정리 기본법〉에 의거하여 일제강점기 항일독립운동과 주권수호 및 국력신장에 기여한 해외동포사(史), 한국전쟁 전후 민간인 집단희생 사건 및 적대세력에 의한 희생 사건, 권위주의 통치 시기의 부당한 국가공권력에 의한 인권 침해 사건에 대해 진실규명 신청을 접수받았다. 기본법 시행일인 2005일 12월 1일부터 2006년 11월 30일까지 1년 동안 위원회와 246개 지방자치 단체, 해외공관 등을 통하여 총 1만860건이 신청·접수되었다(〈표 6〉).

이들 사건 가운데 '현저히 부당한 공권력의 행사로 인하여 발생한 사망·상해·실종 사건, 그 밖의 중대한 인권침해 사건과 조작의혹 사건'은 총 768건이 처리되었다. 373건(실제 사건수 360건)은 각하되었고 나머지 395건 중 진실규명 134건, 진실규명 불능 30건이다.

각하된 373건은 사건성립 자체가 되지 못했음을 의미하며, 134건의 진 실규명은 부당한 공권력의 침해가 있었음을 규명했다는 의미이다. 또 30건의 진실규명 불능은 사건성립에도 불구하고 부당한 공권력 침해 여부에 대한 규명이 불가능했음을 뜻한다. 공권력 침해를 규명한 134건의 사건들은 국가보안법 위반 사건과 기타 사건으로 구분되는데, 국가보안법 위반 사건은 월북 친척 관련 간첩조작 사건, 납북어부 간첩조작 사건, 재일동포 관련 간첩조작 사건, 그리고 반국가단체(이적단체) 사건 등으로 구분할 수 있다.[27]

이중 국가보안법 위반 사건의 면면을 살펴보면 그 내용에는 한국전쟁 시기 월남·월북했던 가족 및 친인척이 적지 않게 연계되어 있다. 월남·월북한 친인척이 동기가 되고, 연계가 되어 반공법, 보안법, 불고지죄 등의 명목으로 가족 구성원들이 국가 당국에 의해 폭력과 감금, 부당한 사실왜곡 및 강제 혐의인정이 자행된 것이다. 시기적으로 보면 1940~50년대 사건이 12건, 1960년대 19건, 1970년대 33건, 1980년대 70건이다. 시간이 지날수록 해당 사건이 많아지는 이유는 이미 월북한 친인척의 존재가 분단 이후 지속적으로 남은 가족들을 위해하고 구속하며, 이데올로기적 오염과 이적행위 가능성의 '붉은 딱지'를 붙여 어느 때이던 정권이 필요로 할 때 분단구조의 희생양으로 바쳐졌기 때문이다.

분단체제가 고착화되기 시작한 기점은 박정희 정권의 등장과 맥을 같이한다. 5·16 군사쿠데타 직후인 1961년 7월 3일 반공법이 제정되면서 제4조 1항에 반국가단체를 찬양·고무·동조하거나 이롭게 할 경우에 처벌하는 규정이 신설되었다. 이 조항은 수사기관의 판단에 따라 자의적으로 확대해석을 쉽게 할 수 있었기 때문에 매우 광범위하게 적용되었다. 그 결과 일반 국민이 술김에 격분으로 또는 농담 삼아 토로한 언동조차 반공법 및

---

27 진실·화해를위한과거사정리위원회, 『진실화해위원회 종합보고서 IV: 인권침해 사건』 (2010), 1~38쪽.

국가보안법으로 단죄하였다. 일반 국민들의 사소한 불만이라도 그것이 정권에 대한 비판이라면 곧 북한에 동조한 것으로 논리 비약되어 반공법 및 국가보안법의 적용대상이 된 것이다.

이후 남한 정권은 정권의 위기와 맥을 같이한 간첩단 사건을 일으키면서 대국민안보의식을 고취시키고, 반공이데올로기 사수와 정권수호를 위한 발판으로 이들 이산가족을 희생양 삼았다. 특히 1980년대 수사 당국이 발표한 간첩 사건은 실제 북한에서 직접 남파된 간첩 사건보다는 한국전쟁 때 월북한 가족이 남파되었을 경우 이를 방조한 사건, 일본 내 조총련과 같이 생활한 재일동포의 귀국, 귀환 후 10여 년이 지난 납북어부에 대한 재조사 등의 사건이 주류를 이루었다. 이 시기의 사건들은 객관적인 증거에 따라 조사되었다기보다 대부분 당사자들의 생활과 행동에서 간첩행위를 이끌어내야만 하는 것들이었다. 결국 수사는 물적 증거 없이 자백이나 진술에 의존하였기 때문에 간첩 사건으로 조작되었다는 주장이 끊임없이 제기되었고, 실제 진실화해위의 진상조사 결과 거짓으로 드러난 사건이 대부분이었다.

현재 진실화해위가 '진상규명'으로 판명한 사건에 대해서는 피해 당사자

〈표 7〉 1980년대 제1심 형사공판사건-접수(국가보안법, 반공법 기소인원)

연도	1980	1981	1982	1983	1984	1985	1986	1987	총계
국가보안법	23	169	171	153	93	176	318	432	1,535
반공법	136	65	13	—	3	2	5	—	224
계	159	234	184	153	96	178	323	432	1,759

* 출처: 진실·화해를위한과거사정리위원회, 『2009년 상반기 조사보고서 08』, 593쪽.

가 이를 근거로 민사 재판을 진행할 수 있으며, '진상규명' 사건은 대체로 승소판결 후 국가배상을 받는 것으로 귀결되고 있다.

부산고법 창원재판부 제1형사부(허부열 부장판사)는 2일 간첩으로 몰려 억울한 옥살이를 한 납북어부 이상철(2007년 별세)씨의 재심사건 항소심에서 검찰의 항소를 기각하고 원심과 같이 무죄를 선고했다.(중략) 이씨의 아들과 딸은 2010년 1월 진실·화해를 위한 과거사정리위원회가 진실규명 결정을 내리자 그해 2월 재심을 청구했다.[28]

서울중앙지법 민사33부(재판장 이우재)는 간첩 누명을 쓰고 억울한 옥살이를 한 정모씨와 가족 6명이 국가를 상대로 낸 손해배상 청구소송에서 '피해자와 가족에게 국가가 25억 원을 배상하라'며 원고 일부승소 판결했다고 4일 밝혔다.(중략) 국가정보원 과거사건 진실규명을 통한 발전위원회와 진실·화해를 위한 과거사정리위원회의 조사 결과 정씨의 간첩협의는 조작된 사건으로 드러났다. 이에 정씨는 재심을 청구해 지난해 1월 대법원에서 무죄 확정 판결을 받았다.[29]

2) '붉은 딱지'와 가족 해체

해방과 전쟁의 소용돌이에서 가족 이산을 경험한 이산가족들은 분단 이후 공고해지는 반공체제 아래 번번이 국가권력의 이념적 희생양이 되었다. 그러나 불고지죄, 반공법, 국가보안법 등의 분단이 낳은 집단 광기의 피해

---

28 「납북어부 이상철씨 간첩혐의 항소심서도 무죄」, 《법률뉴스》(2012. 8. 3).
29 「미법도 '납북어부' 간첩조작, 국가가 25억 배상하라」, 《NEWSTOMATO》(2012. 9. 4),

자는 이산가족만이 아니었다.

과도한 반공정책의 희생양, 납북어부

휴전 이후 육지에만 그어진 휴전선으로 인해 서해바다 영역에서는 남북충돌이 끊이질 않았다. 그러나 바닷길을 따라 생계를 이어가는 어부들은 남과 북의 경계선보다 물고기 떼의 흐름과 조류의 영향에 더 민감했다. 1960년대의 납북어부 간첩단 사건은 대체로 월북 조업과 나포 그리고 귀환의 과정 속에서 발생하고 확대되어 어부는 간첩이 되고, 그 일가족이 해체되는 결과로 귀결되었다.[30]

1961년 반공법이 제정된 이후 법적용이 가장 활발히 이루어진 대상은 납북어부들이었다. 날씨와 기상, 조류의 영향으로 월선을 하여 북한에 억류되었다가 남한으로 귀환한 이들을 부르는 명칭은 귀환어부가 아니라 납북어부이다. 귀환했다는 사실보다는 납북된 적이 있다는 사실이 더 명료하게 부각되는 이 명칭은 북과의 연계를 강조하고 의심할 수밖에 없는 존재들이라는 '붉은 딱지'이다. 귀환어부들은 1차 조사에서 무고를 입증받고 풀려난 경우도 있고, 북한 억류 당시 보고 들은 북한의 실상을 주변 동네 사람들에게 말했다는 이유로 반공법을 적용받은 사람도 있으며, 북한에서 월북한 친인척을 만났다는 이유로 간첩죄를 적용받은 경우 등 다양했다. 그러나 1차 조사만으로 사건은 끝나지 않았다. 반공법 피해자, 간첩죄 적용자들은 이후 마을 공동체에서 배제되었고, 배를 계속 타거나 새로운 일자리를 구하는 것도 어려웠으며, 자식들의 혼인과 승진에도 영향을 받았다. 심한 경우에는 1차 조사를 받았던 경력 때문에 차후 간첩단 사건에 재

---

30 이하 사례는 모두 납북인대책위와 진실화해위의 피해 당사자 진술조서에 근거하여 작성되었다.

연루되어 개인은 물론 가족의 삶이 송두리째 뿌리 뽑히는 국가폭력의 피해자가 되기도 했다. 이들의 억울함은 2000년대 후반에 와서야 진실화해위의 진상조사를 통해 규명되고, 재판에서의 승소, 국가배상으로 얼마간 해소되었지만 이미 가족의 삶은 파괴된 지 오래였다.

대표적 사례로 태영호 납북 사건을 들 수 있다. 이 사건은 1968년 11월 어부들의 납북을 막기 위한 강력한 대처가 필요하다는 이유로 귀환·납북 어부들을 무조건 입건한 후 당시 수사 당국의 정책에 따라 반공법상 처벌을 가한 경우이다. 이는 한국 사회의 반공이데올로기 강화정책에 의해 어로작업을 하던 어부들이 피해를 당한 대표적 사례이다. 사건은 태영호 선원들이 1968년 7월 3일 군사분계선을 월선, 북한에 억류되어 있다가 귀환 후 여수경찰서에서 34일 동안, 부안경찰서에서 30여 일 동안 구금 조사를 받고, 반공법 위반죄를 인정받아 징역 1년 6월 및 자격정지 1년에 집행유예 3년 등을 최종 선고받은 사건이다. 당시 이종섭, 정몽치 등의 태영호 선원들은 우연한 월선이 아니라 실제 북한으로 탈출하고자 했음을 인정하고 자신들의 반공법 위반을 인정하였기 때문에 유죄판결을 받았다. 그런데 2010년 이들의 자식들은 이 같은 과거 유죄판결의 부당함과 그로 인한 고통에 대한 국가배상을 청구하였다. 자식들에 의하면 당시 태영호 선원들은 수사기관의 가혹행위와 고문 등에 못 이겨 허위자백을 했다는 것이 주요한 재심 청구 이유였고, 가족들은 무엇보다 납북어부, 반공법 위반이라는 붉은 딱지를 떼고자 하였다.

태영호 선원 이종섭의 진술서에는 다음과 같은 구술이 채록되어 있다.

부안경찰서에서 조사받고 나와 서울로 와서 막노동을 할 때 누님 집에 주소를 두었는데 경찰관들이 드나들면서 나를 찾는다고 귀찮게 하자 누님이 주소를 옮기라고 하였으며, 정읍지청에서 피의자 신문조서를 받은 후 재판을 기다리다 군대에 입대를 하였는데 군대에서도 상시적으로 감시를 받았다. 제대 후에 구속이 되었는데 교도소 내에서는 반공법 위반자라고 거의 매일 재소자들에게 시달렸다. 집행유예로 석방되어 정읍에서 취직을 하였으나 부안경찰서의 담당 형사가 찾아와 너 때문에 너무 힘들다, 다른 곳으로 이사를 가라고 요구하여 인천으로 인사를 갔다.(중략)

부안경찰서의 담당 형사가 이사를 가라고 하여 인천으로 이사를 갔고, 거기서 직장을 구하려고 했으나 반공법 위반자라고 아무도 받아주지 않아 리어카 행상을 했다. 너무 힘들어 배를 타려고 했지만 선원증을 발급받지 못해 타지 못하였다. 감시하는 형사들이 집으로 자주 찾아와 경찰들이 찾아온다는 소문이 나서 정말 많이 힘들었다.(중략)

동 사건의 또 다른 피해자 박헌태의 동생 박화심은 "오빠가 북한에 갔다가 돌아온 후 집안이 어려워 다시 배를 타려고 했으나 오빠가 돌아오기 두세 달 전에 백운만 사건이 있어서 백운만과 접촉한 사람이 경찰에 붙잡혀 간 일이 있어 아무도 북한에 갔다 온 오빠를 태워주지 않았고," "재판을 받고 집행유예로 풀려났으나 역시 배를 태워주지 않아 인천으로 가서 배를 탔다." "현재의 남편과 결혼하려고 했으나 간첩의 집안과 결혼을 한다고 시댁에서 반대가 심하였고 그 사실을 오빠가 알게 되어 오빠도 마음고생이 심했다."(중략)

피해자 정몽치의 며느리 김종례는 "먹고살기가 힘들어 시숙부(정몽치의 동생)가 배를 타려고 했으나 그마저도 거절당하였다. 시아버지는 수사를 받으면서 당한 고문 등 후유증으로 눈이 멀어 앞을 보지 못하고 평생 마음고생만 하다가 돌아가셨다. 또한 남편은 아버지가 몸져 누워버려 경제적으로 힘들어지자 원양어선을 타려고 기관사 자격증을 획득했으나 시아버지가 북

한에 갔다 왔다고 하여 받아주지 않았다."(중략)

마을 주민 김영산은 "정몽치는 쓰러져 죽게 생겨 배를 타지 못했다. 배를 타려고 해도 정읍에서 반공법 위반자로 처벌받고 나서는 다른 사람들이 태워주지 않는 분위기였다. 아들 정채환이 배를 탔고 정몽치의 본인이 바다에 나가 일을 해서 근근이 생활을 하는 등 살림이 말이 아니었다. 아버지가 반공법 위반자여서 자식들도 어디 취직도 못하고 힘들게 살았다. 정몽치 아들도 기관사 자격증을 따서 큰 배를 타려고 했는데 신원조회에 걸려 취소됐다는 말을 들었다"고 진술했다.[31]

이 사건은 수사기관의 고문, 가혹행위로 인한 피해자들의 허위자백에 의존하여 아무런 물증도 없이 태영호가 북한으로 탈출하였다는 주장만으로 반공법 위반죄가 인정되어 유죄판결이 났다. 그 결과 피해자들은 반공법 위반의 형사처벌에 그친 것이 아니라 가족 모두가 마을 주민들의 기피와 승선 거부로 인하여 정상적인 삶을 살지 못하고 평생 고통 속에서 지내야 했다.

반공법의 무소공위할 위력은 차은영 등 반공법 위반 조작의혹 사건에도 잘 나타나 있다. 이는 사적 발언마저도 처벌대상이 된 사례이다.

신청인은 자신의 부모 차은영과 김도원이 4년여 전 했던 발언이 문제가 되어 1974년 3월 광양경찰서에 반공법 위반으로 체포되어 각각 징역 2년, 자격정지 2년의 실형을 선고받았으나 이 사건의 범죄사실이 조작되었다고 주장한 사건이다. 신청인 김희곤(당시 19세)은 아버지 김도원(당시 56세), 어

---

31 이상 다음에서 인용. 진실·화해를위한과거사정리위원회, 『2006년 하반기 조사보고서(2006. 6. 1~2006. 12. 31)』(2007), 132~136쪽.

머니 차은영(당시 45세)의 자녀이다. 그런데 모 차은영은 1969년 10월 초 전남 광양군 광양읍 인동리 앞 노상에서 통일교회 광양지역장인 김○○와 대화 중 '나는 통일교회가 반공을 표방하기 때문에 싫어한다. 남한도 공산주의 사회가 되어야 깡패, 부정부패 없는 세상이 될 것이다'라고 말하고, 같은 해 11월 중순경 경남 하동군 하동읍 소재 차은영 운영의 시온점포 내에서 장로교 하동 전도관 관장인 김○○와 위 김○○이 있는 자리에서 대화 중 중국의 모택동은 7억 인구를 공산화하여 장기집권하고 있는 위대한 인물이며 김일성도 그에 못지않게 위대한 인물이므로 그 조직력으로 능해 서울까지 밀고 내려올 수 있다고 말하여 반공법 위반혐의를 받고 조사를 한 사례이다. 이 빌인이 문제기 되어 4년 후 1974년 3월 4일 광양경찰서 대공과 경찰관에 의하여 반공법 위반으로 검거되어 형사처벌을 받았다.[32]

반공법의 더욱 큰 문제는 법의 오적용과 수사 권력의 확대 남용이 허용되는 분단의 구조적 폭력이 이 법에 의해 뒷받침된다는 점이다. 최만춘 등의 반공법 위반 사건은 간첩 사건과 무리한 연계를 시도하다가 결국은 죽음으로까지 몰고 간 광기 어린 국가폭력의 대표적 사례이다.

최만춘은 1963년 6월 23일 오전 5시경 북한 구월산 남방 20마일 지점 연평도 근해에서 조업을 하다가 월선하여 북한 구월골로 가 약 20분간 항해 중 피랍되었다. 그는 월선한 이유가 조기가 잡히지 않아 해무가 끼어있는 것을 기회로 경비망을 피해 구월골로 가서 고기를 잡으려는 욕심에서였다고 진술하였다. 그리고 최만춘은 7년 감옥살이로 위법행위에 대한 처벌을 받았다. 그런데 20여 년이 지난 1983년 돌연 최만춘은 다시 간첩단

---

32 진실·화해를위한과거사정리위원회, 『2009년 상반기 조사보고서(2009. 1. 6~2009. 7. 7)』, 진실화해위원회 제7차 보고서(2009), 607~615쪽.

사건에 연루되어 조사를 받았고, 그를 밀고한 동네 주민이 결국 자살하면서 개인과 마을공동체 모두를 충격에 빠트렸다. 그의 아들 정만식이 진실화해위원회 조사에서 진술한 내용은 다음과 같다.

아버지는 감옥에 다녀온 후 사건에 대해 아무런 말씀도 하지 않으셨는데, 노태우 대통령이 당선되고 나서 반공법 위반자들에 대한 사회분위기가 좋아졌을 때쯤 자식들이 모두 모인 자리에서 '조기를 잡으러 갔다가 갑자기 나타난 북한 경비정에 의해 납치되었으며 며칠 후 석방되어 돌아왔는데 귀환도중 누군가가 신고하면 처벌을 받으니 신고하지 말자고 하여 신고를 하지 않았다가 전북도경으로 연행되어 조사를 받고 사실대로 신고하지 않은 것에 대해 자백을 했다. 그러나 경찰관들은 북한에서 지령을 받고 내려와 간첩 활동한 것을 자백하라며 거꾸로 매달아놓고 얼굴에 수건을 씌운 다음 고춧가루 물을 코에 부었으며 오금지에 몽둥이를 끼우고 꿇어앉으라고 한 다음 허벅지를 밟기도 하였고 몽둥이로 두들겨 패기도 하여 죽지 않으려고 하는 수 없이 경찰관들이 원하는 대로 간첩활동을 했다고 자백했다가 7년 동안이나 억울하게 감옥살이를 했다'고 말하여 가족들은 아버지가 억울하게 간첩으로 처벌받았다는 사실을 알게 되었다.(중략)
석방된 후 아버지는 불편한 몸을 이끌고 다니면서 반공법 위반자라는 사실을 지우기 위해 열심히 마을 일에 나섰는데(반공 표창도 받음), 전두환 정권이 들어선 후 옆집에 사는 박종덕씨가 아버지가 북한방송을 듣는다고 수사기관에 허위로 신고하여 다시 연행되어 보안사에서 한 달 정도 조사를 받고 초주검 상태로 돌아왔으며 그 일이 소문이 나서 박종덕씨는 동네사람들에게 따돌림을 당해 결국 1년쯤 지나 목을 매어 자살을 하였다.[33]

진실화해위의 진상조사를 통해 밝혀진 이 사건은 검거한 남파간첩 진력현으로부터 최만춘과 접선하라는 임무를 부여받고 남파되었다는 정보를 입수한 전북도경이 최만춘의 소재를 파악하던 중 최만춘이 주문진 무장간첩들의 해상 상륙지점 부근에 거주하는 것을 발견하고 최만춘을 침투한 간첩들의 안내자로 판단, 연행하여 조사하면서 발생한 사건이었다. 그러나 차후 진상조사가 진행되자 당시 담당 수사기관은 변명에 불과한 해명을 내놓았다. 남파간첩이 최만춘을 거론했고, 최만춘이 하필 무장간첩 출몰 동네에 살고 있었기 때문에 안내자로 오인했다는 구차한 변명이었다. 1963년 조기 잡으러 월선한 사실이 1983년 간첩행위로 둔갑하고, 2010년에 와서야 오판으로 규명된 이 긴 세월을 어떻게 치유하고 보상할 수 있단 말인가.

지난 진실화해위 활동에 참여했던 일부 조사연구원들은 납북어부 사건의 실체에 접근하면 할수록 온통 조작된 진실, 즉 거짓임을 절감하게 된다고 말하였다. 만 5년간의 진실화해위 활동에서 국내 납북어부 간첩사건만 103건이 확인됐다. 이 가운데 진실규명 신청자는 10건에 불과했다. 모두 조작으로 규명됐다. 직간접 조사가 불가능한 60여 건을 빼고 미신청 25건은 진실화해위가 직권 조사 했다. 7건이 조작으로 밝혀졌고, 나머지 18건은 조작의 개연성이 높아 추가 조사가 필요하다고 판단했다. 진실화해위 내부에선 "우리나라 간첩의 9할은 조작"이라는 말까지 나온다. 납북어부와 재일동포 간첩이 국내 간첩의 대부분인데, 이들 대부분이 조작이기 때문이다.[34] 그어 있지 않은 바다 경계선을 넘어 북한으로 갔다 왔다는 것만

33 진실·화해를위한과거사정리위원회, 『2010년 상반기 조사보고서(2010. 1. 1~2010. 6. 30)』, 진실화해위원회 제9차 보고서(2010), 67~93쪽.
34 임인택·오승훈, 「'조작간첩'의 진실은 무덤에 묻어야 하나」, 《한겨레21》 제843호(2011. 1. 7).

으로 반공법 위반죄에 해당하고, 남편 혹은 아버지의 이 같은 행위를 알고
도 신고하지 않았다는 부인과 자녀를 불고지죄로 처벌하는 것은 그야말로
60~70년대 반공체제 수호와 강화의 존재이유였던 것이다. 그런데 이들은
훗날 다시 간첩단 사건과도 연계된다. 그리고 반공법 위반이 간첩단 사건
으로 확대되는 지점에 이산가족, 월북인이 있다.

국가에 의해 조작·왜곡된 간첩단 사건

1980년대 초 한국전쟁 당시 월북인 및 그 가족에 대한 수사기관의 대대
적인 내사가 진행되었다. 국정원 보관자료 중 당시 안기부 수사계획보고
(1차, 2차, 3차)에 의하면, 안기부는 자수한 북한 대남 공작원의 부정확한
첩보와 더불어 간첩단 사건으로 구속된 피의자의 부정확한 진술을 토대로
혐의자를 추정하였으며, 간첩 남파 등 사실을 입증할 별다른 증거를 수집
하지 못한 상태에서 수사관이 임의로 혐의자를 선정하고, 혐의자와 이들
가족들을 강제 연행하여 수사를 진행하였다. 또한 1983년 10월 8일 발생
한 아웅산 폭파 사건으로 인해 북한에 대한 규탄 분위기가 극에 달해있던
시기에는 안기부 본부가 무혐의로 수사 종결한 사건에 대해서 안기부 인
천분실이 단독으로 수사를 승인하고 수사결과를 과장하여 언론에 공표하
는 등 해당 시기의 사회적, 정치적 분위기를 반영한 간첩단 사건이 지속되
었다. 이들은 앞선 납북어부 사례와 달리 한국전쟁 당시 월북인 및 그 가
족에 대한 내사를 바탕으로 하고 있었기 때문에 이산가족이라는 분단의
멍에가 곧 반공체제의 희생양이 되는 짓밟힘 그 자체였다.

납북귀환자 정영 등 간첩조작 의혹 사건은 1983년 10월 8일 아웅산 폭
파사건 발생 직후인 1983년 12월 19일 정계 및 군부 침투기도 간첩 유재
선 사건, 서울·경북 예천 거점 일본 우회침투 간첩 김상원 사건과 함께 간

첩 3개 망 12명 검거로 언론에 크게 발표된 사건이다. 이 사건의 발생지역인 미법도는 강화군 삼산면(석모도) 하리에서 배로 약 15분 거리에 있는 서해상의 작은 섬으로 황해도 연백군과 근접해 있으며 한국전쟁 초기 북한에서 남한으로 내려온 많은 피난민들이 잠시 정착하기도 했고, 유엔군의 북진 시에는 좌익 활동을 했던 사람들이 월북할 때 거쳐 가던 곳이다. 또한 마을 주민 중 상당수가 월북가족들을 두고 있었고, 납북귀환어부들이 다수였으므로 잠재적으로 북한과 관련이 많았다. 따라서 대공수사기관은 이 섬을 대공취약지역으로 분류하였고, 이 사건 이전에도 이 섬의 납북귀환어부들에 대하여 4건의 간첩 사건을 발표한 바 있다.

사건의 정황은 이렇다. 정씨 일가는 1965년 10월 29일 경기도 강화군 미법도 주민 1천여 명과 함께 서해 비무장지대 소재 은점벌에서 조개를 캐던 중, 경비정을 타고 온 북한군에 의해 일부 주민들과 함께 나포되었다. 북한에서 22일간 머문 후 이들은 판문점을 통해 귀환, 강화경찰서에서 조사를 받고 귀가조치 되었다. 그런데 국가안전기획부는 이들이 귀환한 지 17년이 지난 1982년 2월 8일 정영, 정진영, 황정임, 정정희, 정세환, 정진삼, 정광영, 정명순, 백성기, 백용기 등 10여 명을 연행하여 한국전쟁 중에 월북하였다는 정진구와 접선하지 않았는지 등을 조사하여 허위자백을 받아낸 사건이다.

정씨 일가가 17년이 지난 후 다시 간첩단 사건에 연루된 핵심적 이유는 한국전쟁 중 월북한 정진구라는 월북인의 존재 때문이었다. 정진구는 강화군 교동면 양갑리에 거주하면서 한국전쟁 당시 자위대원으로 활약했으며 이후 9·28 수복 직전 월북한 사람이다. 간첩단에 연루된 정씨 일가의 가계도를 보면, 정진영은 정진구의 형이고, 황정임은 정진영의 부인이며, 정정희는 정진영의 딸이다. 그리고 정세환과 정진삼은 정진영과 형제이다.

정영은 정진구, 정진영과 7촌 관계이다. 정광영과 정명순은 정진구의 딸이다. 총 8명이다.

수사 당국인 안기부 본부는 정영, 정진영, 황정임 등을 연행하여 약 12일 동안 불법구금 한 상태에서 가혹행위를 가해 이 사건의 중요 범죄 사실과 동일한 자백을 받아내었으나 재판부는 자백의 신빙성이 의심된다며 1982년 2월 8일 이들을 무혐의 처리하였다. 그러나 안기부 인천분실은 본부의 사건 처리 결과를 잘 알고 있었음에도 1983년 9월경 정영 등에 대한 허위사실을 기재한 첩보 보고서를 안기부 본부에 제출하여 공작승인을 다시 받았고, 공작결과도 허위로 작성·보고하여 수사승인을 받은 것으로 밝혀졌다.[35]

위와 같이 고기를 잡으러 월선했다 돌아온 납북귀환어부를 비롯하여 월북가족과 연계를 의심받으며 간첩으로 몰려야 했던 수많은 분단체제의 가족들은 서슬 퍼런 이데올로기 공세에 보호막도 없이 무너졌다. 일가가 연루되어 함께 무너져 내렸고, 지역사회에서 배제되었다. 살아남은 이들은 뿔뿔히 흩어졌고, 붉은 딱지를 떼어내고 감추기 위해 침묵으로 고통을 견뎌왔다. 그럼에도 때론 정치적 필요에 따라 다시 역사의 전면에 등장하여 처참히 화살을 받기도 하였으니 피해갈 수 없는 간첩단 사건이 그것이다.

최근 논란이 되고 있는 인민혁명당 재건위 사건(인혁당 사건)도 마찬가지 경우이다. 문제의 발단은 새누리당 박근혜 후보가 2012년 9월 11일 국회 본회의장 앞에서 "(인혁당 사건은) 판결이 두 개"라며 "역사의 판단에 맡겨야 한다"는 발언 때문이다. 박근혜 후보가 판결이 두 개라고 했던 것은 1974년 4월 이 사건에 연루된 8명을 국가보안법 위반으로 사형 집행한 판

---

35 진실·화해를위한과거사정리위원회(2009), 443쪽.

결과 2007년 대법원의 무죄판결을 일컫는 것이었다. 그러나 결국 박근혜 후보는 2012년 9월 24일 기자회견을 통해 "5·16과 유신, 인혁당 등은 헌법가치가 훼손되고 대한민국의 정치 발전을 지연시키는 결과를 가져왔다고 생각한다"면서 피해자 가족들에게 공식 사과하기에 이른다. 나아가 "가족을 잃은 아픔이 얼마나 크다는 것을 잘 알고 있다", "그 아픔과 고통을 치유하기 위해 모든 노력을 다하겠다"고 했다.[36]

사건의 정황은 이렇다. 1964년 8월 14일 중앙정보부는 "북괴의 지령을 받고 대규모적인 지하조직으로 국가를 변란하려던 인민혁명당 사건을 적발, 일당 57명 중 41명을 구속하고 나머지 16명을 전국에 수배 중에 있다"며 '지하 조직 사건'을 발표했다. 18일 중앙정보부로부터 '인민혁명당' 사건을 송치받은 서울지검 공안부는 구속연장 만료일인 다음 달 5일 "증거가 없어 기소를 할 수 없다"는 결론을 내리고 기소를 거부했다. 그러나 신직수 당시 검찰총장은 '검사 동일체의 원칙'에 따라 기소 내용을 알 리가 없는 당직 검사 정명래를 통해 26명을 국가보안법 위반으로 기소했다. 1965년 6월 29일 항소심 재판부는 도예종에게 징역 3년, 박현채 등 6명에게 징역 1년, 이재문 등 6명에게 징역 1년·집행유예 3년을 선고했다. 이후 대법원에서 이 판결이 확정됐다.

유신체제가 들어선 가운데 박정희 정권은 1974년 4월 25일 도예종 등 23명을 '인혁당 재건위 사건'으로 엮어 구속시켰다. 이른바 '2차 인혁당 사건'이다. 이들은 국가보안법, 반공법 위반, 내란예비음모, 긴급조치 1호·4호 위반으로 재판에 회부된다. 특히 긴급조치 1호는 이 재판을 '군사법정'에 회부하는 것을 가능케 했고, 긴급조치 4호는 "민청학련"을 1항에 명시

---

36 「박근혜, '5·16, 유신, 인혁당 피해자가족에 사과'」, 《연합뉴스》(2012. 9. 24).

하며 이들에게 "사형"을 내릴 수 있다는 내용을 담고 있었다.

　대법원은 군사법정의 판결 내용을 그대로 받아들였고, 긴급조치 1호
와 4호에 규정된 대로 이들 가운데 8명은 1975년 4월 8일 사형 선고를 받
았다. 사형은 18시간 만에 집행된다. 1차 인혁당 사건 때 국가보안법 위반
으로 징역 및 집행유예 판결을 받은 것과 달리 2차 인혁당 재건위 사건에
서 이들을 사형으로 처형한 것은 긴급조치에 근거하고 있다. 이후 긴급조
치는 전두환 정권 시절뿐 아니라 법원에 의해 수차례 '위헌'임을 지적받아
왔다. 결국 2002년 피해자 유족 등은 '2차 인혁당 사건'과 관련해 재심을
청구했고, 대법원은 2005년 형사소송법에 따라 재심 결정을 내렸다. 그리
고 2007년 억울하게 죽은 8인은 33년여 만에 무죄판결을 받게 된다. 이것
이 1, 2차 인혁당 사건의 대략적인 개요다.

　노무현 정부 시절 국정원 진실위는 이 사건과 관련해 "도예종 등이 북괴

그림 1 1975년 4월 9일자 《동아일보》 1면에 실린 인혁당 사건 관련자 사형 소식

의 지령을 받고 국가변란을 목적으로 '공산비밀지하조직'인 '인민혁명당'을 결성해 학생데모를 배후에서 조종하였다는 증거가 전혀 없었고 수사와 재판 과정에서 위와 같은 조직의 결성 사실조차 인정되지 않았으며, 당시 발표문은 확인되지도 않은 허위사실을 발표한 것"이라는 취지로 결론을 냈다. 1차 인혁당 사건은 유가족 등에 의해 2011년 4월 1일 재심이 청구된 상태이다. '재심 여부'가 법원에 계류된 상황이다. 2차 인혁당 재건위 사건은 서울고법 민사9부(부장 성기문)가 2009년 11월 26일 인혁당 재건위 사건으로 무기징역을 선고받고 복역한 전창일(88)씨를 포함한 피해자와 가족 67명이 국가를 상대로 낸 손해배상 소송 항소심에서 "국가는 235억 원을 배상하라"고 판결한 바 있다.[37] 그러니 이들 기족이 잃어버린 33년 고통과 아픔의 세월이 돈으로 보상될 수 있는 것인가. 분단이 끝나지 않는 한 어디서 누군가는 끊임없는 반공회로 속에 갇혀 질긴 고통을 감내하고 있을 것이다.

그날 남편은
목욕탕에 다녀오겠다고 했습니다.
며칠 지났는데 그이는
아직 돌아오지 않았습니다.
남편은 지금 어디에 있을까요
잃어버린 33년

---

37 당시 재판부는 판결문을 통해 "국가가 피해자들을 고문해 허위 자백을 받아내 이들의 진실 규명을 방해했다"며 "이는 민주헌정국가에서 결코 일어나서는 안 될 위법 행위"라고 말했다. 「인혁당 사건 피해자 2심서도 거액 배상 판결」,《CBS 노컷뉴스》(2009. 11. 27).

청천벽력 같은 일이 벌어졌습니다.

글쎄, 제 남편이 신문에 나온 것입니다.

1972년 10월 유신 선포

1973년 10월 유신 반대 시위 전국대학으로 확산

1974년 중앙정보부 유신에 반대하는 민청학력을 범죄단체로 규정

그리고

민청학련 배후로 인혁당(인민혁명당) 검거

그러던 어느날

저는 어딘가로 끌려가고

다른 피고인의 아내들처럼

강제로 각서를 썼습니다.

"내 남편은 간첩"이라고

그런 각서를 썼다는 자책감으로

자살을 택했습니다.

그런데 아이들과 쥐약을 먹으려던

그 모습을 친청어머니가 보셨지요

저는 죽음을 면하게 되었지만

친정어머니는 그 충격으로 한달 뒤 눈을 감으셨습니다.

　　　　　　　　　　　　　—유승옥(고 김용원씨 아내)

동네 아이들은 막내 아들의 목에

새끼줄을 묶고 총살놀이를 하더군요

'빨갱이 자식'이라고 놀리면서……

그때 이웃들은 그 모습을 보고만 있었습니다.

—이영교(고 하재완씨 아내)

'간첩'이라는 누명을 쓴 것도 억울했지만
자칫 친척이나 친구들이나 피해를 끼칠까봐
지인들과 접촉을 끊고서
숨만 쉬며 살았습니다.

—신동숙(고 도예종씨 아내)

1975년 4월 8일 대법원
인혁당 피고인 8명 사형선고
다음날 새벽 4시(사형선고 18시간 후) 사형
.
.
.

2007년 1월 23일 법원, 무죄판결
"당시 진술은 고문, 구타, 협박으로
허위자백을 한 것으로 인정되므로
증거능력이 없다"[38]

---

38 EBS, 《지식채널e》(2012. 9. 14).

3. 탈북, 또 다른 이산가족

전쟁은 끝났고 60~70년대 반공법의 시대도 80~90년대 간첩단 사건의 국가보안법 시대도 흐물흐물 탈냉전의 벽을 타고 허물어져갔다. 어느새 이산 1세대들은 빠르게 운명을 달리하였고, 분단의 상처와 고통은 트라우마라는 내면의 세계 속으로 잠재되었다. 침묵과 순응, 체념과 포기의 세월은 기억 저편 망각의 강을 건너고 있다. 이대로 분단은 영구화되고 가족 이산의 역사는 종결되는가 싶었다. 그런데 철벽같은 장벽을 사이에 두고 다시 신(新)이산가족이 생겨나고 있다. 이산가족의 또 다른 이름 북한이탈주민, 일명 탈북자라고 한다. 공식집계에 의하면 2만4천여 명의 탈북자가 한국에 입국하여 대한민국의 국적을 취득하였다. 이들은 모두 현대판 신이산가족이다(〈표 8〉).

최근 탈북자 박정숙씨가 다시 북한으로 재입국한 사실이 연일 보도되었다. 2012년 6월 25일자 조선중앙통신에 따르면 함경북도 청진시에서 살던 박정숙씨는 2006년 3월 29일 밤 탈북했다가 6년 만인 지난 2012년 5월

〈표 8〉 북한이탈주민 입국 현황(2012. 7)

구분	~'98	~'01	'02	'03	'04	'05	'06	'07	'08	'09	'10	'11	'12. 7 (잠정)	합계
남(명)	831	565	509	473	626	424	514	571	606	662	589	798	259	7,427
여(명)	116	481	632	809	1,272	958	1,512	1,980	2,195	2,252	1,812	1,908	656	16,583
합계 (명)	947	1,046	1,141	1,282	1,898	1,382	2,026	2,551	2,801	2,914	2,401	2,706	915	24,010
여성 비율	12%	46%	55%	63%	67%	69%	75%	78%	78%	77%	75%	70%	71%	69%

* 출처: 통일부 홈페이지, 북한이탈주민 입국현황
　(www.unikorea.go.kr/CmsWeb/viewpage.req?idx=DG0000000166, 2012. 7월 검색).

25일 북한으로 돌아갔다. 7년 남짓한 한국 생활이 고달팠다고 하지만, 다시 북으로 돌아간 결정적 이유는 북에 있는 아들 때문이었다. 북한에서 기자회견을 한 내용을 검토해보니 박정숙씨는 평양에서 지방으로 추방된 아들을 위해 재입북한 것으로 알려졌다. 대북 소식통과 박정숙씨의 주변 주민들에 따르면 "박씨는 2006년 단신 탈북한 뒤 이러한 사실이 북한에 알려져 평양음대 교원으로 있던 외아들 가족이 지방에 추방된 사실을 알고 가슴 아파했다"고 전했다. 또한 "박씨는 그동안 북한 친지들과 수시로 통화하면서 아들이 겪고 있는 고초를 전해 들었고, 자신을 희생하더라도 아들을 구하겠다는 생각으로 북한 측과 사전에 연결해 재입북 한 것으로 보인다"고 전했다.[39] 그러나 박정숙씨 사건 기사를 접하면서 필자가 주목한 점은 박정숙씨가 한국전쟁 때 월남한 아버지와 오빠를 가족으로 두고 있다는 사실이었다. 박정숙씨는 탈북 이후 한국에 들어와 병석에 있던 생부를 만나 재회의 기쁨을 나눴고, 장례식에도 참석했다고 한다. 박씨는 당시 미국에 거주하고 있는 친오빠를 만나러 미국에도 다녀온 것으로 확인됐다. 또한 박정숙씨는 전(前) 한나라당 모 의원을 이복오빠로 두고 있다고 한다. 간략한 보도만으로도 박씨의 가족 이산 형태가 분단 세월의 흐름 속에 고스란히 담겨있음을 알 수 있다.

남측의 시각에서 보면 박정숙씨의 아버지와 친오빠는 한국전쟁 때 내려온 월남인이다. 아버지는 월남 이후 가족을 꾸려 이복오빠를 자식으로 두었다. 월남가족의 삶과 시선으로 바라본다면, 월남한 아버지는 최근까지 생존해 계셨고, 같이 내려온 아들은 미국으로 이민을 갔다. 남측에서 새로 가족을 꾸려 얻은 아들은 국회의원이 되었다. 연로하신 아버지는 북의 고

---

39 《노컷뉴스》(2012. 6. 29).

향과 가족을 그리워했고, 찾았을 것이다. 그렇게 찾아 연결된 북측의 딸, 박정숙씨는 남측에서 성공한 삶을 살고 생을 얼마 남기지 않은 생부와 오빠를 믿고 남측으로 탈북을 감행했다. 그러나 이미 서로 떨어져 산 분단 60년의 세월이 새로운 가족으로 재형성되지는 못했던 것으로 보인다. 게다가 생부는 돌아가셨다. 이제 박정숙씨는 월남인의 가족이 아니라, 그저 탈북자일 뿐이다.

탈북자 박정숙씨의 시각에서 보면 남측에서의 삶은 편편치 않았다. 고단한 노동과 불편한 이방인 취급, 차별적 처우 등등. 여기에 북측에 남겨두고 온 가족(특히 자식)의 고초 어린 소식은 자신의 선택을 되돌리게 하였다. 남북을 오가며 분단 시기 가족과 분단 이후 가족을 두루 만나고 제자리로 돌아간 박정숙씨의 행보는 아이러니하게도 매우 자유로워 보인다. 우리가 얼마나 어리석은 분단선을 고집하고 있는지 절감하게 한다. 남과 북 모두 만족할 수 없는 체제의 한계와 차마 끊어내지 못한 모정을 보여준 이 사건은 우리가 탈북자들의 한국행(行)을 부추기기만 했지, 그들이 안고 있는 가족 이산의 고통을 깊이 있게 들여다보지 못했음을 깨닫게 한다. 뿐만 아니라 박씨와 같은 사례에서 볼 수 있듯이 탈북자들의 남한행은 분단 시기 가족 이산의 뿌리를 두고 있는 경우가 매우 많다. 2012년 서울대 통일평화연구원의 탈북자 면접조사에서도 최근 탈북자의 62.3%가 남한에 친척을 두고 있는 사람들인 것으로 밝혀졌다.[40] 그런 점에서 탈북자 그들은 신이산가족으로 분류 가능하다.

실체에 더 접근하기 위해 필자는 '가족'을 주제로 한 탈북자 인터뷰를 다

---

40 김병로, 「북한주민의 대남인식과 북한사회 변화실태」, 『북한주민통일의식과 북한사회변동: 2012 북한이탈주민 조사결과 발표』(서울대학교 통일평화연구원 학술회의, 2012. 8. 29, 서울대 호암교수회관),

<표 9> 인터뷰 대상자 가족 구성원과 연계

인터뷰	성별	탈북형태	남은 가족	연계여부
사례 1	여성	혼자 탈북	어머니와 남동생	연결
사례 2	여성	혼자 탈북	부모 사망, 형제들	단절
사례 3	여성	가족 탈북	부모 생존, 형제들	연결
사례 4	여성	가족 탈북	부모 사망, 형제들	단절
사례 5	남성	어머니와 탈북	차후 처, 자식, 형제 탈북	연결
사례 6	남성	혼자 탈북	부모 사망, 처와 자식, 형제들	연결
사례 7	남성	어머니와 탈북	처와 자식, 형제 없음	연결

음과 같이 진행했다. 총 일곱 명의 탈북자를 인터뷰했는데, 가족 이산을 주제로 한 인터뷰도 있고, 다른 인터뷰 과정 속에서 가족 이산과 관계된 질문을 진행하며 탈북자들이 기존의 이산가족 유형과 어떻게 차이점과 유사점이 있는지 파악해보았다. 그러나 인터뷰 구술자는 대체로 북측에 가족이 있기 때문에 또 그들과 연계된 질문이기 때문에 매우 민감하게 반응했다. 주춤주춤했고, 정확하게 말하기를 꺼려했다. 혹시나 하는 걱정을 앞세우며 말하고, 말하고 나서도 쓰지 말 것을 당부하곤 했다. 이 글에서는 일곱 차례의 인터뷰를 〈사례 1〉~〈사례 7〉로 구분하고, 신상 파악이 가능한 정보는 숨기는 방식으로 내용만을 서술하도록 한다. 앞서 설명했듯이 이 장에서는 논증의 방식이 아니라 사실의 맥락을 서술함으로써 공감을 높이기 위한 글쓰기 방식을 채택한 까닭이다.

이와 함께 탈북자들의 가족 이야기를 학술적으로 푼 기존 연구의 구술자료도 참조하였다.[41] 기존의 구술자료들은 가족 형성 및 해체, 재구성의

---

41 서울대학교 통일학신서로 발간된 『탈북민의 가족 해체와 재구성』은 탈북자의 삶과 생활을 가족 형성과 가족 해체, 가족 재구성의 개념으로 설명했다는 점에서 매우 유익한 참조가 되

주체가 탈북여성을 중심으로 서술되고 있다는 점이 아쉽다. 가족 형성의 주체는 남성일 수도 여성일 수도 있으며, 가족의 구성과 형질 변화는 구성원 상호간의 다양한 변수가 작용하는 것이라 할 때 탈북여성 중심의 가족 이야기는 한계를 갖기 때문이다. 따라서 인터뷰는 개인, 가족, 여성, 남성 등 각 가족 구성원의 다양한 시각이 반영될 수 있도록 조직하였고, 기존 연구의 한계를 보완하고자 했다.

1) 분단의 강을 넘어

〈사례 1〉 구술자는 2012년 6월 어느 날 만났다. 작지만 강단 있어 보이는 여성이었다. 인터뷰 같은 경험이 거의 없어서, 자신의 이야기가 왜곡되게 쓰일까봐 부담이 많다고 걱정을 했다. 관련하여 나눌 수 있는 많은 이야기를 뒤로 하고 주제에 집중하기 위해 '분단, 가족, 그리고 나'라는 구술 인터뷰를 시작했다.

1997년 겨울 〈사례 1〉 구술자는 두만강을 넘었다. 그러나 그 강을 넘는 일이 이렇게 오랫동안 이산가족으로 살아야 하는 것인지 당시는 상상조차 하지 못했다. 〈사례 1〉 구술자의 아버지는 공장의 전기기술자, 어머니는 전업주부로서 어린 시절은 유복했던 편이며, 큰 문제없이 자랐다는 기억을 가지고 있었다. 일찍이 운동선수로 활동하면서 집을 나와 합숙하는 기간이 많았다고 한다. 1997년 북한의 고난의 행군 시기가 절정으로 치닫고 있을 때 보름 정도 휴가를 받아 집에 와보니 생활이 말이 아니었다. 생계를 위해 언니와 함께 장삿길에 나섰지만 경험이 없어 장사는커녕 굶주

었다. 이순형·김창대·진미정 지음, 『딜북민의 가족 해체와 재구성』(서울대학교출판문화원, 2009).

린 배를 채우기 위해 강을 넘은 것이 다시는 돌아갈 수 없는 탈북자의 신세가 되었다.

97년 11월 말부터 보름 정도 휴가를 받아 집에 와보니 집 생활이 아주 어려웠죠. 아버지는 아퍼서 일을 못 하시고, 엄마가 장사 정도하면서 겨우 생계유지를 하고 있었는데. 오빠는 군대 나갔고, 언니는 동원 다니고. 이러니깐 언니랑 돈 벌러 가자고 했죠. 그때는 내륙지방에 동(銅)이 있으니, 이것을 모아서 혜산으로 가지고 가면 중국에 팔아서 돈이 됐거든요. 너무 어렵고 너나나나 하니깐 해보자 해서 아무것도 모르는 상태에서 혜산으로 갔어요. 가다가 가지고 있던 동은 다 빼앗기고, 그런데 어차피 혜산으로 가야 집으로 돌아오니, 거기서 기차를 기다렸지요. 기차 역 앞에 정말 엄청 사람이 많았어요. 그러다 기차가 딱 1주일 만에 왔는데 타지도 못하고 그냥 놓치고, 집에도 못 가고, 그래서 거의 한 3일 정도 굶었던 것 같아요. 그때 처음 이런 게 그 말하는…… 꽃제비구나 하는 생각이 들었다니까요. 그때 어떤 여자애가 와서 중국으로 가면 돈도 벌 수 있고, 쌀도 구할 수 있고. 우리는 모르잖아요. 우리는 중국 갈 생각이 없다고 했는데 돈도 없고 쫄쫄 굶으면서 3일정도 지났는데, 그 친구가 또 와서 중국 가면 옥수수 같은 것은 그냥 준다고 했어요. 그런가 보다 하고 그 친구를 쫓아갔어요.

질문: 어디서 쌀을 구하실 생각이셨어요?

게 말만 들었으니깐, 아무 민가에 들어가서 달라면 준대요. 그런가 보다 중국은 잘 사니깐 옥수수 정도는 줄 수 있겠다라고 생각했죠. 저희도. 게도. 그렇게 말했고 우리도 아 그럴 수 있겠다 생각했죠. 그런데 그게 아니더라구요. 물론 가서 얘기를 했어요. 진짜 민망함을 무릅쓰고 우리가 북한에서 왔는데 듣자 하니 옥수수를 준다고 하는데 주실 수 없어요 했더니 가만 듣더니 줄 수는 있다는 거예요. 옥수수를 줄 수는 있지만, 너희가 그것을 갖고 가서 다 먹고 나면 어떻게 할 거냐고 했어요. 그러면 살길이 생기겠죠 했어요. 그랬더니 그 사람들이 차라리 그러지 말고 2~3개월 일하고 돈 벌어서 가는 게 어떻겠냐고. 가면 장사도 할 수 있고 그런 게 좋지 않겠냐고. 저 같은 경우는 선수단으로 돌아가야 했지만 언니는 회사에 일도 없고 어차피 상관없었거든요. 그랬더니 언니가 그럼 너는 선수단으로 돌아가고, 나는 여기서 일을 하겠다고 했어요. 근데 언니랑 나랑 둘만 왔는데, 내가 여기서 어떻게 될지도 모르는데 언니 혼자 두고 가는 게 가슴에 걸려서 그러면 차라리 같이 벌고 같이 나가자 했어요. 그래서 남기로 했어요. 근데 그 사람들이 사람을 팔아먹는 그런 사람들인 거 같아요. 당하고 보니깐 그런 거예요.(〈사례 1〉)

〈사례 2〉구술자도 마찬가지 이야기를 했다. 〈사례 2〉구술자는 일찍 아버지가 돌아가시고, 5형제 모두 결혼해서 제각각 살림을 분가한 상태에서 고난의 행군 시기 어머니마저 돌아가시자 칭진 언니 집으로 거처를 옮겼다. 언니 집에 얹혀사는 것이 불편했던 구술자는 언니 집에서 입을 덜고 '자기 밥값'이나 할 요량으로 장사를 했다. 그리고 좀 더 돈을 벌 요량으로 강을 넘었다. 이후 중국에서 6년을 체류했다. 한국행을 선택한 이유는 중국 당국의 단속과 주변인들의 곱지 않은 시선, 여성의 신체에 가해지는 폭력 때문이었다.

〈사례 3〉구술자는 조금 다르다. 먼저 탈북한 남편으로부터 자식을 보내라는 연락을 받고 안전하게 인도만 하겠다고 따라나선 국경연선에서 난

데없이 자식과 같이 묶여 탈북을 하게 된 사례이다. 이미 탈북자들의 소식을 전해 듣고는 있었지만, 북에서 생활이 어렵지 않았던 〈사례 3〉 구술자는 부모님과 형제가족들이 있는 고향을 떠날 마음이 없었다. 그러나 남편이 먼저 탈북을 했고, 그 후 연락선을 통해 자식을 보내라는 연락을 받게 되자 더 나은 환경에서 교육시킬 요량으로 자식을 따라나섰다가 탈북자가 되었다. 〈사례 3〉 구술자는 고향에 계시는 부모님 생각을 많이 했다. 그리고 남아있는 가족에게 미안한 마음만큼 송금을 한다고 했다.

　　남편이 먼저 왔지. 아하, 우리 남편은 그저 하여간 도급 기업소에서 뭐 좀 했어요. 그러다가 이세 뭔가 국정원에 있는 뭔가 좀 이런 데 덫에 걸려 나왔지. 그래서 가족하고 생이별하게 됐죠. 나는 올 생각도 없었어요. 그케 되니깐 자꾸 딸을 보내라고 해서. 딸만 넘겨 보내자 했는데 국경에 와보니깐 중국 놈들이 자꾸 우리 딸을 달라고 브로커 보고 해서 겁이 나서 넘어 못 가고 야를 아버지 받는 데까지 따라간다 했는데 이놈들이 나를 속였지, 따라섰다 하니깐 남편이 나를 이렇게 저렇게 해라 해서 북한말로 어이없이 오게 됐지. 열두날 만에. 딸은 좋아하지 엄마까지 왔으니깐, 그런데 나는 미안하지. 엄마한테 딸을 보내고 온다고 했는데……."(〈사례 3〉)

구술자들과의 인터뷰는 마치 60여 년 전 우리 어머니, 아버지의 이산 당시 상황과 매우 비슷했다. 잠시 집을 떠나 전쟁의 위험을 피하고자 남으로 내려왔던 월남인이나, 어느 날 밤 갑자기 찾아와 잠시 가자며 데려간 후 영영 보지 못하게 된 피랍자처럼 탈북자 역시 어이없이 헤어졌고, 이런 헤어짐이 오래갈 줄 상상치 못했다. 〈사례 1〉과 〈사례 2〉의 그녀들 역시 작정하고 분단의 강을 넘은 것이 아니라, 당장의 먹을거리를 해결하기 위해 잠시 건넌 그 강이 다시는 돌아갈 수 없는 철조망이 되었다. 또 분단 시기 이데올로기의 소용돌이 속에서 남과 북으로 공간과 장소를 옮겨가며 이산가족이 되었듯, 〈사례 3〉처럼 정치적 소용돌이에 휘말려 어쩔 수 없이 탈북자가 된 사례도 있었다.

또 다른 측면에서 탈북자들의 한국행은 과거로 거슬러 올라가 해방과 분단 시기로부터 맞닿아있다. 앞서 박정숙씨의 사례처럼 부모님이 월남인이어서 아버지를 찾을 겸 생계문제를 해결할 겸 한국행을 택하면서 새로운 이산가족이 되었듯이, 다른 인터뷰 대상자 중에도 분단이 낳은 이산의 뿌리가 고스란히 녹아 있는 사례가 있었다.

〈사례 4〉 구술자의 남편은 소위 귀국자 가족의 일원이었다. 남편의 할아버지·할머니는 경상도가 고향인 분이셨는데, 일제 때 징병으로 일본에 끌려간 다음 1961년 북한으로 가는 귀국선을 탔다. 그때 〈사례 4〉 남편의 아버지는 할아버지·할머니와 함께 북한으로 들어가서 북한 처녀(현재 시어머니)와 결혼을 하였고, 1965년에 〈사례 4〉 구술자의 남편을 낳았다. 경상도가 고향이신 할아버지·할머니, 일본에서 태어난 아버지, 북한에서 태어난 〈사례 4〉 구술자 남편. 이들은 남북 이산가족이기도 하지만, 일본에 형제를 두고 온 까닭에 북한과 일본 사이에서도 이산가족이 되어 있는 처지였다. 그런데 〈사례 4〉 구술자 남편은 귀국자 신분으로 북한에서 진급이 번번이 좌절되었고, 경제적으로 넉넉하지 못했다. 통일이 금방 되지 않을 것으로 판단한 〈사례 4〉 구술자 남편은 다시 이산가족이 될 수 없다는 판단에 10여 년을 신중히 모색한 끝에 가족 전원이 탈북에 성공했다. 최종목적지는 할아버지·할머니가 종손에게 누누이 강조했던 경상도 고향, 태(台)를 찾아서였다. 그러나 아이러니하게도 그와 결혼한 〈사례 4〉 구술자는 이제 북한의 친정가족과 다시 이산가족이 되었다.

남편이 다 잘해줘요. 제일 속 썩인 것은 남편이 가자 하고 결심한 이후 십년간에 정작 나도 가자고 하니깐 부모도 있지 형제도 다 있지 한데 자식들 앞세워 가자 하니깐, 가자고 결심했다가도 이런저런 생각으로 발목 잡히고 결심처럼 쭉쭉 일이 되는 것도 아니고 남편이 내가 자꾸 동요하니까 남편이 혼자라도 가겠다 하고 자꾸 국경 쪽으로 가니까 우리 다 버리고 혼자 가는가 하고 속 썩었죠. 아버지(남편) 생각에는 자식들까지 그런 고통을 당하게 하고 싶지 않다. 내 혼자 가서 먼저 가서 자리잡겠다, 하고. 근데 거기 죽을지 살지 모르는 일인데 거기서도 이쪽(남측) 라지오 들었어요. 그걸 허망하게 어케 가나, 국경에서 총이랑 겨누고 있는 걸 다 알고 있으니깐. 남들도 다 그렇게 사는네 길지도 않은 인생 사식들 인생이 아깝지 않나 여기서 새끼들이나 잘 키우며 살자 했는데, 겉으로 남편은 대답을 그러자 하면서도 생각을 저버리지 못하더라구요. 그러다가 내가 남편이 하고 싶은 일을 방해하고 남편한테 죄짓는 것 같아 남편한테 해보고 싶은 대로 해보라 했죠.(중략)

부모들이 영향도 있고, 할머니·할아버지랑 같이 있으면서 고향 소리 많이 듣고 할머니·할아버지가 눈 감는 순간까지 혹시나 통일이 되는가 고향에 가고 싶어서, 자기 유해를 고향에 묻어달라고 말도 했었고,(중략)

여자라는 게 시집가서 자식을 낳으면 형제보다 자식에게 끌리는 것이 사실인가 자식보다 형제는 더 뒤고, 자식 따라 남편 따라. 형제들에 대해서는 나올 때까지 나오기 전까지만 해도 앞으로 어떻게 될지 그런 거 걱정을 하면서 떠나는 것을 주저했는데 일단 결정됐다 할 직에는 형제들 걱정해서 안 갈수도 없는 거고. 엄마가 아직 살아계시니깐 엄마가 돌아가시면 더 편할 텐데. 그러자면 길이 너무 늦어지니깐. 형제들은 다 제 살림하고 제 새끼들 위해서 사니깐.(《사례 4》)

이처럼 탈북자들의 이야기를 듣고 있노라면, 가족 이산이 되는 그 순간 그 어이없음에 대해 기막히고, 각 가족들의 이산의 뿌리가 분단체제와 어떻게든 연결되어 있다는 점이 놀랍다. 그리고 결과적으로 다시 이산가족이 되었다는 점에서 가슴이 아프다.

그때는 총만 안 쏴서 그렇지 먹고 살아나기 위한 전쟁이었죠. 그리고 어이없다는 것이 지금 생각해보면 어이없지만, 그때는 어이가 있었어요. 지금 중국생활도 해보고 한국에서도 살아보고 여러 사람을 만나보고 중국식 사회주의도 겪어보고 한국식 자본주의 각국을 돌아다니면서 겪어보니깐 어이없다는 것을 알게 되었지만, 북한에 있는 사람들은 아직도 모르잖아요. 지금에 와서 보니깐 어이없는 일이에요. 그때 당시에는 너무나 가능한 일이거든요. 지금도 제가 스스로 말하기가 민망하거든요. 그리고 TV에서 나오는 사람들은 자유를 위해 왔다 진짜 너무 거창하게 말하거든요. 거창하게 말하는 사람 많아요. 그때는 그런 게 아니에요. 누군가에게 보이기 위해서 말하는 거지 그때 당시는 거창한 의미가 없었어요. 그냥 내가 먹고 살아가는 거 내 가족을 먹고 살기 위한 것이지요. 물론 각자의 목적이 다르겠지만 진실은 그렇습니다.(《사례 1》)

탈북자 가족의 경험은 원가족(family of origin)과 생식가족(family of procreation)의 관계와 경험 그리고 역사가 복합적으로 얽혀있다.[42] 그리고

---

42 원가족이란 자신이 태어난 가족을 의미하며, 생식가족은 자신이 결혼을 통해 새로 형성하는 가족을 의미한다. 내가 태어나 소속되는 원가족은 동시에 내 부모님의 생식가족이다. 원가족에서 나는 자녀세대인 제2세대가 되고, 생식가족에서 나는 부모세대인 제1세대가 된다. 따라서 원가족에서 중요한 관계는 나와 부모의 관계, 그리고 나와 형제자매의 관계다. 반면 생식가족에서 중요한 관계는 나와 배우자의 관계, 그리고 나와 자녀의 관계이다.

분단은 다양한 형태의 탈북자 가족 이산 유형을 파생시키고 있다. 탈북자 가족 이산은 생식가족의 통합을 위해 원가족의 이산을 단행한 〈사례 3〉, 〈사례 4〉의 경우도 있지만, 반대로 자식을 북쪽에 남겨두고 부모를 모시고 나와 생식가족이 이산된 형태도 있다. 이때 원가족의 통합이 강조되는 경우는 북쪽의 생식가족이 이미 경제적 이유 등으로 가족 해체 양상을 보여왔던 경우가 많다.

〈사례 1~3〉은 모두 1990년대 중반 극심한 경제적 어려움으로 인해 가족들이 제각각의 삶을 살고 있었다. 즉 경제적 이유 탓에 '자원과 거주를 공유하는 공동생활'을 하고 있지 못했다. 또 〈사례 5〉의 구술자는 5형제 중 막내였는데 어머니를 유달리 믿고 따랐다. 장사를 하면서 알게 된 친구의 도움으로 국경을 넘을 때에도 가장 먼저 어머니를 모시고 나왔다. 이미 떠돌이 장사치 생활을 하면서 부인과 어린 자식은 못 본 지 한참 되었기 때문이다. 〈사례 5〉의 구술자는 어머니를 모시고 나와 형제들을 수소문하고 부인은 아니더라도 자식은 어떻게든 데려오고 싶어 했다. 이 경우는 자신이 1세대가 되는 생식가족을 공고히 형성하지 못하고, 원가족 중심의 통합을 지향하였던 것이다. 그러나 탈북자들은 북한에서 제각각 생존을 위한 삶을 살았지만, 가족으로서의 정체성과 유대감을 매우 깊이 간직하고 있었다. 이것이 훗날 남북을 오가면서 가족의 재형성에 노력하게 되는 원인이다.

2) '가족 재형성'의 희망

북측의 가족 유대감이 생각보다 훨씬 높다는 점은 여러 측면에서 고찰된다. 앞서 〈사례 4〉는 대표적이다. 내륙에 살았던 까닭에 중국 국경을 넘는 물정에 어두웠고, 누구도 믿을 수도 없었다. 장장 10년 동안 십여 차례 국경 답사를 통해 탈북경로를 확보했고, 가족 전원이 탈북하는 것에 성공했다. 이들이 10여 년이나 탐사와 물색을 지속했던 이유는 단 하나, 가족이 전부 내려가야 한다는 아버지의 강한 집념 때문이었다. 통일이 언제 될지 모르는 상태에서 이산가족이 될 수는 없다는 생각이 강했다.

> 안쪽 사람들은 거기 가서 말을 번지는 것조차도 그렇고, 안쪽에서 왔으니깐 그쪽 사람들도 다 우리를 경계하고, 뭣이나 알아보러 온 사람으로 파악하러 왔나 하고…… 국경 파악을 해야 강을 건너는데…… 돈도 많이 들었죠. 2010년에 먼저 가족을 다 데리고 가족과 함께 국경에 들어왔다가, 국경까지 오는 데 거의 한주일 기차 타고 오는 게 한주일, 여기서는 부산까지 2시간 반 걸리지만 거기서는 한주일 걸려요. 국경에 와서 혹시나 해서 '고향집'에 전화하니까 아니나 다를까 온 가족이 없어졌다고 지금 난리 났다고. 그때 아버지가 제까닥 우리 여기 장사 왔는데 뭐 난리나? 우리 2~3일 내로 내려간다 전화하고 전화로 옆집 반장한테랑 그렇게 통보하고 그때 다시 내려가고. 또 그 다음에 하고. 지난해는 온가족이 다 왔었는데 그 다음 해는 온가족이 하나씩 하나씩 집에서 나왔어요. 먼저 아버지랑 국경 와서 기다리고 아이들 올려 보내고 내가 마지막에 왔죠.(《사례 4》)

〈사례 4〉의 구술자처럼 부모님 세대가 이산의 아픔을 경험했던 경우는 탈북 자체를 가족 단위로 감행하는 경우가 많았고, 〈사례 3〉의 경우도 남편이 먼저 나간 후 곧바로 딸과 부인을 데리고 나와 가족 이산을 하지 않기 위해 무척 노력했다. 이것은 모두 원가족보다는 생식가족의 이산을 막고 가족관계 유지를 위한 노력이었다. 그럼에도 탈북자들은 원가족이든 생식가족이든 가족의 분리와 이산을 경험할 수밖에 없다. 따라서 남한에

온 탈북자들은 그 누구보다 가족을 갖길 희망한다. 탈북자들의 가족 형성 노력은 다양한 형태로 전개되는데 이들의 구술에 따르면 크게 세 가지 형태로 나누어볼 수 있다.

첫째, 북한에 남아있는 원가족, 즉 부모·형제와의 가족 통합을 위해 노력하는 경우이다. 이들은 가족 단위로 탈북을 감행하여 일차적인 생식가족의 유지·보존은 이룬 상태이다. 초기에는 부모·형제들이 잇달아 탈북하면서 가족 재형성을 남측에서 다시 이룬 경우도 있지만, 요즘은 부모·형제들이 탈북자를 따라 남한으로 오는 것을 꺼리면서 전화연계만 하는 경우도 많다.

둘째, 이미 북한에서 생식가족의 해체를 경험했던 탈북자들은 남한에 와서 새롭게 가족을 형성하길 원한다. 그러나 남측 사람들이 탈북자들에게 보내는 곱지 않은 시선은 그들의 가족 형성에 대한 바람을 실현하기 어렵게 한다.

셋째, 탈북여성을 중심으로 중국을 경유했던 사례들은 이미 중국에서 사실혼의 관계와 자식을 둔 경우가 많다. 이들 여성은 남한으로 돌아와서 중국측 남편과 자식과의 관계가 새로운 가족 형성에 장애를 초래한다. 북한에 남겨둔 가족 그리고 중국에서 낳은 자식, 또 남한에서 새롭게 꾸린 새 가정 등 문제는 골이 깊다.

탈북자들이 신이산가족이 되고, 가족 이산의 고통 속에서 새로운 가족 형성의 꿈을 갖지만, 위의 유형처럼 가족 이산의 경우가 다양하기 때문에 일률적으로 이들의 삶과 생활세계를 표준적으로 제시하기 어렵다. 그야말로 '케이스 바이 케이스'이다. 여기서는 위의 세 가지 사례를 통해 탈북자들이 가족 이산을 극복하고 가족을 다시 구성하는 것이 얼마나 어렵고 힘겨운지 서술하고자 한다.

먼저 가족 단위 탈북 이후 북측의 부모·형제와 연계하는 경우이다.

가족하고는 매해마다 와요. 국경에 와서 돈 달라고. 전에는 백 만원씩 보냈는데, 올 때마다, 일 년에 두 번, 그런데 2백만 원 보내면 안 되지 30% 수수료 떼니깐, 그것까지 보태서 딱 2백만 원 되게 해야지 안 그러면 다 떼서…… 작년에는 5백만 원, 금년에 곰방 줬는데 또 왔는데 2백만 원 줬어요. 근데 또 올 거예요. 속상해 죽겠어요. 거짓말을 자꾸 하지, 오라면 오지도 않아요. 이래요. 언니 무서워서 넘어가겠냐고, 산만해서 우리가 살 데가 못되는가봐, 그래요. 거기서도 남한 TV를 다 보고. 국회에서 싸우지 교통사고 나지, 아이들이 웃기는 소리해요. 거기는 사회가 복잡하고 이 사람이 이 소리하고 저 사람이 저 소리하고 그 사회가 어떻게 유지되냐고…… 그런 말 할 땐 할 말이 없어요. 내가, 좀 생각하기에 어떤 때는 단순하게 생각하는 것도 좋다. 사람들은 돈 많으면 좋다 좋다 하겠지만 돈만 여력이 있으면 북한도 살기에는 나쁘지 않다고 생각해요. 여기는 인맥이 없잖아요.(《사례 3》)

나머지 형제들은 다 북쪽에 계세요. 야…… 내가 나머지 형제들한테는 미안하죠. 소식, 편지, 짐 다 보냅니다. 그곳에 형제 다 있고, 어머니 살아계시고, 제가 5형제의 맏이여서. 매해마다 와요. 국경에 와서 돈 보내달라 해서…….(《사례 5》)

내가 이렇게 되니깐 형제들이 직업들이 다 내려앉았다고 들었는데. 아(한숨), 그런대로 살겠죠. 내쪽의 형제들이 평양 살고 하니깐 다 직업적으로 괜찮았는데…… 받아만 준다면 돈을 보내고 싶죠. 그런데 지금은 전화연계도

안 되고 그렇죠.(《사례 4》)

이들은 자신들의 탈북행위로 인해 가족들이 받는 고통을 돈으로나마 보상하고 싶어했다. 그런데 송금에는 문제가 있어 보인다. 우선 송금의 요구 액수는 날로 커가고 주기도 잦다는 점이다. 송금하는 가족들은 모두 하나 같이 '죽겠다'고 한다. 너무 자주 많이 요구하기 때문이다. 그래서 탈북자들은 차라리 이곳으로 나올 것을 얘기하지만 최근에는 그쪽 형제들이 탈북을 꺼려하고 돈이나 보내달라는 식이라고 한다. 자신들의 탈북행위에 대한 미안함을 돈으로 대신하는 가족이나, 보내는 돈을 받으며 북측에서 소비생활을 영위하는 가족들의 모습은 또 다른 분단체제의 왜곡이자 그 장벽을 공고히 할 뿐이다.

두 번째 유형인 〈사례 5~7〉은 모두 남성이다. 모두 북쪽에서 장사를 크게 했던 사람들이다. 〈사례 6〉은 혼자 탈북했고, 〈사례 5〉와 〈사례 7〉은 어머니를 모시고 탈북했다. 이들은 모두 북측에서 먹고살기 위해 제각각 살았고, 제대로 된 가정생활을 영위하지 못했다. 따라서 탈북 당시 혼자 넘어올 수밖에 없었고, 남측 생활이 안정된 이후에야 북측에 두고 온 부인과 자식을 데려오고 싶어 했다.

북한에서 결혼을 했죠. 자식이 둘, 큰 아이는 열여덟, 작은 아이는……
아이가 몇 살 때 넘어왔는지 기억이 안 나요. 사실 가족을 데리고 나오려고
했어요. 그런데 우리 가족사 문제니깐…… 조금 그런 게 있어요. 여기 대한
민국 사회도 남자가 값이 없을 때가 있잖아요. 북한도 신뢰를 당하고(구술
자는 불신의 뜻을 말한 듯) 나니깐, 구체적으로 알 필요 없지만, 그런 게 있거
든요. 부부간이라도 종이 한 장 차이인데 맘이 돌아서면 저쪽으로 가는 거

요. 맘을 일생을 굳히면 그냥 가는 거요. 근데 전달에도 가족들한테 돈을 보냈어요. 내 생각하는 게 지금 따로 있어요.(《사례 6》)

제 처도 저 때문에 추방됐답니다. 그래서 내 인차 데리고 오려고 합니다. 그러니 선생님 내에 관해서 자세히 쓰지 마시라요.(《사례 7》)

이들은 모두 남한에서 열심히 사는 이유 중 하나가 북에 두고 온 처자식을 데려오고 싶기 때문이다. 북한에서 살 때는 먹고살기 위해 장사를 하면서 전국으로 돌아다녔고, 경제적 여유가 없기 때문에 가정생활에 충실하지 못했다. 그러나 남한에 오는 과정에서, 또 남한에 정착하면서 가정의 소중함을 새삼 깨달았다. 가족 단위로 생활하는 탈북자들이 한편 부러웠다. 이제야 안정이 되면서 북에 남겨둔 처자식을 데려오고 싶지만, 쉽지 않아 보인다. 이미 부부간 신뢰관계가 돌아선 상태에서 다른 가정을 꾸린 경우도 있었고, 처자식 모두를 데려오기에는 아직 돈이 충분치도 않기 때문이다. 특히 〈사례 6〉의 구술자는 후회가 짙어 보였다. 후회가 짙다는 것은 탈북한 남성이 남한에서 다시 가정을 꾸리는 것이 얼마나 어려운가를 역설적으로 반증한다.

세 번째 유형은 탈북여성을 중심으로 중국을 경유하면서 이미 중국에서 사실혼의 관계와 자식을 둔 경우이다. 이들은 중국에도 남편과 자식이 있고, 한국에 와서도 다시 가정을 꾸렸다. 탈북남성과 달리 탈북여성은 결혼이 생존의 안전장치이자 방패막이가 되기도 하기 때문에 곧바로 결혼과 출산을 한 경우가 더 많다.

큰 아들은 열세 살이에요. 중국으로 넘어가서 금방 결혼했거든요. 그러고 한국에 와서 다시 결혼…… (오셔서 바로 결혼하셨네요?) 네. 딸, 아들 낳았죠. (큰 아드님은 중국에서 살다 왔겠네요?) 네. 우리 아들 세 살 즈음 중국에서 너무 공안이 붙잡으러 오고 그다음에 사기꾼이 와서 붙잡으러 와서 어디다 팔려고 그래서 살지를 못하겠더라구요. 그래서 안쪽으로 들어와서 살다가 영사관으로 들어갔죠. (조선족 남편은 어떻게 하셨어요?) 그 전에 보니깐 한국 대사관에 들어간 사람들 보도를 봤어요. 그래 어째 가는가 했더니 한국 가자면 중국 돈으로 2만 위안이 필요하데요. 그래서 일하러 나왔죠. 한 2년 반 돈 모으려고. (아들은 어떻게 하셨어요?) 이미 애를 다 맡겨놓고 저리…… 나중에 한국에 와서 데리고 왔지요. 큰소리 빵쳤지요. 왜 그랬냐면 시아버지가 구두쇠예요. 한국 가려면 만 위안이면 간다고 돈 좀 해달라 했더니, 사기꾼이면 어쩌겠냐고. 사기라고 막 그러면서 안 된다고. 그때 당시 한국 가려면 만오천 위안이 필요했는데 좀 싸잖아요. 가자고 했는데 근데 안 된다고. 근데 나중에 내 힘으로 왔잖아요. 그랬더니 깜짝 놀라는 거죠. 갔으니깐 그 다음에 통화만 하면 애를 바꿔 줘요. 엄마 돈 보내라, 할아버지가 마작을 좋아해요. 돈 부치라고. 할아버지가 시키는 거죠. 나올 때 돈을 좀 가지고 왔거든요. 그래서 애한테 돈을 조금씩 보내고 그러고 나니깐 자꾸 돈을 보내려니 안 되겠더라구요. 차라리 이 돈이면 애를 데리고 오는 게 낫겠다 했죠.(중략)

지금 애 아빠 처음 만날 때 내가 애가 있으니 애를 키워주면 살고, 안 키워주면 안 살겠다 했더니, 그랬더니 후에 해준다고 전화가 와서 살게 됐죠. 그런데 애가 오니깐 딱 달라지더라구요. 애를 보는 것도 그렇고, 내 선입견도 있겠지만 자기 애들하고 다르게 놀이감도 가지고 못 놀게 하고 냉장고 문도 애가 농촌에서 살다가 시내에 오니깐 궁금하고 모든 게 다 희귀하고 호기심에 이것도 보고 저것도 보고 하니깐 저 사람은 용납 못 하고, 지금도 친구들은 애가 없는 것으로 알아요. 자기 친형제들한테만 북한 사람이라고 하고 사촌들도 내가 교폰 줄 알아요. 탈북자에 대한 사회적 인식이 좋지 않잖아요. 근데 이야기할 때가 안 됐냐고 해도 안 된다고 하고, 애 땜시 많이 싸웠죠. 지금은 같이 안 사니깐, 근데 처음에 너무 힘들었어요. 서로 이해하는 게 힘들어요. 저번 날에도 전화상으로 안 좋았어요. 그랬더니 신랑이 너 왜 왔어? 그냥 북한에서 살지 왜 왔어? 하는 거예요.(〈사례 2〉)

앞서 언니와 함께 강을 넘은 〈사례 1〉의 구술자도 마찬가지였다.

그 사람들이 안쪽으로 들어가야 하는데, 거긴 중국 쪽에서도 국경연선이니깐 거기서 안쪽으로 들어가야지 거기 있으면 공안국이 계속 검열을 나온다는 거예요. 북한 사람을 잡아간다는 거예요. 그러면 너희가 돈도 못 벌고, 그러면 안쪽으로 들어가야 하는데 아무래도 두 사람이 같이 가면 잡힐 수 있으니깐 한 사람씩 가자는 거예요. 그래가지고 지금 생각하면 진짜 바보 같은데 뭐 그럴 수 있겠다 싶어서 헤어졌어요. 그래서 그 후에 언니를 못 만났어요. 언니가 나 때문이라도 어딘가에 있을 거라고 생각했어요. 분명 언니도 나를 찾을 거라고 생각했고, 진짜 힘들고 어려울 때도 많았고, …… 막 힘들다는 게 육체적으로 힘든 일보다도 정신적으로 힘들 때가 많았거든요. 중국에 있으면, 그럴 때마다 그냥 내가 죽더라도 북한에 가서 죽을까라는 생각도 많이 해요. 아니면 거기서 죽었을 걸 하는 생각도 많이 했어요. 중국에서 죽기는 너무 억울한 거예요. 저희가…… 부모 곁도 아니고,(중략)

저는 팔려간 게 아니었어요. 팔려갈려다가 이러는구나 도망갔어요. 다행히 좋은 사람을 알게 되어서 그 사람 친구가 식당을 하고 있다는 거예요. 조선족 식당. 거기서 동거하는 사람이 사장이었는데 거기서 좀 능력이 되는 사람, 물론 경찰에 신고도 됐고 그랬는데 이사람 빽이 있어서 잡으러 안 오는 거예요. 안정적이긴 했는데 가문이 좋다 보니 스트레스가 많은 거예요. 말할 수도 없어요.(〈사례 1〉)

한국에 들어와서 재혼을 했던 〈사례 2〉는 결국 별거 상태에 있고, 아직 결혼하지 않은 〈사례 1〉은 심한 상실감을 토로했다. 돌아보면 내 청춘은 어디로 갔는지 모르겠고, 왜 이렇게 내가 살게 되었는지 억울하고 또 억울하다고 했다. 한국에 와서 행복한가? '10이라 할 때 몇이냐'고 물었더니 대개가 6 정도라고 했다. 행복하지만은 않았다. 왜 그런가 물었더니 누구를 믿어야 할지 모르겠다고 했다. 가족과 집이 없다는 사실은 의지할 데 없는 고단한 삶의 모습 그 자체였다. 그녀의 상실감이 고스란히 느껴졌다.

채워지지 않는 상실감. 이것의 실체는 무엇일까. 한국에서의 차별, 편협한 인식, 사람들의 불편한 태도 등이 구술자를 많이 힘들게 했다. 자신을 좀 더 받아주면 잘할 텐데…… 밀어내지만 않았으면 좋겠다고 했다. 대한민국의 국민 되기가 이렇게 힘들지 몰랐다고 했다. 그래서 대한민국의 국민이 되는 방편 중 하나가 가족을 만드는 것이고, 그 가족과 남한에 잘 정착하여 사는 것이 탈북자들의 가장 현실적 목표가 된다.

〈사례 1〉에게 통일이 되어서 북한에 있는 오빠와 엄마를 만나면 당신은 북한 사람일까 한국 사람일까를 물었다. 구술자는 지금은 북한 사람도 한국 사람도 아닌 것 같다고 했다. "오빠는 그렇게 혼자 거기 가서 좋으냐고 했고, 나는 그러면 나한테 돈 받지 말고 당에 가서 받으라고 한다"면서 지금도 전화통화를 하면 오빠와 싸운다고 했다. 그러나 분단을 어떻게 극복하는 것이 좋겠냐고 했을 때 뜻밖에 통일이 되어야 한다는 답을 이야기하지 않았다. 그녀는 그냥 평화롭게, 자유롭게 내버려 두었으면 좋겠다고 했다. 소식 들을 수 있고, 만날 수만 있으면 된다고. 북한을 어찌한다고 하기보다 그냥 제재하는 것도 풀어주고 제 맘대로 할 수 있게만 해주면 북한 사람들은 제 알아서 다 한다는 것이었다. 아니 오히려 그들이 그들 스스로 더 잘할지도 모른다고 했다. 결국 이들에게 한반도 평화란 남과 북을 자유롭게 오가며 자신의 삶과 가족의 울타리가 공존하는 상태를 의미한다. 이 보편적이고 지극히 상식적인 평화를 우린 왜 이렇게 만들지 못하고 있는 것인가.

3

망명과 납치,
남겨진 가족

PA
RA
PA
CEM

60여 년이 지속된 남북의 분단은 민족에 가늠하기 힘든 고통을 안겼고 그 아픔은 여전히 지속되고 있다. 그중 가장 견디기 힘든 고통은 아마도 헤어진 가족의 생사를 알지 못하고 만나지 못하는 것이리라. 망명과 납치의 고통 또한 다르지 않다. 납치와 망명은 행위 주체의 의사를 기준으로 한다면 상반된 것으로 보인다. 납치가 자신의 뜻에 반하여 억지로 옮겨진 것이라면 망명은 자신의 의지로 체제, 사회, 구성원, 공간을 선택한 자발적인 이동이기 때문이다. 그러나 납치와 망명이 생겨날 수밖에 없는 근본적인 원인이 이념적 대립에 의한 적대적 분단에 있다는 점, 어느 쪽이든 당사자들은 가족과 만날 수 없는 고통을 안고 있다는 점에서 크게 다른 것일 수 없다.

　제1장에서 살펴본 대로 납치와 피랍은 납북, 납남, 미송환포로, 미송환 공작원 등 다양한 유형으로 존재하며 이 가운데 귀환하지 못한, 즉 자신의

의사에 반하여 남 또는 북에 남겨진 사람들의 숫자를 정확히 확정할 수는 없다. 다만 납치된 이들이 원치 않는 곳에서 살고 있으며 가족을 그리워하고 있다는 것만은 확실하다. 망명 또한 마찬가지다. 탈북, 월북, 재일교포의 북송, 제3세계 망명 등 양상이 다양하고, 망명의 방법과 이유 역시 가지 각색일 것이지만 가족에 대한 그리움과 죄스러움을 평생의 짐이자 고통으로 안고 살아간다는 점은 공통적이다. 이 장에서는 비교적 대중에게 잘 알려진 몇몇의 인물을 통해 납치와 망명의 사례를 자세히 살펴보고자 한다.

이들의 생애가 매우 정치적으로 해석될 수도 있다. 어쩌면 그렇기 때문에 그들이 널리 알려졌을지도 모른다. 그럼에도 이들을 택한 것은 그들의 삶이 대표적이라기보다는 분단체제의 전형적 예일 수 있기 때문이다. 납치와 망명은 정치적인 이유로 이루어진 사건이며 정치적 사안으로 비화된다. 납치와 망명의 주인공들은 분단체제를 설명해줄 상징적인 인물이 되는 것이다. 때문에 그들의 운명은 정치적 맥락으로 결정된다. 그들 또한 큰 범주의 이산가족이지만 그들이 가족을 만나는 문제는 보통의 이산가족 문제보다 더 강하게 정치 논리에 결박되어 있다.

이 장의 내용은 피랍, 망명인들이 남긴 수기(手記)와 회고록(回顧錄)에 기대어 구성되었다. 기억에 의존하여 자신의 시간을 기록하는 수기와 회고는 다분히 신변 기록 위주로 전개되며, 필자들은 자신에게 불리한 것을 감출 수 있다. 주관적 판단과 선택적 기억이라는 방어기제를 원천 봉쇄할 수 없기 때문이다. 따라서 연구자가 지켜야 할 객관적 거리를 유지하는 것이 중요하면서도 힘든 부분이었다. 그렇다고 그들이 기억하는 매 순간과 기록들을 허구 또는 조작이라고 부정할 수도 없었다. 그들의 수기와 회고록을 제외한다면 우리는 그들의 삶에 대해 참조할 것이 턱없이 부족하기 때문이다. 어느 경우에도 정부의 국가기록물과 객관적 기록만으로 실체적 진실에 접근할 수 있다는 기대는 과한 것일 수 있지만 개인의 삶을 재구성할 때에는 더욱 그러하다. 현장 조사는 물론 주변 인물을 통한 방증도 불가능한 것이 우리 모두가 처한 분단의 상황이다. 이 장의 내용 중 향후에 진실 논란에 놓일 것이 있을지 모르겠다. 하지만 그마저도 현재까지는 그들이 자신에 대해 털어놓은 진실이며 이 또한 분단 현실이 낳은 실체적 진실일 것이다.

1. 납치된 사람들: 최은희 · 신상옥

1978년 최은희와 신상옥은 북한 공작원에 의해 홍콩에서 납치되었다. 최은희는 1월에, 신상옥은 7월에 납치되었으나 납치 장소와 방법은 다르지 않았다. 두 사람은 영화 사업을 도와줄 사람을 만나러 가자는 동업자의 말에 속아 펄스 비치에 갔고 그곳에서 괴한들에 의해 배에 실려 대만해협을 지나 북한으로 끌려갔다. 1970년대 한국 영화계의 대표적인 스타 부부였던 그들은 이미 이혼한 상황이었지만 여전히 대중의 관심을 받고 있었고 배우와 감독으로서 영향력 있는 인물들이었다. 그런 두 사람이 홍콩에서 사라진 것은 충격적인 뉴스였다. 그 충격은 몇 년 후 두 사람이 북한 측의 신임을 얻어 동유럽에서 영화 활동을 재개하면서 환기되었고 또 몇 년후 서방 세계로 탈출하여 그들의 실종이 북한 공작원에 의한 납치라는 것이 밝혀지면서는 더욱 큰 사건이 되었다. 두 사람은 몇 년 동안 납치와 망명을 모두 경험하는, 영화보다 더 영화같은 인생을 살았다.

최은희와 신상옥은 한국전쟁 후 영화 〈코리아〉에서 배우와 감독으로 만나 사랑에 빠졌다. 그들의 사랑은 장안의 화제이자 최대의 가십이었다.

유명 영화배우와 젊은 감독의 만남은 그 자체로 화제였겠지만 이들의 경우는 더 특별했다. 1943년 아랑 극단에 입단해서 수많은 연극과 영화에 출연한 최은희는 이미 유명한 여배우였던 데다 영화 촬영 기사였던 남편 김학성과는 별거 중이었지만 아직 유부녀였기 때문이다. 게다가 신상옥은 이제 막 영화계에 입문한 젊은 감독이자 총각이었다. 세간의 온갖 소문 속에서도 영화를 매개로 한 그들의 사랑은 이어졌고 그들은 1954년 결혼했다.

이후 20여 년을 함께하는 동안 그들은 부부 이전에 영화라는 창작 예술의 파트너로 살았다. 신상옥 감독이 연출한 대부분의 영화에서 여주인 공은 최은희였고 그 영화들은 흥행을 이어갔다. 한국 영화계의 신장에 힘입어 신상옥은 '신필름'을 설립하고 최은희는 영화학교를 세워 후진을 양성하는 등 화려한 시절을 함께 보냈다. 1970년대 중반 자유로운 예술 표현을 억압하는 경직된 사회분위기와 영화 검열 등의 문제로 신필름과 안양영화예술학교 경영이 어려워졌다.

흥행과 참패를 반복하는 불안정한 영화 인생 20여 년을 이어 온 그들의 사랑과 신뢰에 금이 간 것도 그 무렵이었다. 입양한 두 아이와 행복한 가정을 이뤘던 두 사람은 1976년 이혼했다. 신상옥이 여배우 오수미와 불륜을 저질렀기 때문이다. 그러나 두 사람은 이혼 후에도 사업상의 관계를 유지하며 서로를 돌봐주고 있었는데, 신필름이든 영화학교든 상황이 좋지 않기는 마찬가지였다. 설상가상으로 그동안 호의적이던 박정희 정권이 표현의 자유 억압과 검열 문제를 제기하는 신상옥 감독에게 강압적인 태도를 보였고 급기야 국내 최대 규모, 최고 역사의 영화사 '신필름'은 문을 닫았다. 최은희의 납치 사건이 일어난 것이 이즈음이다.

최은희는 학교를 후원하겠다는 중국인의 초청으로 홍콩행 비행기를 탔다. 신필름의 폐업 이후 안양영화예술학교 또한 운영이 어려웠을 때라, 후원자가 있다는 소식이 영화학교 교장 최은희에게는 더없이 반가웠다. 그러나 최은희는 신필름의 현지 동업자였던 이영생에게 속아 홍콩 해변가에서 납치되었고 긴 여정 끝에 북한 남포항에 도착했다. 오랜 뱃길에 시달려 그녀는 이미 저항과 탈출을 포기할 정도로 지쳐있었다. 세상에서 가장 폐쇄적인 나라 북한 땅에 들어선 순간 그녀는 모든 것을 체념했을 수도 있다. 남포항에 직접 마중을 나올 정도로 김정일은 영화배우 최은희를 환대하였다. 이후 최은희는 김정일 별장과 몇 군데 고급 초대소들에서 생활하며 김정일이 주재하는 각종 연회에 초대를 받고 고급 선물을 받는 등 최고의 대우를 받으며 지냈다. 물질적으로 부족함은 없었지만 가족에게 생사도 전할 수 없는 것은 물론 외부와 격리되어 초대소 안에서만 지내야 하는 고립된 생활이었다. 그런 가운데 최은희는 언젠가 탈출할 그날을 위해 메모를 시작했고, 최은희와 신상옥이 서방으로 탈출한 후 남긴 몇 편의 수기와 탈출기는 그때의 기록을 바탕으로 하였다고 한다.[1]

초대소에서 무료한 시간을 보내던 최은희에게 당국자는 대남 방송을 해줄 것을 요구한다.

---

1 이글은 최은희, 신상옥의 수기를 참조하여 작성되었다. 최은희·신상옥의 『조국은 저 멀리 상·하』(Pacific Artist Cooperation, 1988); 최은희, 『고백』(랜덤하우스, 2007); 신상옥, 『난, 영화였다』(랜덤하우스, 2007) 등이 그것이다. 이 글에서는 주로 『조국은 저 멀리 상·하』를 인용하였으므로, 인용 부분은 별도의 책 제목을 적지 않고 '상권', '하권'으로만 표기한다.

예측했던 대로 그들의 저의를 드러내 놓았다. 사실 방송은 나에게 가장 고통스런 문제였고 이러지도 저러지도 하기 어려운 딜레머였다.

내가 만일 마이크 앞에 앉아 남쪽을 향해 입을 연다면 우선 나를 죽은 것으로만 알고 있을 서울의 가족과 친지들에게 내 소식을 전해줄 수는 있겠지만 그 방송내용은 이들이 시키는 대로 거짓말을 할 수밖에 없는 것이다. 그렇지만 아무리 나의 생사를 알려주는 것이 중요하다고 하드라도 죽으면 죽었지 거짓말을 할 수는 없다. 절대로 그런 말은 못한다.

"나더러 자진해서 월북했다고 거짓말 방송을 하란 말이예요? 그건 곤란해요. 못해요. 죽어도 그런 거짓말 방송을 못하겠어요"

나는 이들의 요청을 단호히 거절했다. 나의 태도가 워낙 완강하게 보였던지 이들은 더 이상 강요하지는 않았다.(중략)

더 이상 묻지 않아도 이들이 왜 나를 북한으로 끌고 왔는지 저의를 환히 들여다 볼 수 있었다. 나를 정치적으로 이용하고 정치선전물로 써 먹겠다는 저의가 더 이상 묻지 않아도 분명했다.(상권, 39~40쪽)

최은희의 완강한 거부로 이루어지지 못했지만, 북한은 남한에서 잘 알려진 배우 최은희에게 대남 방송을 시켜 정치 선전에 이용하려 했다. 납치의 근본적인 이유는 '대남 방송' 즉 체제 선전이었던 것이다. 체제 선전 방송은 할 수 없다는 것이 이들 부부의 생각이었고 북한 측의 이러한 시도가 이들의 탈출 계획을 가속화했음도 물론이다. 정치선전물이 될 수 없다는 마음이 가족들에게 자신의 생사만이라도 알리고 싶다는 마음을 억눌러 마이크 앞에는 서지 않았지만 가족에 대한 최은희의 그리움은 더욱 깊어졌다. 한정된 공간에서 한정된 사람만을 만나는 고립 생활과 수긍할 수 없는 김부자 학습보다 최은희를 더욱 힘들게 한 것은 가족에 대한 걱정과 그리움이었다.

나는 쪼그리고 앉아 계속 파란 물을 내려다보고 있었다. 하염없이 눈물이 쏟아졌다. 그러다가 그만 잠이 들어버렸던 모양이다.

어디서 "엄마! 엄마!" 절박하게 부르는 정균의 소리가 들려왔다. 우리집 아이가 어디서 나를 부르는가. 애절하게 호소하는 소리인데 방향을 알 수가 없다. 나도 "정균아! 정균아!" 목이 메게 부르면서 찾아다니다 저 아래를 보니 정균이가 낭떠러지 밑에서 손을 저으며 호소하는 것이 아닌가.

"엄마, 엄마 나 배고파……"

"정균아…… 엄마 여기 있다. 여기……"

어디로 해서 어떻게 내려갈까, 허둥지둥하다가 나는 "정균아" 하고 소리를 지르며 눈을 떴다. 꿈이었다.

호수 위를 차가운 바람이 불고 있었다.(상권, 217쪽)

나는 그 순간 가슴이 짜릿하게 울먹여지는 것을 느꼈다. 아! 지척에 보이는 남한 땅……. 한시도 잊지 못하는 그리운 고향……. 콧마루가 시큰해지며 눈물이 핑 돌았다.

넋을 놓고 그 산을 바라보고 서 있었다. 그러자 강해룡이 "자 갑시다. 시간이 없습니다" 하면서 팔목시계를 들여다본다. 갈라진 땅. 아름다운 금강산을 보아도 내 조국 내 강산이라고 정답게 부르지 못하는 이 마음. 그리고 멀리 보이는 내 고향 건봉산.

이런 것을 생각하면서 나는 그날도 잠을 이루지 못한 채 이리 뒤적 저리 뒤적 하였다. 이렇게 내 조국을 가르는 정치란 뭣인가. 내 땅을 갈라서는 안 된다, 내 고향에 가고 싶다. 내 가족 내 친구가 보고 싶다고 외칠 수 없게 하는 정치란 무엇일까. 정말 불행한 시대에 태어났다고 한숨짓지 않을 수 없었다(상권, 239쪽).

꿈속에서도 아들을 걱정하는 모정과 먼발치에서 고향의 산을 바라만 보아도 눈물이 나는 인지상정(人之常情)의 고통이 잘 드러나 있다. 김정일의 비호 아래 호의호식하고 있었지만 정말 불행한 시대에 태어났다고 최은희는 생각한다. 고향에 갈 수 없고 가족을 만날 수 없고 친구를 만날 수 없는 것, 보고 싶다고 만나고 싶다고 외칠 수조차 없는 상황. 이것이 불행의 본질이다. 그리움은 인간의 가장 소박한 감정이며 가장 소박한 욕망이다. 때문에 그리움은 막아지지 않으며 막아서도 안 된다. 그러나 한반도의 분단된 정치와 이념은 그리움을 허락하지 않는다. 그리움을 허락하지 않는 정치와 이념을 극복하지 못하는 것은 커다란 불행이며 그것은 개인의 불행을 넘어 시대적 불행이라는 것을 최은희는 절실하게 느끼고 있었다. 이는 비단 최은희 개인만의 깨달음이 아니다. 개인이 모여 구성되는 민족의 불행의 시작 또한 다르지 않기 때문이다.

1978년 무렵 신상옥은 박정희 정부의 눈 밖에 나서 영화사를 폐업하고 해외에서 영화 제작을 알아보고 있었다. 이때 최은희가 실종된 것이다. 신상옥이 가정불화 때문에 최은희를 해쳤다는 괴소문이 돌았고, 신상옥은 정보기관에 끌려가 영화 검열 반대 의견에 대한 조사를 받는 등 여러모로 조급하고 불리한 상황에 놓여있었다. 홍콩과 미국 등지를 다니며 새 영화 제작 계획을 마련하는 한편 최은희의 행방을 수소문하던 신상옥은 몇 달 전 최은희가 납치된 방식 그대로 납북되었다. 1978년 7월 19일이었다.

북한에 도착한 후 신상옥은 여러 차례 최은희의 행방을 물었으나 북한 당국은 대답해주지 않았다. 외부와 격리된 초대소 생활을 하던 중 신상옥은 영화감독 특유의 상상력과 결단력으로 두 번의 탈출을 감행한다. 그러나 탈출 시도는 실패하였고 신상옥은 정치범으로 수감되어 4년여를 보낸다. 그곳은 정치보위부 제6소(제6형무소)로 김일성 부자나 당 정책을 비판

하다 적발된 사람과 사상범을 수용하던 형무소였다. 그곳에서 신상옥은
오랜 시간 고초를 겪으면서도 지난날 자신이 만든 영화를 되새기고 새로
운 영화를 구상하는 영화인의 면모를 잃지 않았다 한다. 평생을 영화에 몰
두하느라 안정된 가정 생활도 없고 화려해보였던 결혼 생활도 파탄에 이
르렀으며 이제는 북한의 감옥에서 매일을 면벽(面壁)으로 시간을 보내는
형벌을 받고 있었다.

> 4월 4일이라, 이 날은 내 딸 승리가 태어난 날이 아닌가? 우리 승리의 나
> 이가 이제는 세 살이 되었겠구나…… . 나는 구석에 핀 그 노란 꽃이 내 딸을
> 위해 거기 피어있다고 생각했다. 부드럽게 나는 그 꽃을 꺾었다.
> "승리야, 아빠 선물……"
> 나는 파란 하늘을 향해 그 꽃을 치켜들고 한동안 쳐다보다가 후욱 하늘
> 로 불어 올렸다.
> 승리야, 아빠가 보내는 네 생일선물. 나는 주저앉았다. 저절로 고개가 밑
> 으로 숙여졌다. 두 손은 어느새 이마와 머리를 받치고 있었다.
> 그 누가 나에게 "너는 애비노릇을 한번이나 제대로 해본 적이 있느냐"고
> 묻는다면 나는 단 한마디 대답도 못하겠지…… . 자나 깨나 영화밖에 몰라
> 영화에 미친 놈! 인간을 그린다면서 자신의 인생살이엔 허점뿐인 영점 인
> 간!(상권, 294쪽)

공포의 땅 북한에 끌려와 모진 고문과 수감 생활에 지쳐 있던 신상옥은
작은 꽃 한 송이에서 어린 딸을 떠올린다. 영화감독으로는 화려하고 치열
하게 살아왔지만 가정에 충실하지 못했던 자신의 모습이 더없이 부끄러웠
을 것이다. 극한의 상황에서 신상옥은 그동안 가족을 신경 쓰지 못하고 마

음을 나누지 못한 것을 가장 후회하였다. 가족이란 가장 외롭고 힘든 순간에 생각나는 절대적인 존재이기 때문일 것이다.

그렇게 4년여를 정치수 감옥에서 지낸 신상옥은 1983년 3월 김정일 연회석상에서 최은희와 재회한다. 부부로 20여 년을 살다 이혼한 지 7년 만에 북한 땅에서 조우하게 된 것인데 그들이 연출한 어느 영화보다도 극적인 장면일 것이다. 그들의 극적인 재회의 연출자는 김정일이었다. 김정일은 "연극을 용서하오. 그동안 참 고생 많이 시켜 미안하게 되었소"(하권, 18쪽)라고 말했다 한다. 최은희, 신상옥 부부 납치 사건은, 영화광으로 수많은 필름을 소장하고 즐기는 한편 영화를 통해 북한 문화에 영향력을 행사하고 영화를 사신의 권력과 북한의 체제 유지에 활용하려는 김정일의 계획된 일이었다. 둘을 쉽게 만나게 하지 않은 것은 두 사람의 사상이 개조되었다는 확신을 갖기까지 시간이 필요해서였다. 최은희는 북한 안에서도 외부와 단절된 채 김일성의 항일혁명 역사를 외우고 주체사상을 주입받았다. 주체사상 학습과 김부자 충성 편지 쓰기 등에도 동원되었다. 두 번의 탈출을 감행한 신상옥은 감옥에서 살아남기 위해 사상이 개조된 모습을 가장해야 했다. 아래는 납북 5년 만에 재회하여 다시 부부의 연을 이어가기로 한 첫날밤 나눈 그들의 대화이다.

"여보 당신 좀 이상해진 건 아니오"

나는 작은 소리로 이렇게 말했다.

"이상해지다니요"

"그동안 물들은 게 아니오"

은희는 잘 못 알아듣는 듯 나를 빤히 쳐다보더니 갑자기 "하하하" 웃는 것이 아닌가.(중략)

"당신도 참, 무슨 말씀인지 알겠어요 …… 영화감독이 연기하는 것도 감지 못해요"

우리는 피차 너무도 할 이야기들이 많았다. 그러나 누가 어디서 우리들의 깊은 속 이야기들을 엿들을지 몰라 몹시 신경이 쓰였다. 더구나 벽 위에 부착된 환기장치 모양의 구멍 뚫린 철판이 도청장치가 아닌가 싶었다.(중략)

"여보, 우리는 이제까지 남의 인생을 연출하고 연기해왔었지요? 이제부터는 남아있는 우리 인생을 열심히 그리고 멋지게 연출하고 연기해요, 네?"

이 한마디를 듣는 순간 나는 조금 전까지 김정일과 그 측근들에게 눈에 거슬릴 정도로 아첨하고 비위맞추는 은희를 보고 품었던 오해가 스르르 녹아 버리는 것을 느꼈다. 그녀의 말은 김정일에게 어떻게든 잘 보여 언젠가는 자식과 형제들이 있는 서울로 돌아가는 길을 찾자는 결의가 함축돼 있는 것으로 직감되었기 때문이다.(하권, 24쪽)

김정일 연회에서 스스럼없이 당 간부들과 어울리고 노래를 부르는 최은희를 보고 신상옥은 혹시 최은희가 북한식으로 사상 개조가 된 것이 아닌가 의심하며 조심스레 묻는다. 수십 년을 부부이자 예술의 길을 함께 걸어온 그들이었지만 사상, 의식, 이념 앞에서는 절대적인 신뢰란 없었던 것인지 모른다. 최은희가 웃으며 "남아있는 우리 인생을 열심히 연출해보자" 했을 때야 비로소 안도하는 신상옥의 모습에서 '이념'의 강력함은 부부 사이의 근본적이고 절대적 신뢰마저 무너뜨릴 수도 있음을 알 수 있다. 김정일이 두 사람을 자신의 권력 기반으로 활용하고 대남 선전에 투입하려고 사상 개조를 위한 연극을 하였듯이 최은희, 신상옥은 자신들의 조국과 가족의 품으로 돌아가기 위한 연극을 시작한다. 그들의 연극에 실제 소재는 '이념', '정치'이지만 그것들은 가장(假裝)과 허구(虛構) 위에 구축된 것으로 언제든 벗어버릴 수 있고 선택할 수 있을 것으로 보인다. 그러나 연극, 가장, 허구 위에 기초한 이념은 한반도에서 너무나 견고하고 강력하다. 그 이유를 누구도 명쾌하게 말할 수 없다. 너무나 다양하고 복잡하며 연쇄적 일 뿐 아니라, 오랜 관성과 습관, 정서(情緖)로 굳어져 견고하기까지 하기 때문이다.

최은희와 신상옥은 다시 부부가 되어 김정일의 전폭적 지지를 받으며 북한 영화계에서 활동한다. 북한에서 다시 '신필름'을 세우고 1984년 〈돌아오지 않는 밀사〉, 〈탈출기〉, 〈사랑사랑 내사랑〉, 1985년 〈소금〉, 〈심청전〉, 〈불가사리〉, 〈방파제〉 등의 영화를 만들었고 십수 편의 영화를 지도하였다. 신상옥이 북한에서 처음으로 만들었지만 성이 차지 않아 최은희를 감독 이름으로 올린 영화 〈돌아오지 않는 밀사〉는 카를로비 바리 영화제에서 최우수감독상을 받았으며, 최은희는 〈탈출기〉로 모스크바 영화제 여우주연상을 받는 등 활발히 활동하면서, 그때까지 북한 영화가 거둘 수 없었던 큰 성과를 내었다. 해외 영화제에서 수상하며 북한 영화의 입지를 넓히는 그들에 대한 김정일의 신임도 커져갔다. 베를린 영화제 후에는 "사회 활동을 시작하라"는 김정일의 지시를 전해 들었는데, 이는 '북한 찬양책을 쓰고 선전 방송을 하라'는 의미였다. 그들에게 선택의 시간이 다가온 것이다. 1979년의 입북이 자의에 의한 '망명'이었다면 선전 방송을 해야 했고, '납치'라면 탈출해야 했다.

국제적으로 화제의 인물인 두 사람을 사이에 두고 남북한의 언론과 정부는 대치하고 있었고, 그들의 '인터뷰'에 따라 국제 언론은 '납치와 망명' 둘 중의 한 단어를 선택해야 했다. 실제 최은희 부부는 자신들이 납치된 것이 아니며 동유럽에서 활동하는 영화인으로 북한과 왕래하고 있다는 내용의 인터뷰를 한 적이 있다. 물론 김정일의 지시에 의한 거짓 인터뷰였지만 언론에서는 그것이 현재적 진실이므로 보도하지 않을 수 없다. 그들이 서방으로 탈출한 후에야 기존의 보도는 망명이 아닌 납치로 바로잡혔지만 그 두 단어 사이의 거리는 과연 그렇게 먼 것이었을까. 어쩌면 본인들의 말 한마디, 본인들의 생각과 판단으로 수정되고 정정될 수 있을 정도로 두 단어의 사이는 매우 가까울지도 모른다.

서방 탈출 후 언론은 단숨에 '망명'을 '납치'로 정정하였다. 이후 신상옥은 미국에서 영화 활동을 이어가다 2006년 별세했으며 최은희는 극단 신협의 대표를 맡아 뮤지컬을 제작하는 등 아직까지 왕성히 활동하고 있다. 일제강점기에 태어나 한국전쟁과 분단을 겪으며 영화 인생을 시작하여 남한에서 화려한 스타로서 살았고, 북한으로 납치된 후 8년간 역시 최고의 대우를 받은 귀빈이었다. 서방 탈출 후 10년 동안의 미국 망명 생활, 1999년 다시 조국으로 돌아와 말년을 보내기까지 그들의 삶은 어떤 영화보다도 극적이다. 이렇듯 극적인 납치, 망명, 귀국이 이루어질 수 있었던 것은 그들이 스타였기 때문이다. 또, 북쪽에서도 남쪽에서도 필요한 재능을 가진 이른바 '예술인 스타'였기 때문이다. 그들이 '스타'가 아니었다면 그들을 스타로 만들어준 뛰어난 재능과 대중적 명성이 없었다면 납치의 대상이 되지도 않았겠지만 그 재능으로 인해 귀환할 수 있었음도 사실이다. 그들의 재능과 스타성은 분단구조에서 꽤나 큰 정치적 효용성을 가지고 있다. 보여줄 수 있고 선전할 수 있다는 것이 그것인데, 한반도 분단 60년은 단적으로 말해, 자신을 용납하지 않는 상대에게 자신을 보여주고 선전하는 시간이었을 수도 있다. 그것이 연극이거나 가장이거나 심지어 허구일 수도 있지만 남과 북은 과시와 선전을 멈추지 않았고 지금도 그러한 것 같다. 과시와 선전의 구조 안에서 최은희와 신상옥의 삶은 결정되었다 해도 과언이 아니다.

우주 개발을 내세운 로켓과 위성 발사는 분단 구조가 열중하는 또 하나의 '보이기 위한 스타'일 수도 있다. 다행인 것은 로켓과 위성에는 헤어질 가족이 없고 반하거나 부합할 자유의사(自由意思)와 자유의지(自由意志)가 없다는 점이다. 최은희와 신상옥의 '북한 체류와 탈출기'에서 그들의 국제적 활동에 가려 크게 부각되지는 않았지만 그들은 늘 가족을 그리워했고 가족 때문에 눈물을 흘렸다. 또, 거기서 자신들과는 다른 용도로 납치당해 온 사람들을 만났고, 그에 분노했다. 광둥어 강습을 위해 홍콩에서 납치된 홍 마리아, 공작원을 투입해 결혼을 빙자하여 데리고 온 프랑스 여인, 동해상에서 나포되어 억류 중인 어부들이 그들이다. 납치의 근본적 문제는 본인의 의지에 반하는 '반인권(反人權)', 가족을 그리워하고 고향을 그리워할 자유를 억압하는 '반인륜(反人倫)'에 있다. 망명의 경우는 어떠한가? 의사에 반하지 않고 그들의 선택을 존중하므로 인권문제는 제기할 수 없다. 하지만 그리워하는 가족을 만날 수 없는 '반인륜'의 상황은 다르지 않다. 때문에 납치와 망명은 나란히 쓰이는가 보다.

2. 선택한 사람들: 오길남, 황장엽, 이한영 · 성혜림

1) 지식인의 선택: 오길남

2012년 6월 15일자 각 일간지에는 신숙자 사망 기사가 보도되었다. 통영에서 출생하여 1970년대 파독(派獨) 간호사로 생활하다 독일 유학생 오길남과 결혼한 신숙자는 1985년 남편을 따라 입북한 후 북한에서 거주하였다. 1986년 남편 오길남이 탈북한 후에도 신씨는 두 딸과 함께 북한 정

그림 3 신숙자씨와 그의 두 딸

치범 수용소에 사는 것으로 알려졌었다. 당시 기사는 북한 당국이 신숙자가 지병으로 사망했다는 소식을 전해왔다는 내용이었다. 대북인권단체 북한반인도범죄철폐국제연대(ICNK)는 신숙자씨를 '통영의 딸'이라 칭하며 남편 오길남과 함께 신숙자 귀환 운동을 벌였는데, 이러한 노력에 대한 보람도 없이 신숙자씨 사망 소식이 전해진 것이다. 1986년 북한 탈출 후 아내와 두 딸의 귀환 운동에 일생을 바친 오길남은 다시 한번 충격에 휩싸였다.

오길남은 납치가 아닌 스스로의 결정으로 망명을 결정하였고 그 결정을 후회하며 탈출한 후 가족과 헤어진 경우이다.

오길남은 입북하겠다는 자신을 극구 말리는 아내를 윽박지르다시피 하여 함께 입북하였다. 남편으로서 오길남은 부인의 의사를 존중하지 않았으나 부인 신숙자는 아내로서 남편의 뜻을 따랐다. 또, 오길남이 탈북을 결심하는 데 가장 큰 응원과 용기를 준 사람 또한 신숙자였다. 신숙자는 독일 등지의 유학생 납북 임무를 받은 오길남에게 더 이상의 죄를 짓지 말라고 설득하였다.

다시 한번 부탁해요. 정의를 사랑하는 순결무구한 젊은이들이 대남 공작기구의 제물이 되지 않았으면 좋겠어요. 추악한 삶은 존귀하지 않아요. 혜원 아빠, 이 말 명심하세요. 나가세요.(『잃어버린 딸들 오! 혜원 규원』, 7쪽)[2]

이 말에 오길남은 탈북 결심을 굳혔다. 가족의 안위가 위협받을 줄 알면서도 또 다른 희생자가 나오지 않도록 죄의 사슬을 끊겠다는 신숙자의 판단은 인간성을 넘어서는 숭고함이 있다. 오길남은 자신의 어리석은 선택을 곱씹으며 아내에게 평생을 참회하는 마음이었을 것인데, 그에게 전해진 아내의 죽음이 어떤 의미였을지는 상상하기 어렵다. 오길남은 국제연합(UN)을 통해 북한 당국이 보내온 서한에서 아내의 죽음과 딸들의 심경을 들어야 했다. 내용은, 신씨가 1980년대부터 앓아오던 간염으로 사망했다는 소식과 오씨의 두 딸이 아버지를 만나고 싶어하지 않는다는 것이다. 북한 측 서한에 따르면, '두 딸은 오씨가 가족을 버렸고 신씨를 죽음으로 내몰았으므로 오씨를 아버지로 여기지 않으며 오씨를 상대하기를 강력히 거부하며 더 이상 그들을 괴롭히지 않기를 바란다'는 것이다.

오길남이 북한 측의 서한 내용을 그대로 믿지는 않은 것 같다. 그러나 오길남은 아내의 죽음과 함께 전해진 딸들의 반응에 더 큰 아픔을 느꼈을지 모른다. 두 딸은 편지에서 아버지를 원망하고 있었다. 그 진위 여부는 누구도 확언할 수 없지만, 평생을 아내와 딸들에 대한 죄책감에 시달린 아버지와 그런 아버지를 원망하는 딸들은 헤어진 가족의 아픔 이상의 비극이라 해야 할 것이다. 이후에도 오길남은 '아내가 죽었다면 유골이라도 돌려달라', '딸들을 보내달라'는 요구를 계속하고 있다.

분단으로 인해 헤어진 가족들의 고통은, 만나지 못하는 안타까움과 이념적 선택으로 탄압받는 것에서 시작하지만 서로를 증오하거나 원망하는 모습으로는 나타나지 않는 것이 보통이다. 그리움이 원망을 넘어서기 때문인데, 오길남의 경우 진위야 어찌되었든 자신을 원망하고 증오하는 딸

---

2 오길남, 『잃어버린 딸들 오! 혜원 규원』(세이지, 2011). 이하 책명은 생략하고 쪽수만 표시함. 이 책은 탈북 후 독일에 거주하다 1990년대 귀국한 오길남이 쓴 『김일성 주석, 내 아내와 딸을 돌려주오』(자유문학사, 1993)를 개정하여 다시 펴낸 것이다.

들의 이야기를 들어야 했다. 이는 분단가족의 또 다른 고통의 항목이 될 만하다. 가족의 기본 정서인 그리움이 증오, 원망, 분노로 바뀔 때 가족의 만남은 고통이 되어 버리기 때문이다.

이는 분단체제가 가족에 행사한 정서적 폭력인데, 정서적 폭력은 때로 물리적 폭력보다 더 가혹하다. 정서적 치유란 서로 만나서 이해하고 위무하고 포용할 때 가능한 것이지만 분단체제에서 만나지 못하는 이들은 서로를 이해하고 치유할 기회가 없다. 오길남이 두 딸들의 편지를 문장 그대로 이해하지는 않겠지만, 분단은 딸들이 아버지를 원망하는 편지를 쓰게 만들고 이를 공개하여 정치적으로 이용하는 상황과 아버지가 딸들의 육필과 육성을 믿지 않으면서도 내면의 죄의식을 더욱 깊게 하는 비인도적인 상황을 만들어낸 것이다. 입북과 탈북을 스스로 결정한 가장 오길남의 고통은 더욱 커졌을 것이다.

오길남은 자신의 지식을 북한에서 펼치기 위해, 가족을 데리고 입북했고 얼마 후 혼자 탈북했다. 사실만을 두고 보면 오길남은 지적 허영심에 사로잡혀 자신의 가족을 사지로 몰아넣은 못난 남편, 못난 아버지이다. 지식인이었기에 선택한 입북과 지식인이었기에 선택한 탈북이었는데 두 선택 모두 고통을 남기는 선택이었다. 때문에 오길남의 이미지는 못난 선택을 잘못 내린 지식인과 죄스러운 아버지의 모습이다. 그는 탈북 후 독일 정부의 빈민 지원책에 의지하여 살았고, 귀국을 해서도 특별한 사회 활동 없이 오로지 가족 구명 활동에 전념했다. 전도유망한 경제학도의 일생은 사라지고 가족을 책임지지 못한 부끄러운 가장의 모습으로 평생을 산 것이다.

그러나 요즈음 그가 신문 사회면에 소개되는 화제의 인물이 되었다. 자신의 입북 과정에 윤이상이 개입했다는 진술로 윤이상의 유가족과 진실 공방을 벌이고 있기 때문이다. 아버지와 남편으로서 가족의 송환을 위한 삶을 살고자 하여도, 망명과 탈북을 선택한 그의 삶은 정치적 상황과 사회적 판단과 무관한 개인의 그것으로 한정될 수 없다. 입북과 탈북 혹은 납치와 망명은 그것이 개인의 어떠한 정체성에 근거한 판단이었든 첨예한 정치적 사건으로 비화될 수 있다. 그 기본적인 조건이 분단임은 물론이다.

첫 번째 선택

오길남은 자신이 조국을 두 번 배신하였다고 말했다. 한 번은 독일에 정치 망명을 한 것이고, 두 번째는 북한을 탈출한 것이라고 했다. 이 모두 오길남의 자발적 선택이었다. 당시 한국의 정치 상황에 반감을 느낀 오길남은 유학지인 서독에서 반정부 운동에 관심을 가지고 활동을 한다. 그런 그가 독일에 망명을 신청한 것은 매우 적극적인 개인의 선택이었다. 모국이 아닌 국가를 선택하는 일이었다.

오길남은 1942년 3월 11일 경북 의성에서 태어났다. 그의 어머니 이금주는 1949년 무렵 공산주의와 내통한다는 혐의로 경찰 지서에 자주 끌려가 피투성이로 돌아왔다고 한다. 어린 오길남은 아마도 외삼촌 때문일 것으로 짐작하였으며, 그때부터 법체계에 대한 저항심과 사회주의에 대한 희미한 동경이 싹텄다고 회고하였다. 어려운 가정형편으로 힘든 학창 시절을 마치고 1962년 서울대학교 독어독문학과에 입학하였다. 그해 말 군대에 간 오길남은 선임 사병을 통해 마르크스의 『공산당 선언』, 레닌의 『국가와 혁명』, 스탈린의 『레닌주의의 제 기본 문제』 등을 접하였고 제대할 때쯤 그의 머릿속에는 마르크스, 레닌, 스탈린의 이념과 함께 국가에 대한 불만이 자리 잡고 있었다. 복학 후 서독 프리드리히 에버트 재단의 서울 지부대표인 에리히 홀체의 부탁으로 독일어판 『노동조합 교육강사 지침』을 번역하고, 1970년 6월 프리드리히 에버트 재단 주최로 크리스찬 아카데미 하우스에서 개최된 아시아 지역 노동조합·협동조합 국제회의의 통역을 맡았다. 재단의 여러 한국 행사에 참여하고 기여한 공로를 인정받아 그는 1970년 10월 재단 장학생으로 독일 유학길에 오른다. 서독 유학생 오길남은 마르크스–레닌 사상에 학문적 관심 이상으로 심취해있었고 1972년 튀빙겐의 한국 교포 사회의 파티에서 파독 간호사로 와있던 아내 신숙자를 만나 그해 11월 결혼했다.

오길남과 동갑인 신숙자는 경남 통영읍 신정에서 태어나 통영여중과 마산간호학교를 졸업하고 부산 적십자병원에서 간호사로 일하던 중 1970년 3월 서독 튀빙겐으로 파견되었다. 당시 우리나라는 1963년부터 서독에 간호사와 광부를 파견하였는데, 신숙자 또한 그중 한명이었던 것이다.[3] 어려운 형편 때문에 그들은 결혼 후에도 3년 동안 간호사 기숙사와 학생 기숙사에서 떨어져 살아야 했다.

신고전파와 통화론자가 많은 튀빙겐의 경제학풍에 염증을 느낀 오길남은 경제학 학사 과정을 수료한 뒤 후기 케인즈 학파의 지도교수가 있는 킬 대학으로 진학하였다. 신숙자는 오길남의 뜻에 순종하여 직장을 옮겼다. 공부 외에는 관심이 없는 외곬의 성격인 오길남과 달리 아내 신숙자는 미래의 아이를 위해 운전면허를 준비하는 성실함을 지녔고 음악을 사랑하는 여성이었다. 그들은 결혼 3년 만에 함께 지낼 방을 얻고, 대학병원 간호사인 아내의 월급과 오길남이 장학금을 받으며 안정된 생활을 하게 되지만 이러한 안정된 생활은 오길남을 평온한 가정과 가족의 미래에 대한 고민이 아닌 다른 방향으로 이끌었다.

---

3 1963년부터 1977년까지 7만9천여 명의 광부와 1만여 명의 간호사들이 독일로 파송되었다.

1974년, 나는 독일 교포 사회에 일기 시작한 유신체제 반대 운동에 적극적으로 가담하였다. 유신체제 반대 운동뿐 아니라 민주 통일 운동에도 깊이 빠졌다. 나는 지식인으로서 내 행동이 당연하다고 생각했다. 그러나 너무 깊이 빠져 들다 보니, 아내가 번 돈과 내가 탄 장학금이 엉뚱한 데로 들어가고 있었다. 나라가 유신체제로 들어가는 마당에 공부를 하면 무얼하는가. 우선 나라부터 올바르게 만들어 놓고 보자. 그게 내 생각이었다. 그렇게 되니 공부도 잘 되지 않았고, 조금씩 하던 아르바이트도 손을 놓게 되었다.

뿐만이 아니었다. 운동에 빠져 들고부터는 나는 가정을 더욱 등한시했다. 그렇지 않아도 가정에 그리 힘이 되지 않았던 나는 아내가 일에 지쳐 쇠약해져 가는 것을 모른 체했다. 나는 모르고 있었다. 세상은 한 개인이나 한 집단의 주관적 의지에 의해, 그것도 빠른 시간 내에 변할 수 없다는 걸. 자연 필연성의 객관적 법칙에 따라 세상은 변한다는 걸 모른 채, 역사나 사회 발전 과정을 주관적인 판단으로만 이해하고 있었던 것이다.(46쪽)

운동에 빠져 가정을 돌보지 못하는 오길남에게 아내는 "당신은 당신의 망상에 가까운 이상 때문에 언젠가는 스스로를 파탄의 구렁텅이에 매몰시키고 말 거예요"라며 경고한다. 이 경고를 오길남은 북한에 들어간 후에 떠올렸을 것이다. 그러나 이 경고는 자신이 먼저 탈북한 후 가족을 구해내겠다는 탈북 결정을 할 때에도 떠올렸어야 했다. 가족을 구할 수 있는 길이라고 믿었던 탈북은 가족을 수용소로 내몰았고, 자신 또한 평생을 죄책감에 시달렸기 때문이다. 개인의 의지에 의해 세상은 쉽게 바뀌지 않으며 개인의 그리움과 죄책감만으로 분단체제를 돌파할 수 없는 것이다.

오길남은 독일 유학 전부터 노동조합 운동에 관심이 있었다. 장학생으로 선정해준 프리드리히 에버트 재단과 인연을 맺은 것도 에버트 재단 서울 지부장의 부탁을 받아 번역한 『노동조합 교육강사 지침』이 시작이었다. 이후 에버트 재단이 주최하는 노동조합·협동조합 국제회의에 참여하고, 『서독 경영 참가 제도』, 『노동조합과 협동조합』을 공동 번역하여 출판하는가 하면, 한국노총 소속 노동조합 중견간부 교육에 참가하였다. 이런 관심은 유학 후에도 이어져 1971년 독일 사민당(SPD)에 정식 입당하여 80년대 중반까지 활동하였고 독일 노동조합과 공동결정제도를 연구하며 노동전문가의 꿈을 키웠다.

1974년 3월 송두율, 강돈구, 김길순, 배동인 등과 함께 '유신 반대', '군사 독재 타도'를 외치며 베를린 중심의 유학생 55명이 주축이 되어 창설된 '민주사회건설협의회'(이하 민건회) 창립회원이 되었으며 1978년 12월 민건회 부회장으로 선출되는 등 오길남은 당시 민건회 회장이었던 송두율과 함께 적극적인 반정부 활동을 벌였다. 박정희 시해 사건 이후 1980년 3월 오길남은 독일에 망명했다. 정치 망명이 초연하게 학문에 매진할 수 있게 해주리라는 믿음에서였다. 이후 민건회와도 거리를 두었는데 장기적으로 사태를 관망하겠다는 생각과 간염을 앓으며 건강이 나빠진 아내 때문이었다고 한다.

오길남이 독일에 정치 망명을 한 이유에 대해서는 전적으로 자신의 회고에 의존할 수밖에 없어 더 깊은 해석은 어렵지만, 오길남은 자신이 이미 반체제 인사로 인식되어 있는 상황에서 학위를 마친 뒤에도 귀국이 여의치 않다는 판단을 했던 것 같다. 여하튼 오길남은 독일 영주권을 취득하고 한국 국민의 지위를 포기하였는데 그는 이를 첫 번째 조국 배신이라고 말했다. 그의 첫 번째 배신이 남과 북의 분단 상황에서 기인한 것은 아니지만 이는 탈북 후 그의 한국행에 걸림돌이 되었다.

정치 망명 이후 학업에 열중한 그는 마르크스 노동 가치설과 생산가격론을 현대 경제학의 관점에서 재조명한 논문으로 1985년 7월 박사학위를 취득했다. 귀국하여 대학에 취직하겠다는 포부, 여전히 살기등등한 국내 상황, 정치망명으로 국적을 포기한 상황 사이에서 오길남은 갈등했다. 귀국을 위해서는 자신의 망명을 포기하고 그간의 행동을 반성하는 자술서를 써야 했는데 오길남은 그럴 수가 없었다. 그것이 양심과 지조를 꺾는 용납할 수 없는 행동이라고 생각한 것이다. 미래에 대한 갈피없는 생각으로 고민하던 즈음, 평소에 가까이 지내던 베를린의 김종한을 만나 술을 마시고 그의 집으로 가다가 북한 사람과 만나게 된다. 나중에 안 것이지만 김종한은 북의 공작원이었다. 백서기관과 김참사라고 자신을 소개한 그들은 오길남에게 입북하여 북한의 경제발전에 이바지해달라고 하였고 이에 오길남은 자신의 학문을 인정받은 듯한 자랑스러움과 북한 사람을 만났으니 귀국은 틀렸다는 공포를 동시에 느꼈다. 그렇게 며칠이 흐른 뒤 윤이상에게서 "북한으로 가서 그동안 배운 지식을 동포를 위해 썼으면 하오"라는 편지를 받았다. 결국 그는 "북한에서는 오박사를 경제학자로 무겁게 쓰려고 모셔가려 하고 있다"는 김종한의 부추김에 못 이겨 북한행을 결심했다. 북한에 가서 국가경제계획에 참여할 수 있다는 부푼 꿈으로 가득 찬 그는 눈물로 반대하는 아내를 설득하여 1985년 11월 가족과 함께 서독을 떠나 12월 평양 순안비행장에 도착했다.

입북한 뒤 수개월 동안 오길남과 그의 가족들은 평양 외곽 산장 초대소에서 선전 영화 학습과 기념관 참관, 정치경제학 강의, 주체철학 강의 등을 들으며 적응기간을 보내게 되는데, 이때 오길남은 북한 사회의 허구와 폐쇄성을 느끼게 되었다. 이후 평양에 거주하며 칠보산 연락소에서 민영

훈 교수라는 이름으로 대남 방송요원으로 활동하였으나 북한의 실상과 자신의 일에 환멸을 느낀다. 때마침 그는 킬대학 유학생 박병섭을 포섭하라는 지시를 받게 된다. 아내 신숙자는 오길남에게 먼저 탈출하여 식구들을 빼내고, 더 이상 다른 사람들을 북한에 끌어들이지 말 것을 당부한다. "우리는 죽어도 좋으니 더럽게 살지 마세요. 이러려고 박사가 된 게 아니잖아요"라는 아내의 말에 그는 탈출을 결심한다.

1986년 11월 북한을 떠난 오길남은 동베를린에 머물다 서독으로 가는 경유지인 덴마크 코펜하겐에서 탈출한다. 경제학자로 무겁게 쓰일 것이라는 기대와 북한 사회에 대한 막연한 동경으로 택했던 입북 1년 만에 오길남은 가족을 남겨두고 탈출한 것이다. 그가 북한에서 정치적 탄압을 받거나 사회적 냉대를 받은 것은 아니다. 그는 몇 달간 초대소에서 편안히 지냈으며 평양에서 지낼 때도 아파트며 배급이며 일반 주민들에 비하면 꽤 좋은 대우를 받았다. 그러나 이는 오길남과 그의 가족을 대남선전 방송요원으로 활용하고 유학생 공작요원으로 쓰기 위한 지원이었다. 경제학자로서 포부를 가지고 입북한 오길남에게 대남선전 방송요원이나 유학생 공작은 굴욕적일 뿐만 아니라 다른 이들에게 불행을 안겨주는 죄악이었다. 그는 지식인의 양심상 그렇게 할 수 없었지만 가장으로서 가족도 포기할 수 없었다. 이때 부인 신숙자의 말은 그의 마음을 움직였다.

누구나 서 있는 자리보다 더 높은 곳을 모색하고 지향하는 한 잘못을 저지를 수가 있어요. 나는 당신이 우리를 이곳으로 데리고 온 과오에 대해, 어떤 백치도 어떤 눈먼 장님도 저지르지 않을 잘못에 대해서는 용서할 수가 있어요. 그것은 당신이 내 남편이기 때문이에요. 그러나 내 사랑하는 딸들이 짐승처럼 박해 받을망정, 파렴치하고 가증스럽고 저열한 범죄 공모자의 딸이 되어서는 안 된다고 생각해요. 청순한 사람들을 음모의 희생물로 만드는 역할을 맡은 어리석음을 범해서는 안 돼요.(중략)

이렇게 살려면 차라리 애들과 함께 죽겠어요. 당신 하나만이라도 빠져나갈 수 있다면 우리 몫을 살아줘요. 나는 애들에게 아버지는 바보스러웠지만 훌륭한 아버지였다고 말하겠어요. 혜원 아빠, 당신 떳떳한 인간으로 살다가 죽어야 해요. 올가미에 씌워서 이리저리 끌려 다녀서는 한이 없어요. 정신 똑바로 차리세요. 나가서 석 달 안에 우리를 이곳에서 빼내 주세요. 그렇게 안 될 때 우리는 교통사고로 죽었다고 생각하고 잊도록 하세요.

더럽게 살아가는 생명은 존귀하지 않아요. 제발 술 많이 드시지 말고 못난 사람처럼 눈물 흘리지 말아요."(167쪽)

아내 신숙자의 말처럼 오길남은 "서있는 자리보다 더 높은 곳을 모색하고 지향하여" 북한을 택하는 과오를 저질렀다. 지식인에게 자신의 지식을 국가 단위의 현실에 적용하여 뜻을 펼 수 있다는 희망은 가족의 안위와 이성적 판단을 몰각할 만큼 커다란 유혹일지 모른다. 게다가 반정부 운동 경력으로 귀국을 꺼렸던 오길남에게 자신의 마르크스 경제학 연구를 무겁게 쓰겠다는 사회주의 국가 북한의 제안은 매우 달콤한 것이었다. 윤이상, 김종한 등 주변의 회유가 아니었더라도 그 선택은 떨치기 어려웠을 것이다. 이는 지식인이 스스로에게 걸어놓은 올가미와 다름없었다. 부인 신숙자는 그것을 알고 있었으나 남편의 선택을 따랐다. 독일 정치망명 이후 오길남은 자신의 일생을 바꾸는 두 번째 선택을 한 것이다. 이 선택은 오길남과 신숙자 모두에게 불행한 선택이었다.

단 몇 달 만에 지식인의 헛된 선택은 환멸과 절망으로 귀결된다. 자신을 입북시킨 북한의 의도에 경악하고 환멸을 느낀 오길남은 자신과 같은 지식인을 포섭하라는 당국의 명령 앞에 절망한다. 지식인으로서 포부와 자존심은 이미 무너졌고 인도적, 윤리적 고민에 봉착하게 된 것이다. 이때 오길남은 또 한 번 지식인으로서의 선택을 한다. "이러려고 박사가 된 것은 아니다"라는 자괴감 때문이었겠지만 그의 결심을 굳게 한 것은 "떳떳한 인간으로 살라"는 아내의 호소였다. "더럽게 살아가지 말라"는 아내의 호소를 지식인의 논리와 지식인의 윤리로 오길남은 받아들였다. 그래서 아내와 딸들을 두고 탈출했다. 물론, 자신이 먼저 탈출하여 가족을 빼내겠다는 계획이 있었겠지만 그 계획이 순조로우리라 예상한 것조차 지식인의 현실감각 부족이었을지 모른다. 그가 아버지와 남편의 윤리와 인정을 앞세웠다면 가족만을 두고 탈출할 수는 없었을지도 모른다. 오길남의 세 번째 선택 또한 실패였다. 다른 이를 입북시키는 죄를 짓지는 않았지만 결과적으로 가족을 송환시키지 못했으며 지식인으로서 학문을 펼치지 못했으며 아내의 당부대로 눈물 흘리지 않고 살아가지 못했으며 떳떳한 인간으로 살지 못했기 때문이다.

이에 비해 아내 신숙자의 선택은 매우 이성적이고 현명했다. 남편이 추악한 삶을 살게 할 수 없으며 다른 사람에게 죄를 짓게 할 수 없다는 판단은, 아내의 윤리에도 합당하고 인간의 윤리로도 최선이었다. 그러나 두 딸과 자신에게 가혹한 결심이었던 것은 물론이다. 그들은 정치범 수용소에 수용되었다. 탈북자의 증언에 의하면 신숙자는 그곳에서 몇 번의 자살을 시도하였으나 실패했다고 한다.[4] 죽음보다 힘겨운 삶이었을 것이다.

---

4 1992년 11월 29일자 《서울신문》의 '안혁·강철환 귀순' 기사. 이 기사는 오길남의 탈북 이후인 1987년 11월 말 부인 신숙자와 두 딸을 정치범 수용소에서 보았으며, 신숙자는 몇 번의 자살기도를 했다는 내용을 담고 있다.

세 번째 선택

탈출을 결심한 오길남은 1986년 11월 덴마크 코펜하겐 공항 입국 심사대 직원에게 영어와 독일어로 "제발 제발 나를 도와달라"고 쓴 쪽지를 내밀었고 그들은 오길남의 신원 확인과 신변 보호를 위해 코펜하겐 형무소에 수용하였다. 11월 23일 서독 뮌헨으로 옮겨진 그는 독일 내무성의 신변 보호를 받으며 조사를 받았다. 1980년 독일에 정치망명 하여 서독 영주권을 가졌던 그가 공산국가인 북한에서 탈출하였기 때문이다.

이후 오길남은 독일에 거주하며 특정한 직업 없이 서독 정부의 보조를 받으며 생활하면서 가족 송환 운동에 몰두했다. 많은 이들을 찾아다니고 각종 단체에 호소했으며 적잖은 호응과 도움을 받았으나 뚜렷한 성과는 없었다. 오길남이 가족을 찾기 위해 지내온 시간은 분단의 역사에서 가족을 잃어버린 개인이 겪는 고통의 대표적 사례가 될 것이다. 가족을 찾을 수 있다면 남과 북 어느 곳이라도 의존하고 협조하고 싶은 마음에 오길남은 쉽사리 어느 한쪽을 조국으로 선택하지 못했다. 가족이 억류되어 있는 북한에는 자신이 탈북한 것에 대한 사과문을 썼다. 독일인 목사에게 부탁하여 북한대사관에 사과문을 전달하려 했으나 성사되지 않았다. 다만 북한공작원에게 전화하여 자신이 아직 남한 당국에 가지 않았음을 전했다. 남한 당국에 자수하지 않으면 가족이 안전하다는 말에 희망을 가졌기 때문이다. 남한 당국에 북한의 대남 공작을 폭로하기보다 가족과 함께 살고 싶은 마음이 더 컸고 가족을 더 사랑했기 때문이라고 그는 말한다. 북한은 가족의 안전을 볼모로 오길남을 붙잡으려 했고 윤이상을 통해 아내의 편지와 육성 녹음 테이프를 전하는 등 가족의 소식을 흘려주었다. 아내는 편지에서 그가 잘못을 뉘우치고 북으로 돌아오기를 바란다고 썼고 아이들은 아버지와 만날 날을 꿈꾼다고 했다. 오길남은 그것이 자신을 재입북시키기 위해 꾸며낸 거짓이라는 것을 알고 있었으므로 끝내 돌아가지 않았다.

오길남이 북한에 자신의 탈북을 반성하는 사과문을 쓴 것처럼 남한에는 탈북 후에 남한 당국에 자수하지 않은 정황을 해명해야 했다. 물론 가족의 송환에 기대를 걸고 있어 그리한 것이지만 이 과정에서 오길남은 남한 '국민'도 북한 '인민'도 아니었다. 독일 영주권자였지만 그의 가족들은 북한에 있으니 그에게 독일은 조국이 아니었다. 가족을 그리워하며 자신의 선택을 자책하며 세월은 지나갔고 오길남은 1992년 귀국하여 서울에서 살고 있다. 가족 송환 운동은 여전히 계속하지만 그 성과는 정치적 흐름에 따라 많은 영향을 받았다.

남북관계의 변화에 따라 이산가족 상봉 횟수가 출렁이는 것처럼 그의 가족에 대한 소식은 정치 상황뿐 아니라 윤이상, 송두율 등 몇몇 재독인사에 대한 평가 문제와도 맞물려 있어 좀 더 복잡한 양상을 보인다. 오길남이 책에서, 자신의 입북에 관계되어 있고 북한과 깊은 연관이 있다고 밝힌 인사들은 남한의 정치적 상황에서 매우 민감한 평가의 대상들이었기 때문이다. 더욱이 윤이상이 입북을 권유했다는 내용은, 유가족이 윤이상의 친필 서한을 공개하며 반박하였다. 윤이상의 유가족은 오길남을 고인의 명예를 훼손하였다고 비판하였고 진실 공방은 끝나지 않고 있다. 신숙자씨의 고향이자 '윤이상 국제음악콩쿠르'를 주최하는 통영에서는 매우 첨예한 대립 양상까지 벌어지고 있다. '통영의 딸 신숙자를 송환하라'는 인권단체의 운동과 '윤이상의 행적이 오길남의 진술과 다르다'는 지자체의 입장이 엇갈리며 '가족 송환'은 더 이상 그리운 이를 만나고픈 인도적인 소망이 아닌 사회적, 정치적으로 민감한 사안이 되어버렸다. 유엔 인권이사회가 북한에 보낸 '신숙자씨, 규원, 혜원'에 대한 공식 서한에, 북한은 2012년 4월 '신숙자씨는 1980년대부터 앓아오던 간염으로 사망했고, 두 딸은 자신들을 버린 아버지를 만나고 싶어하지 않는다'는 내용의 답변을 보냈다. 아내는 죽었지만 돌아오지 않은 딸들이 있어 오길남은 대북 인권단체와 함께 가족 송환 운동을 지속할 것이다. 이와 함께 오길남을 둘러싼 과거와 현재적 상황과 인물들에 대한 논란 또한 계속될 것이다. 분단은 과거의 사건이지만 그 영향력은 시간이 갈수록 더욱 커지는 미래적 상황인 것과 같다.

가족과 떨어져 산다는 것, 그것도 물리적인 힘에 의해 떨어져 산다는 것은 소리 없는 통곡의 나날이다. 아무리 마음을 강하게 먹어도 하루도 눈물 없이 살 수가 없다. 늦가을 비가 소리없이 내리는 날이다. 북에도 비가 내리고 있을까. 이 비가 ㅗ지면 날씨가 추워질 것이라고 중앙기상대는 예보했다. 북에는 아마도 벌써 추위가 왔는지도 모르겠다. 내 가족은 어찌 사는지.
누구나 그렇겠지만 나는 너무 고통스러우면 멍청해져 버린다. 아노미 현상이 몇 시간이고 며칠이고 계속될 때도 있다. 수척해 보였던 아내의 모습이 눈 앞에서 도통 떠나지를 않는다. 엄마를 부르던 세 살짜리 혜원이. 그리고 핏덩어리 새 생명 규원이의 모습이 교차한다. 그 모습은 갑자기 커다란 둔기로 변하여 내 머리를 두들긴다. 머리가 아프다. 그러나 그 아픔이 오래 가 주기를 은근히 나는 기다린다. 그러다가 나는 멍청해진다.(53쪽)

이 부분은 오길남이 어린 딸 혜원의 모습을 떠올리는 장면이다. 당시 아내 신숙자는 규원이를 낳고 병원에 있어 첫째딸과는 잠시 떨어져있어야 했다. 오길남은 오래된 기억 속의 삽화를 회고하면서 가족과 떨어져 사는 고통이 어떤 것인지를 되새기고 있다. 또, 그 고통의 원인을 제공한 것이 다름아닌 자신이라는 죄책감은 그를 더욱 고통스럽게 한다. 커다란 둔기로 머리를 맞은 듯한 아픔이 오래가주기를 기다린다는 오길남의 고백은 그가 가족 송환을 위해 보낸 시간이 둔기로 맞은 듯한 고통보다 더한 시간이었으며 오히려 그 고통이 고마울 정도로 자책으로 가득한 시간이었음을 짐작케 한다.

2) 정치적 선택: 황장엽

민족을 위한 선택

민족적 양심의 발현은 개인의 의지를 초월한다. 나는 그 같은 민족적 양심의 힘에 내몰려 북(北)을 벗어났고, 남(南)으로 들어가는 마지막 도정에 서 있다.(『회고록』, 13쪽)[5]

평생 모험을 모르고 살았다는 원칙주의자 황장엽이 망명자의 신분으로 필리핀 정부의 경호를 받으며 한국으로 향하면서 한 말이다. 황장엽은 1996~7년 사이 탈북을 결심하고 기회를 보아오다가 중국 출장 중 탈출한 후 필리핀에서 은거하다 항공편으로 대한민국에 입국하였다. 탈북자들이 입국할 때 비행 편을 주로 이용하는데, 비행기가 대한민국의 땅에 닿는 순간은 그들에게 여러 생각과 감정이 교차하는 특별한 순간일 것이다. 때문에 탈북 인사들의 수기에서 비행기가 남한 땅에 착륙하는 순간은 빼놓지 않고 기록된다. 그때 그들은 안도, 기대, 기쁨의 감정보다 '가족'에 대한 걱정과 그리움에 휩싸인다. 가족과 조국을 뒤로 하고 선택한 남한이지만, 정작 남한 땅에 들어서며 그들은 가족을 등졌다는 사실, 가

---

5 황장엽, 『회고록』(3판, 시대정신, 2010). 이후 인용문에서는 쪽수만 밝히다

족들이 고통을 겪으리라는 사실에 커다란 죄책감을 느낀다. 황장엽 역시 그랬다.

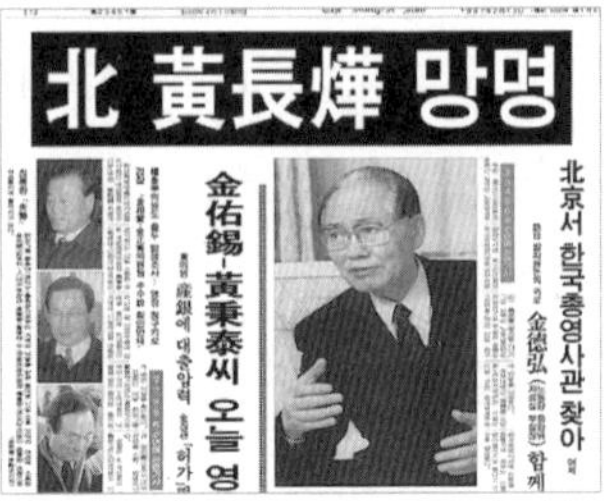
北 黃長燁 망명

北京서 한국총영사관 찾아

金德弘 함께

金佑錫-黃秉泰씨 오늘 영

그림 4 황장엽 망명 기사

밖을 내다보니 푸른 바다에 둘러싸인 한반도의 남녘이 저만치에 들어왔다. 너무도 오랫동안 생각해오던 남녘 땅.

영광스러운 어머니 조국 땅은 이렇게 묻는 것 같았다.

'왜 이렇게 늦게, 많은 사람들을 남겨두고 너만 왔느냐'고.

이 죄를 대체 무엇으로 씻을 수 있을지, 새로운 걱정이 기쁨을 삼켜버린 듯했다.(14쪽)

"잘 다녀오세요."

그날 아내는 늘 그랬듯이 그렇게 담담한 인사로 나를 보냈다. 나는 뒤 한 번 돌아보지 않고 차에 올랐지만 마음속으로는 피눈물을 삼키고 있었다. 나의 이 결단이 한낱 속된 욕망의 추구가 아니라 민족적 양심의 부름에 순응하는 것이며 분단 상황을 고착시키는 데 기여했던 지식인이 조국 통일의 제전(祭典)에 바치는 마지막 헌신이라는 사실이 과연 아내에게 위로가 될는지, 살아서 다시 만나 한 지아비로서 자기 아내를 죽음보다 더한 고통 속으로 몰아넣은 죄를 씻을 날이 올는지…….(19쪽)

그러면서 아내는 뭔가 짚이는 게 있는지, 나를 바로 쳐다보지 않은 채 토마토 줄기에 눈길을 주고 있었다. 나는 아내에게 내 고민을 옮기기 싫어서

짧게 부인했다. 그러자 아내는 무슨 까닭에선지 갑자기 말투를 러시아 말로 바꾸었다.

"우리야 지금까지 잘살았지요. 그러니 당장 죽는다고 한들 무슨 여한이 있겠어요. 하지만 당신에게는 얼마나 많은 사람들이 딸려 있나요? 이제는 우리를 위해서가 아니라 그들을 위해 참아야 해요."

대강 그런 뜻의 말이었다. 그때 아내가 내 마음속을 다 읽고서 그런 말을 했다고는 생각되지 않는다. 그러나 어딘가 의표를 찌르는 데가 있어, 나는 얼떨결에 마음의 일단을 내비치고 말았다.

"개인의 생명보다는 가족의 생명이 귀중하고, 가족의 생명보다는 민족의 생명이 더 귀중하며, 민족의 생명보다는 인류의 생명이 더 귀중하다."

역시 러시아 말로 그렇게 읊조리듯 말을 받았는데, 나는 그때 고리끼의 「매의 노래」(1985년 작으로 일종의 산문시)에 나오는 매와 구렁이의 대화, 그리고 매의 장렬한 최후가 머리에 떠올랐다. 나는 매에게 이렇게 말하고 싶었다.

'너는 푸른 하늘을 보았지만 나는 역사의 진리를 보았노라'고.(17쪽)

황장엽은 자신의 망명을 '민족적 대의', '역사의 진리', '조국 통일에 바치는 헌신'으로 표현하였다. 자신의 확고한 대의는 가족을 구할 계책을 세워야 한다는 번민을 물리친다. "결국 구해낼 수도 없으면서 미련을 갖고 주저하면 너는 끝내 떠나지 못하고 만다. 그리되면 먼 훗날 역사는, 그때 북에서는 그렇게 엄청난 폭력과 불합리 속에 인민들이 고통받고 있는데도 당당하게 나서서 비판하거나 저항한 지식인은 단 한 명도 없었다고 말할 것이다"(18쪽)라는 판단으로 황장엽은 탈북을 결심한다. 가족보다는 민족적 대의를 앞세운 것이다. 냉정한 가장의 모습이 아닐 수 없다. 아마도 황장엽의 망명이 공개된 후 대중이 가졌을 가장 큰 의문도, 북한 고위층으로서의 특혜와 가족을 버린 그의 냉정함일지도 모른다. 일반 대중이 가장 이해할 수 없었던 것은 그가 북한의 최고위급 인사라는 사실이나, 주체사상의 기초를 만든 장본인이라는 사실, 또는 민족의 통일을 위해 탈북했다는 망명 동기가 아닐 것이다. 가족들이 어떻게 될 것인지 알면서도 칠순을 넘긴 나이에 홀로 망명을 택한 가장으로서의 무책임함과 냉정함이 더 충격적이었다. 보통의 사람들에게 가족은 어떠한 대의, 논리, 양심을 단번에 뛰어넘는 것이며 그 모든 것에 앞서는 절대가치일 수 있기 때문이다.

1997년 2월 12일 북경 주재 한국 총영사에게 밝힌 망명의 이유를 옮기면 다음과 같다.

민족이 분열되어 반세기가 지났지만 조국을 통일한다고 떠들면서도 서로 적대시하고 있으며, 북은 남한을 불바다로 만들겠다고 떠벌리고 있다. 이들을 어떻게 제정신을 가진 사람들이라고 볼 수 있겠는가. 또 노동자·농민들이 굶어 죽어가고 있는데 노동자·농민을 위한 이상사회를 건설해 놓았다고 선전하는 사람들도 제정신을 가진 사람으로 볼 수 없을 것이다.

그리고 적지 않은 인구가 굶주리고 있는데, 이에 아랑곳하지 않고 데모만 벌이고 있는 사람들의 생각도 나로서는 이해할 수 없다. 나는 고민하고 또 고민한 끝에 결국 우리 민족을 불행으로부터 구원하기 위한 문제를 좀 더 넓은 범위에서 협의할 생각으로 북을 떠나 남쪽 동포들과 협의해 보기로 결심했다.

나는 내 운명에 대해서는 시대의 흐름에 맡기고 내 행동에 대한 평가는 역사에 겸허히 맡기려고 한다. 이제 나의 여생은 그리 많이 남아 있지 않다. 나에게는 그 어떤 사소한 정치적 야심도 없다. 나는 어느 한편에 서서 이익을 볼 생각은 조금도 없다. 또 오래 살고 싶지도 않다. 나의 두고 온 가족들은 내가 오늘부터 이 세상을 떠났다고 생각해 주기를 바란다. 가능하면 생의 마지막 순간까지 남북의 화해와 통일을 위하여 미력한 힘이나마 기여하고 싶다.(21~22쪽)

자신의 망명이 정치적 야심이나 개인적 이익을 위한 것이 아니라는 것과 남북의 화해와 통일에 헌신하기 위한 것임을 분명히 밝혔다. 보통 사람의 입장에서 한 선택이 아닌 것이다. 여기에 보통의 절대가치인 가족의 자리는 없어 보인다. 그는 탈북 후 여러 저서를 통해 북한의 정치철학에 대한 견해와 민주주의와 공산주의에 대한 자신의 철학적 견해를 소개하였다.[6] 주로 북한에서 그가 펼쳤던 인간중심철학에 대한 내용으로 김일성 부자가 주체사상으로 활용한 주체철학이라 할 수 있다. 그는 여러 번 자신의 철학이 인간을 위한 인간중심의 철학임을 강조하였다. 인간중심의 철학이기에 인생관과 세계관의 해명에 열중했는데, 김일성 부자는 그것을 자신들의 정권 유지를 위해 이용하였고 황장엽은 이에 분노했다고도 하였다. 그의 망명 이유를 짐작할 수 있는 대목이다. 황장엽은 인간 보편의 사상 원리를 담은 자신의 철학이 북한에서 편협하게 이용되는 것을 거부하고 분단된 민족의 통일에 이바지하기를 원했던 것이 아닐까 싶다.

---

6 망명 이후 그는 『개인의 생명보다 귀중한 민족의 생명』(2001), 『세계민주화와 인류의 마지막 전쟁』(2003), 『인간중심철학의 몇 가지 문제』(2003), 『민주주의정치철학』(2005), 『북한의 진실과 허위』(2006), 『변증법적 전략전술론』(2006), 『황장엽 회고록』(2006), 『청년들을 위한 철학 이야기』(2007), 『현 정치정세와 민주주의적 당면과업』(2007), 『인간중심철학원론』(2008), 『변증법과 변증법적 전략 전술』(2009), 『민주주의와 공산주의』(2009), 『인생관』(2010), 『세계관』(2010), 『사회역사관』(2010), 『논리학』(2010) 등 10여 권에 이르는 책을 출간하였다.

그가 아내 박승옥에게 쓴 유서의 한 부분을 보자.

　내가 당신까지 속인 채 당신을 버리고 이곳에 와 보니, 당신을 얼마나 사
랑하였고 나와 당신의 생명이 얼마나 뗄 수 없이 결합되어 있는가를 새삼스
럽게 느꼈소. 당신이 걱정하며 머리 숙이고 있는 모습이 떠오를 때면 나처
럼 인정 없는 사람도 막 미칠 것 같소.…… 나 때문에 당신과 사랑하는 아
들/딸들이 모진 박해 속에서 죽어나가리라고 생각하니 내 죄가 얼마나 큰
가를 뼈저리게 느끼게 되오. 나는 가장 사랑하는 당신과 아들딸들, 손주들
의 사랑을 배반하였소. 나는 용서를 비는 것이 아니라 반대로 나를 가장 가
혹하게 저수해 주기를 바라오.(중략)
　사랑하는 사람들과 생이별을 한 이 아픈 가슴을 이겨내며 내가 얼마나
더 목숨을 부지할지는 알 수 없으나, 여생은 오직 민족을 위하여 바칠 생각
이오. 나 개인의 생명보다는 가족의 생명이 더 귀중하고 가족의 생명보다는
민족의 생명이 더 귀중하며 한 민족의 생명보다는 전 인류의 생명이 더 귀
중하다는 내 신념에는 변함이 없다는 것만 알아주기 바라오.(29쪽)

이 유서는 1997년 망명 당시 씌어졌지만 아내에게 전해질 리 없었다. 황
장엽은 망명 후 많은 저서를 냈지만 자신의 철학 사상을 설명하는 이론서
가 많았다. 때문에 가족에 대한 그리움과 속죄의 심정을 드러낸 글이 많지
않은데, 이 부분에서는 가족에 대한 절절한 감정을 느낄 수 있다. 민족을
위해 가족을 '배반'하였다는 황장엽의 말에서 한반도의 분단이란 가족과
민족의 가치가 동시에 추구될 수 없는 '배반'의 구조를 가지고 있음을 떠올
리게 된다. 민족의 통일에 기여하고자 가족을 외면하였지만 황장엽은 통
일이 된 후 가족의 품에 안겨 죽기를 소망했다. 그러나 그의 소망은 이루

어지지 않았다. 황장엽은 2010년 10월 10일 자택에서 사망했고, 2012년 남북관계는 소통 부재의 상태로 경색되었고 2013년 현재 북한은 무력 도발의 언사(言辭)를 쏟아놓고 있다. 그가 가족을 배반하며 추구했던 민족의 통일은 언제 어떻게 이루어질 수 있을는지, 그때 황장엽의 인간중심의 철학은 역사의 진리처럼 실현될 것인지, 예측하기 힘든 일이다.

철학자의 선택

황장엽은 1923년 1월 평안남도 강동에서 태어났으며, 평양상업학교를 다니던 시절 주산에 재능을 보였다. 식중독에 걸렸어도 강한 정신력으로 전국주산대회 우승을 한 후 그는 정신을 강화하려면 육체를 약화시켜야 한다는 신념을 가지게 된다. 식사를 거르고 잠을 덜 자며 생쌀을 먹고 자주 단식을 하고 겨울에도 냉방에서 지내는 등 정신수양에 노력을 하였고 이러한 황장엽의 '정신'을 강조하는 생활은 계속되었다.

그는 1941년 주오(中央)대학에 입학하여 법학을 전공하며 철학과 수학에 심취하였다. 그때에 이미 사회주의 사상에 관심을 가진 것은 아니었다. 유학 중이던 1944년 징용군으로 송환당해 삼척 시멘트 공장에 배치되었고, 해방 전까지 1년 6개월 동안 강제 노동을 했다. 해방 후 평양으로 돌아와 모교인 평양상업학교에서 교사로 일하다 1946년 11월 조선노동당에 입당하였다. 입당 3개월 만에 경제전문학교 세포위원장이 된 그는 중앙당학교에서 마르크스-레닌 이론을 공부하고 김일성대학 예비과에서 사회학과 논리학을 강의하며 연구원(대학원)에 합격하였다. 특유의 근면과 성실함으로 당의 신임을 얻어 유학생으로 추천을 받은 그는 1949년 모스크바로 떠나 모스크바 종합대학 철학연구원에서 마르크스주의 철학을 공부했다. 한국전쟁기를 모스크바에서 보낸 그가 귀국한 것은 1953년 11월이었다. 전쟁으로 폐허가 된 북한에서 그는 김일성대학 철학 강좌장이 되었고 이후 1965년 4월 김일성대학 총장이 된 후 14년간 총장직을 유지하였다. 1972년 이래 11년간 최고인민회의 의장직에 있었고, 1979년 주체연구소 소장, 같은 해 10월 조선노동당 비서를 겸직하며 18년간 조선노동당 비서를 역임하였다. 1984년 4월에는 조선노동당 국제담당비서를 지내는 등 1997년 2월 망명하기까지 북한 사회의 고위급 요직을 몇 개씩 겸직하며 김일성 부자의 신임을 받았다. 그가 이렇듯 정치, 학문, 국제 부문에서 김부자의 세습 기간 내내 승승장구할 수 있었던 것은 그가 북한 체제와 사상의 근간인 주체사상을 만들고 완성한 주역이기 때문이다.

마르크스 철학의 권위자였던 그가 마르크스주의에 의문을 품고 주체사상을 구상하게 된 시기는 1959년 무렵이다. 1959년 21차 소련공산당 대회에 이론고문으로 김일성을 수행하게 된 황장엽은 분열하는 사회주의 진영의 모습을 보게 된다. 중국과 소련이 서로를 국제종파와 수정주의라 비난하며 대립하는 모습을 보고 황장엽은 마르크주의에 의문을 품고 창조적인 이론이 필요하다고 생각한다.

나는 중소 간의 논쟁에 큰 충격을 받았다. 그때까지만 해도 공산주의자들은 물질적 욕망이나 권력욕이 없고 오직 공산주의 이념만을 위하여 싸우는 참다운 혁명가들이라고 생각했었다. 그런데 중국과 소련이 서로 편싸움을 하는 것을 보고는 공산주의자들이야말로 권력욕이 강하며 권력을 위해서는 사상이나 이론의 정당성에 관계없이 그것을 저들의 이익에 맞게 왜곡하여 해설하고 있음을 깨닫게 되었다.

게다가 정치지도자들이라는 자들도 이론 수준은 그리 높지 않으면서 오로지 권모술수에만 능하다는 것 또한 알았다. 나는 그러면서 마르크스주의 자체에는 명백한 과학적 기준이 없기 때문에 절대로 마르크스나 레닌의 학설을 교조주의적으로 대해서는 안 되며, 사회주의 미래를 위하여 이론을 창조적으로 발전시켜 나가야 한다는 것을 절실히 느꼈다.(159~160쪽)

중소 분쟁을 지켜본 김일성은 두 대국 간의 대립을 이용하여 자신의 입지를 굳히려는 생각을 했고, '사대주의와 교조주의를 반대하고 실정에 맞게 마르크스–레닌주의를 창조적으로 적용시키는' 김일성식 주체사상을 구상하였다. 이에 황장엽은 주체사상을 만들어 정권의 이론적 기반을 마련해주었다.

김일성은 자주적 입장과 창조적 입장을 기본 정책으로 채택하고 사상에서의 주체, 정치에서의 자주, 경제에서의 자립, 국방에서의 자위를 기본 노선으로 정식화했다. 이것이 주체사상의 기본내용이며, 이 기본내용은 전적으로 김일성이 당시의 북한의 실정에 맞게 내놓은 것이었다.(166쪽)

자신이 기초하고 만들어나간 주체사상이 김일성과 김정일에 의해 변질되는 것을 목격한 황장엽은 참을 수 없었을 것이다. 어린 시절 정신의 힘을 고양시키기 위해서 육체의 힘을 약화시켜야 한다는 생각으로 냉방에서 단식을 감행한 것에서 알 수 있듯이, 그는 극한의 통제력을 지닌 강한 정신력의 소유자였다. 학문적 의욕이 강해 북한 사회와 정치를 움직이는 철학을 확립하려 했던 그의 노력은 김일성에게 발탁되어 주체사상의 수립으로 연결되었고 후계자 김정일이 이를 이어가면서 황장엽의 역할은 김일성 사후에도 줄어들지 않았다. 그러나 정치인 김일성과 김정일의 관심은 철학자 황장엽과는 다른 것이었다. 황장엽은 민족의 통일과 더 나아가 인류 보편의 문제를 해결하기 위한 철학으로서 주체사상을 확립하려 했으나 김일성 부자는 정치적으로 주체사상을 활용하고자 했고, 둘의 간극은 황장엽으로 하여금 망명을 결심하게 한 것이다.

분단된 민족을 구하고 인류 보편을 위해 주체철학이 필요할 것이라는 강한 신념은 가족의 안위나 세속적 성공과 비교할 수 없는 대의(大義)라고 황장엽은 믿었다. 청년 시절부터 외곬의 신념과 정신력으로 자신을 단련한 것처럼 자신이 세운 철학의 순수성을 지키기 위해 그는 망명을 택했다. 인류에 공헌해야 한다는 신념 앞에 가족의 자리는 없었다. 자신의 망명 후 아내, 자식, 손자들이 겪을 일을 예상하면서도 그의 태도는 단호했다. '어쩔 수 없는 선택이었고 죄를 받겠으며 나를 죽은 사람으로 알라.' 냉정해 보이는 그의 고백을 문면 그대로 이해할 수는 없겠지만, 탈북 후 가족을 구해내는 일 하나에 반평생을 바친 오길남과는 사뭇 다른 모습이다. 그러나 그에게도 가족은 늘 상처와 같았다. 그의 선택은 민족을 위한 것으로 가족은 그 아래 가려질 수밖에 없었지만 그가 가족을 잊었을 리는 없다. 분단된 민족의 통일을 위해 황장엽이 망명을 선택했기 때문에 그의 가족 역시 분단으로 헤어진 가족이며 첨예한 남북의 대립으로 고통받는 또 하나의 가족이기 때문이다.

3) 로열 패밀리의 선택: 이한영 · 성혜림[7]

이한영의 본명은 이일남이다. 김정일의 전처 성혜림이 그의 이모이다. 성혜림은 김정일의 장남 김정남의 생모이다. 성혜림의 어머니 김원주는 해

---

7 이 장은 이한영의 『김정일 로열 패밀리』(시대정신, 2004)와 성혜랑의 『등나무집』(세계를 간다, 2000)을 참조하여 구성하였다.

방 전부터 기자로 일했으며 북한 《로동신문》 간부를 지낸 엘리트였다. 김정남이 태어난 후에는 김정일의 사저에서 김정남의 양육을 맡았다. 김정남이 6세가 되어 교육이 필요해지자 성혜림은 사범대학에서 고등 수학 교원을 지낸 언니 성혜랑을 사저로 불러들인다. 사고로 남편을 잃은 성혜랑은 아들 일남과 딸 남옥을 데리고 김정일의 사저로 들어갔다. 어머니 김원주와 언니 성혜랑은 줄곧 성혜림의 곁을 지켰다. 어머니와 언니가 성혜림의 그림자

그림 5 (뒷줄 왼쪽에서부터 시계방향으로) 성혜랑, 이남옥, 이일남(이한영), 김정일, 김정남

가 되어 살았던 것처럼, 성혜랑의 아이들은 김정남의 놀이 친구이자 학교 친구로서 김정남의 그림자로 살아가게 된다. 그들은 사저에서 호화생활을 하며 특권층으로 살았지만 김정남은 북한 사회에서 숨겨진 아이였으므로 그들의 그림자 역시 자유로운 삶을 살 수 없었다. 더구나 이일남은 모스크바 유학 시절 이모 성혜림의 우울증을 참아내는 어린 보호자 역할까지 해야 했다.

　나도 평양에서 조연이었다. 주연인 김정일, 김정남이 언제나 부러웠다. 주연 배우가 되는 꿈을 꾸곤 했다.

　모스크바에서는 내가 주연이었다. 대사관 직원들 앞에서, 그리고 내 외국인 친구들 앞에서는 항상 주연이었다. 그러나 평양에서 호출되는 순간부터

나는 조연이었다.

자본주의 사회에서 언제나 주연이고 싶은 내 욕망이 실현될 것 같았다. 미국에서라면 항상 내가 주연일 것 같았다.

여기서는 다소의 수입만 있으면 얼마든지 주연일 수 있다. 여기서는 수많은 주연들이 살아가고 있다. 북한은 다르다. 김정일, 김정남 주연에 몇몇 당 간부들은 조연이고, 인민들은 단역이다. 지난 번 어머니와의 통화에서 이런 말을 한 적이 있다.

"내가 지금은 부도나서 힘들지만 거기(북한) 가서 살고 싶은 생각은 절대로 없어요."

여기서 내 삶의 주체는 나 자신이다. 적당히 여유로운 삶 속에서 나는 작은 주연으로 살아갈 수 있다. 무수한 주연들이 살아가는 사회, 이것이 자유민주주의 사회가 아닌가 싶다. 그러나 북한은 하나의 거대한 우상(주연)을 위한 단역들의 집단이다.

나는 여기 와서 사업도 크게 해보았고, 돈도 많이 벌어보았다. 김정일 부럽지 않은 주연의 삶도 누렸다. 그러나 나는 주연의 자리를 지키는 데 실패했다. 주연으로서의 자기 관리와 노력이 부족했기 때문이다.(『김정일 로열 패밀리』, 8~9쪽)

그에게 자신의 삶이란 절대 권력자의 숨겨진 사생활에 가려진 조연의 삶이며, 다른 사람에게 부속된 삶을 사는 것과 같았을 것이다. 유부녀인 성혜림과 공식적 결혼 없이 낳은 아들을 김정일은 드러낼 수 없었고, 그 곁을 지키는 사람들 역시 비밀스럽게 살아야 했다. 자신의 인생이란 있을 수 없었다. 물질적으로는 풍족했지만 그것은 김정일과 이모 성혜림을 통해서만 얻게 되는 것들로 자신의 노력으로 성취한 진짜가 아니었다. 자신의 것이 없는 삶. 20대의 젊은 그가 탈출을 결정한 것은 매우 우발적이랄 수도 있지만, 순간의 선택에는 '조연'의 삶에 대한 회의가 깔려 있었다. 조연이 아닌 주연으로 자신의 삶을 살고 싶은 욕구는 인간의 기본 욕구일 것이다. 연극과 영화에서는 주연과 조연이 있지만, 자신의 인생에서 주연은 늘 자신이다. 조연일 수 없고 그래서도 안 되는 것이다. 자기 결정권과 자신의 미래를 알 수 없는 삶이란, 매어있는 삶이고 탈출해야 할 삶이 맞을 것이다. 그의 선택에는 가족에 대한 걱정이 크지 않았다. 이모 성혜림이 김정일의 처이자 김정남의 어머니이므로 자신의 어머니와 여동생이 큰 고초를 겪지 않을 것으로 생각했고 사실 젊었던 그는 가족들의 안위를 걱정할 만큼 '숙고(熟考)의 시간'을 살아내지도 않았다.

자신의 삶을 찾아 탈북한 이일남은 남한에 정착한 후에 자신만의 생을 살 수 있었다. 대학을 다니고, 모스크바 유학 시절에 익힌 러시아어 실력으로 KBS 국제부에 입사하여 1988년 올림픽에서 통역 및 취재기자로 활동하였다. 이름을 이한영으로 바꾸고 안전을 위해 성형수술을 하는 등 남한에서 새 삶을 시작하였다. 1988년 김종은씨와 결혼하여 가정을 이루었고, 한강변 아파트 사업으로 큰 성공을 거두기도 하였지만 사업이 실패하면서 생활고 또한 겪었다. 성공과 실패 모두 남의 것이 아닌 자신의 것이었다. 사업에 실패한 그는 자신이 주연의 자리를 지키는 데 필요한 관리와 노력이 부족했음을 고백한다. 그러나 원인을 알고 원인이 자신에게 있다는 것을 판단하는 자체가 주연의 삶이므로 '주연'을 지향한 삶으로서 온전한 실패라 할 수는 없다.

생활고에 시달리며 남한 생활에 회의를 느낀 이한영은 모스크바의 옛 거처에 전화를 한다. 어머니 성혜랑은 아들을 도우려 돈을 보내고 며느리에게 결혼 예물을 건네는 등 다시 만난 아들에게 여전히 어머니로서 최선을 다한다. 그리고 자신이 망명을 준비한다는 소식을 전한다. 김정일의 새로운 부인 고영희가 득세하여, 정신병을 앓고 있는 성혜림을 억압한다는 것이 이유였으나 북한 사회와 체제가 주는 염증과 아들 일남이 서울에 있다는 소식이 그 동기가 되었을 것이다. 그러나 일남은 어머니를 만나지 못했다. 망명이 일단락되기 전에 언론이 이를 성급히 보도하였고 이후 그들은 행적을 감추었다. 생사 및 신변 확인조차 어려운 상황이 되었다. 그러나 이한영은 어머니와 동생이 무사히 탈출했으리라 믿고 언론 인터뷰에 응하여 자신을 세상에 노출시켰다. 1996년 2월이었다. 1982년 스위스 제네바에서 서방으로 탈출한 22세 청년은 36세가 되어서도 여전히 어머니를 기다리고 있었다. 그리고 1년 후 그는 괴한의 총격으로 사망했다. 어머니는 탈출에 성공하여 제3국에서 생활하고 있었지만 그는 끝내 만나지 못하였다.

로열 패밀리의 측근으로 살다가 자신만의 삶을 찾아 망명한 청년은 남한에서 사업 실패와 억울한 옥살이를 겪다 총격으로 사망했다. 나름의 불행과 행복을 맛보며 자신이 주연인 진짜 삶을 살았을 것이지만 탈북자 신분으로 늘 불안하게 주변을 살펴야 했고 가까운 이들에게도 자신의 신분을 터놓을 수 없었다. 새로운 가족을 남기고 떠난 그는 비극의 주인공으로 살았다 할 수 있다. 이는 분명히 분단이 낳은 비극이며 남겨진 그의 아내와 딸 또한 '함께 할 수 없는 남겨진 가족'이라는 점에서 또 하나의 이산가족이라 할 수 있다. 그의 죽음과 그의 가족이 남겨질 수밖에 없었던 이유는 그의 선택 때문일 것이다. 젊은 그의 선택은 평양 아니면 미국, 아니면 서울이었겠지만 그 결과는 죽음으로 끝나는 비극성을 보여주었다. 우리 민족이 처한 이념적, 정치적 분단은 결국 선택의 문제가 아니었겠는가? 남과 북, 사회주의와 자유민주주의, 간단한 양자택일의 선택이 수많은 사람의 삶을 송두리째 바꾸어 놓았다. 분단체제의 한반도에서는 흔한 가족사이다.

이일남의 어머니 성혜랑은 망명의 순간에도 모친 김원주가 일제강점기 때부터 써둔 기록을 소중히 품고 있었다. 남포에서 태어나 평여고를 졸업하고 일본 잠사학교 실습생으로 유학을 다녀온 인텔리 김원주가 기록한 성혜랑 일가의 연대기였다. 해방기 좌익인사들이 모여들던 왕십리의 '등나무집'을 표제로 한 이 책의 전반부는 김원주의 기록이고 후반부는 북한 문단에서 작가로 근무한 바 있는 성혜랑의 기록으로 구성되었다.

김원주는 일제강점기에 신문기자를 역임한 인텔리 여성으로 좌익사상을 선택하여 월북한 경우이다. 김원주 부부는 공산주의를 택했고 혜랑, 혜림 자매는 부모의 선택을 따라 월북했다. 전쟁의 혼란기에 김원주는 아들 몽을 잃어버리고 평생을 그리워하였다. 일제강점기 일본 잠사학원에 유학을 한 인텔리 여성이라면, 북한에서는 성분과 토대가 나쁜 편이었다. 권위적인 남편과 나쁜 성분 때문에 주눅이 들어 살 수밖에 없었던 김원주는 혼신을 다해 일했지만 생활은 늘 힘겨웠다. 제과공장 지배인인 남편과 《로동신문》 부장급인 자신은 중앙공급 3호에 해당하는 간부였지만 집안 형편은 말이 아니어서, 동생 혜림의 결혼식에 간 혜랑은 결혼식 내내 기운 양말 가리기에 바빴을 정도였다. 그들의 살림이 나아진 것은 혜림이 김정일의 아들을 낳은 후, 김원주와 혜랑 식구들이 김정일의 사저로 들어가 살게 되면서부터이다.

평양예술학교에서 유명한 학생이었던 혜림은 월북 작가 이기영의 아들과 약혼을 했고, 가정주부의 삶을 살다가 적극적인 어머니 김원주의 노력으로 대학에 진학해 연출을 공부했고 그때부터 영화에 출연하였다.

이기영은 20년대 카프작가로서 그 당시 북에서는 한설야와 쌍벽을 이루는 원로작가였다. 〈땅〉, 〈두만강〉 등 성과작으로 당의 신임이 높고 인민이 존경하는 조선의 고리키라는 평을 가지고 있었다. 조소문화협회 위원장에 작가동맹 위원장이었다. 소련이 사회주의 조국이던 그때 조소문화협회 비중은 굉장히 컸다.

그 집에서는 공부를 끝까지 시킬 테니 언약만 하자고 몇 차례 거듭 청혼했다. 그때도 그 후에는 그 집은 누구나가 딸을 주고 싶어했을 만큼 정치 경제적 문화적으로 '톱혼틀(최고의 혼처)'이었다. 그 집은 아들이 셋 있었다. 나의 부모가 그 집을 수학한 것은 세간에서 말하는 톱혼틀이었기 때문만은 아니었다. 작가 이기영이 고정한 사람이라는 데 방점을 두었을 것이다.

예술학교를 졸업한 혜림은 19살에 작가 이기영의 맏며느리가 되었다.(『등나무집』, 359~360쪽)

김정일은 이기영 아들의 친구로 '형수' 혜림을 전부터 알고 있었다. 혜림은 대학 졸업반에서 예술영화 〈분계선의 마을에서〉에 출연하였는데, 이 영화를 김일성이 높이 평가하여 '인민상'을 탔다. "조선여성의 전형적 성격 창조의 모범"으로 평가받으며 혜림은 유명배우가 되었다. 1960년대 말 김정일은, 이미 서른을 넘긴 여배우이자 친구의 아내였던 성혜림과 가까이 지냈고 혜림을 이혼시켰다. 1971년 5월 혜림은 김정일의 첫 아들 김정남을 낳았다. 김정일은 아버지 김일성에게 손자의 존재를 숨겨야 했지만 자신의 아이 정남에게 지극한 정성을 쏟았다 한다. 계모 김성애가 2인자로 등장하며 김정일과 권력을 다투던 상황에서 유부녀였던 혜림과 동거를 하고 아이를 낳았다는 사실은 아버지의 신임을 얻어야 하는 그에게 도움이 될 것이 없었다. 아들 김정남은 한동안 비밀 사항이었다. 최고 권력자가 우상

화, 신비화되는 북한 사회에서 김정
일이 아들을 두었다는 것은 김정남
이 꽤 자랄 때까지도 알려지지 않았
던 것으로 보인다. 러시아 모스크바
에서 돌아오는 비행기에서 일등석
에 있던 김정남이 다른 승객에게 장
난을 쳐서 혼이 나자 '내가 김정일이

그림 6 1986년 프놈펜 영화축제에서 성혜림
(왼쪽).

아들이다'라고 하여 주변 사람들이 당황했다는 일화가 있을 정도였다.

생후 4개월 된 정남이 대장염으로 봉화진료소에 입원했을 때 마침 김성
애가 봉화진료소 순찰을 나왔고 혜림의 어머니 김원주는 아이를 들킬까
두려워 병원의 포플러 숲에 웅크리고 숨어 있었다 한다. 김원주는 드러내
보일 수 없는 정남을 맡아 키웠고 그 세월은 영광도 자랑도 아니었다. 사
고로 남편을 여읜 혜랑이 정남의 교육을 맡게 되었고 아들 일남과 남옥은
정남의 말동무로 필요했다. 드러내놓고 학교에서 교육을 할 수도, 또래 아
이들과 어울릴 수도 없는 정남에게 외가 식구들은 유일한 가족이자 친구
였다. 특히 외사촌형인 일남은 정남의 친구이자 수행비서였다. 그들은 호
화로운 주택에서 좋은 음식을 먹으며 특권층의 삶을 살았지만 그것은 그
들의 삶이 아니었고 누군가의 삶에 보조 출연한 조연 같은 것이었다. 내
가족이 마음을 나눌 수 없고 자신의 삶이 아닌 남의 삶을 위해 산다면 아
무리 화려하고 좋은 집도 소용이 없다. 김정일의 숨겨진 여자 혜림, 그의
아들 정남, 온전히 혜림과 정남을 위해 살아야 했던 김원주와 성혜랑 일가
는 행복한 가족일 수 없었다. 아들 몽이를 그리던 김원주는 아들의 생존
소식을 모르고 사망했으며, 일남은 망명 후 총격으로 숨졌고 망명을 준비
하던 혜림은 우울증에 시달리다 2002년 쓸쓸히 숨을 거두었다. 위험을 무

룹쓰고 서방으로 탈출한 혜랑 역시 끝내 아들을 만나지 못했다. 이들의 비극은 어디서 시작되었을까? 김원주의 선택인지 성혜림의 선택인지 이일남의 선택인지……. 누구도 쉽게 대답할 수 없지만 그 끝은 비극이었으며 그비극은 현재도 계속되고 있다는 것이 더욱 비극적이다.

3. 남겨진 사람들: 레나테 홍[8]

1955년 9년 구동독 예나에 사는 대학 신입생 레나테는 동양인 유학생 홍옥근을 만났다. 그녀는 동양의 낯선 나라 북한에서 온 성실하고 유머 있는 학생 옥근과 사랑에 빠졌다. 한국전쟁 후 북한은 전후 복구와 건설을 위해 동유럽 사회주의 국가에 우수한 학생을 선발해 유학을 보냈고 옥근은 그중 하나였다. 북한 유학생들은 화학, 수학, 물리 등 주로 자연과학을 공부했는데 옥근은 화학을 전공하였다. 옥근이 레나테를 처음 만난 것도 화학 강의시간이었다. 외국인에게 배타적인 당시 동독의 분위기 때문에 젊은 연인들은 산책할 때도 나란히 걸을 수 없었지만 그들의 사랑은 깊어졌다. 졸업을 1년 앞두고 레나테는 임신 사실을 알았고 둘은 결혼했다. 옥근이 북한 유학생 신분이라 북한 대사관의 허락이 있어야 했는데, 예나를 벗어난 지방 소도시라면 이러한 절차를 밟지 않으리라는 기대로 지방도시 바이마르를 찾아갔고 혼인신고도 무사히 마쳤다. 부부가 된 그들은 옥근이 공부를 마치고 북한으로 함께 돌아갈 생각이었다. 옥근은 자신의 고향인 평안북도 운전군 동창리 얘기며 북한의 문화와 생활 얘기를 레나테에

---

8 이 장은, 유권하, 『아름다운 기다림, 레나테』(중앙북스, 2010)을 참조하여 구성하였다.

게 자주 들려주었다.

1960년 레나테는 대학을 졸업하고 교사로 일하게 되었고 첫 아들도 낳았다. 같은 해 가을 옥근도 대학을 졸업하고 비텐베르크의 화학 공장에서 일하며 박사학위를 위한 학업을 계속하고 있었다. 옥근이 독일에서 박사학위만 받으면, 북한에서는 과학자로서 대우받으며 행복하게 지내리라는 부푼 꿈으로 가득 찬 시간이었다. 그러나 그들의 계획은 옥근이 갑작스레 귀국 명령을 받으며 어긋나기 시작했다. 옥근은 소환명령을 받은 지 이틀 만인 1961년 4월 14일 귀국길에 올라야 했다. 큰 아이는 생후 10개월이었고 작은 아이는 임신 중이었다. 그 상황에서 2주간 시베리아 횡단열차를 타고 북한에 따라가는 일도, 전후 복구 중인 낯선 나라 북한에서 아이를 낳을 일도 레나테에게는 걱정스러운 일이었다. 옥근은 혼자 떠나야 했다. 옥근은 소련을 횡단하는 긴 귀국 여정 중에도 가족에 대한 사랑과 걱정을 담은 편지와 엽서를 보냈고 귀국 후 함흥 비날론 공장에서 일하게 된 소식도 편지로 전하였다. 그러나 2년여 동안 50통 가량 전달되던 편지가 1963년 2월을 마지막으로 끊겼다. 그녀가 보낸 답장도 '수취인 불명'으로 반송된 이후 레나테는 옥근의 소식을 알 수 없었다. 1961년 말부터 레나테는 북한 대사관에 옥근을 잠시라도 보내달라는 편지를 보냈으나 '현재로서는 불가능하다'라는 답장을 받아야 했고, 동독 외교부도 북한의 환경이 열악하니 두 아이를 데리고 북한에 가서 사는 것을 포기하라고

그림 7 1961년 3월 첫째 아들과 찍은 가족 사진.

레나테를 설득했다. 사실상 레나테가 남편을 만나기 위해 할 수 있는 일은 없었다. 혼자서 두 아이를 키우는 교사로서 살아가며 그저 남편을 그리워하는 일밖에는.

레나테는 옥근을 만나는 일이 쉽지 않을 것이라고 판단했다. 북한과 동독, 두 나라 사이의 일일 뿐 아니라, 북한은 사회주의 국가 중 가장 폐쇄적인 국가이고 심지어 그 폐쇄성은 점점 더해가고 있었기 때문이다. 너무나 큰 현실적 장벽을 알면서도 그녀는 남편을 찾기 위한 노력을 계속했다. 북한과 동독 외교부에 편지를 보내고, 신문, 잡지에서 북한 관련 기사를 스크랩하고 북한 과학자들이 온다는 대학과 연구소를 수소문하는 등 개인이 할 수 있는 최대한의 노력을 벌였지만 현실은 이를 받아주지 않았다. 남편 없이 남편의 성(姓)을 지키며 아이들을 키우는 아내의 심정은 절박하고 간절했지만 분단체제는 아내의 절박함과 사랑을 돌보지 않았다.

분단체제는 견고하고 냉정하고 불확실하며 비논리적이며 때로는 비현실적이다. 개인이 넘을 수 없는 거대한 현실이지만 동시에 매우 비현실적이다. 아이의 아빠를 잠시 가족에게 보내달라는 현실적 요구, 생사만이라도 알려달라는 인정적 요구를 40여 년이나 묵살할 수 있는 비현실의 상황이 '분단'이다. 그렇게 45년이 흘렀고 레나테는 70대 노인이 되었지만 여전히 '홍'의 아내로서 이름을 지키고 있었으며 그의 두 아들 '페터 현철', '우베' 역시 얼굴도 모르는 아버지의 성을 쓰고 있었다. 이 또한 비현실적이다. 45년간 남편을 기다리다니, 유럽의 독일 국민이 얼굴도 모르는 동양 아버지의 성을 쓰고 있다니. 분단만큼 비현실적이지만, 사람들은 이것을 "아름다운 기다림"으로 부르며 감동하였다. 그러나 분단의 시간은 '아름다운 시간'일 수 없다. 정치적이고, 경제적이며, 이해타산적이고, 국가이기주의와 민족이기주의가 드리워진 강고한 체제에 '아름다움'이란 없기 때문이다.

레나테와 옥근의 이별은 개인의 선택이 아니었다. 옥근이 북한에서 태어난 것을 선택할 수 없었고 레나테가 동독의 여인으로 태어나는 것을 선택할 수 없었던 것과 같다. 동독과 북한의 문제였고, 아니 북한의 내부 사정 때문이었고, 좀 더 본질적으로는 남한과 북한의 분단으로 형성된 분단 체제와 남북분단의 기원이 된 커다란 이념의 문제였다. 남과 북이 서로 다른 이념을 선택함으로써 분단된 것 또한 선택의 주체가 모호한 역사적 선택이었다. 원인의 주체가 없는 사안에 대해 어디서 해답을 구하고 어디서부터 문제를 해결할 수 있는가. 레나테는 주체 없는 선택의 피해자이며 해답 없는 문제를 받아든 수험생이다. 때문에 수십 년을 지킨 그녀의 사랑이 숭고하고 아름답지만 그 이면에는 절망과 고통을 해결할 수 없는 답답함이 존재한다. 이는 레나테와 옥근의 문제만이 아니다. 결과적으로 이 둘은 47년 만에 만나 마음을 나눌 수 있었지만 그럴 수 없는 사람들은 너무나 많다. 분단은 개인의 사연이 아니라 민족의 사연이며, 슬픈 사연을 만들 수밖에 없는 필연적인 비극의 구조였던 것이다.

레나테의 사연이 알려지고 상봉이 추진되면서 레나테와 비슷한 상황에 처한 북한−동독 커플의 사연이 속속 드러났다. 그동안 개인의 아픔과 개인의 운명으로 감내하며 살았던 동독의 아내, 연인들이 자신의 사랑, 남편, 아이의 아버지를 찾기 위해 모습을 드러내었다. 레나테의 이야기를 알리고 옥근과의 상봉을 성사시킨 주역 《중앙일보》 유권하 기자에게 '또 다른 레나테'들이 사연을 보내왔다. 북한은 전후 복구와 재건에 필요한 과학자 양성을 위해 사회주의 동맹국 동독의 라이프치히, 베를린, 드레스덴, 예나 등에 수백 명의 유학생을 파견하였고 이 젊은이들 가운데 홍옥근과 같이 동독 여성과 사랑에 빠진 이들이 적지 않았다. 그들은 역시 홍옥근과 같은 시기 당국의 명령을 받고 급히 귀국한다. 그들은 아내와 함께 귀국한 경우도 있고, 옥근처럼 나중에 만날 것을 약속하고 먼저 귀국한 경우도 있었다.

북한은 1961년부터 동독 유학생들을 강제로 소환하기 시작했다. 유학생 가운데 20여 명이 개인 혹은 집단으로 서독으로 망명하자, 평양에서 탈북자가 늘어날 것을 크게 우려했기 때문이다. 그 바람에 현지에서 동독 여성과 사랑에 빠져 약혼을 했거나, 결혼해서 2세를 낳았던 북한 유학생은 사랑하는 이들과 생이별을 하게 된다.

결혼한 동독-북한 커플 중에서 대여섯 쌍은 북한으로 들어가 남편과 함께 생활했지만 나중에 대다수가 다시 동독으로 귀국했다. 생활환경이 너무 열악한 북한에 적응해가며 살아간다는 것이 힘들었기 때문이다. 더욱이 1960년대 초반부터 생겨난 외국인 배척 운동도 이들을 북한에서 밀어낸 또 하나의 원인으로 꼽힌다.(259~260쪽)

당시 동독 외교부는 전후 북한의 낙후된 생활환경을 이유로 자국민의 북한행을 막았다. 북한 사람들은 외국인 아내를 데리고 온 귀국 유학생을 좋게 평가하지 않았다. 비애국적이라는 것이 그 이유였다. 이렇듯 양쪽 모두 여의치 않은 상황에서 동독인 아내와 북한인 남편 부부는 헤어질 수밖에 없었고 헤어진 부부들은 다시 만날 수 없었다. 당시 대학에 적을 둔 300~400명의 유학생과 기술교육을 받으러 온 전쟁고아들의 숫자를 합치면 3,000~4,000명에 이른다고 북한통 학자 헬가 피히테 교수는 추정한다. 1950~60년대 동독-북한의 공식 통역을 담당하고 1960년부터 2년간 김일성대학에서 유학을 하기도 한 피히테 교수는 레나테와 홍옥근과 같은 사연을 가진 또다른 연인들을 알고 있었다. 그의 말을 토대로 당시 상황을 요약하면 레나테 부부와 같은 이별이 개인적인 사연이 아님을 알게 된다.

1960년대 중소분쟁 아래 북한은 외교적 선택을 해야 했고 북한은 중국의 노선을 지지했다. 김일성 중심의 유일 주체를 강조하고 천리마와 같은 대중운동을 선전하는 북한은 마오쩌둥 중심의 지도 체제와 대중운동 체제를 가진 중국식 사회주의가 필요했다. 이때 소련의 영향력 아래 있던 동독과의 관계를 지속하는 것은 북한에 부담이었을 것이다. 또 서독으로 넘어가는 동독 주민의 수가 늘어나고 그 가운데 북한 유학생이 적지 않았다. 풍요롭고 자유로운 서방의 분위기를 경험한 유학생과 전쟁고아들이 귀국하여 폐쇄적 체제의 북한을 위협하는 세력이 될 것을 북한 당국이 두려워했다는 점 또한 간과할 수 없다. 사랑과 결혼, 출산으로 가족을 이루는 것은 개인의 선택이며 개인의 운명이겠지만 그들의 가족이 헤어지고 만날 수 없는 것은 더 이상 개인이 제어하고 선택할 수 있는 일이 아니었다. 어떤 개인이 중소분쟁을 해결하고 북한 당국의 두려움을 잠재우며 동독 주민의 서독 망명을 막을 수 있을 것인가? 이는 온전히 역사의 수레바퀴가 개인에게 지운 무게일 것이다. 그 무게가 너무나 오래 지속된 까닭에 개인이 그에서 벗어날 수 없다는 절망감은 일종의 정서처럼 고착되어왔고 관성으로 유지되어왔다. 하지만 헤어진 가족을 그리워하고 만나고 싶은 것은 고착된 정서나 관성이 될 수도 없고 가능하다 하더라도 그 고통에 적응할 수는 없다. 수십 년이 지났지만 동독의 레나테들이 남편을 찾고 아이들의 아버지를 찾는 이유가 거기에 있다.

레나테의 사연이 세상에 알려진 후 레나테를 도운 기자는 또 다른 레나테들을 만났다고 한다. 베를린에서 의사로 일하는 라이히는 드레스덴 공대에서 화학 박사를 받은 북한 유학생 아버지와 동독의 간호사 어머니 사이에서 태어났다. 아버지에 대한 기억도 없고 아버지에 대한 그리움이나 원망도 없지만 그는 자신의 정체성에 대해 생각했다고 한다. 동양적인 외모 때문에 어디 출신이냐는 질문을 받을 때, 또 아들이 외할아버지에 대해 물을 때 자신의 근본을 알고 싶어졌으며 이제는 아버지를 만나기를 원한다고 했다. "제가 살아있는 한, 제 뿌리가 누구인지를 묻게 되겠지요. 이 질문에 아주 쉽게 대답할 수 있다면 얼마나 좋을까요?"라는 그녀의 말처럼, 아버지를 만나는 일은 단순히 그리운 사람을 만나는 일이 아니라 정체성에 관한 일이고 근본과 뿌리에 대한 대답일 것이다. 한 사람에게 자신의 근본과 뿌리, 정체성에 대해 확실히 대답할 수 없다는 것은 매우 중대하고 심각한 일이다. 이 질문에 답할 수 없다면, '나는 사랑받을 만한 사람인가?', '어떠한 경우라도 나를 사랑해주는 사람이 있는가?'라는 질문 앞에서 머뭇거릴 수밖에 없고 이때 그 사람은 스스로를 사랑할 수 없을지도 모른다.

분단이라는 확고하고도 거대한 체제와 시스템이 개인에게 작용하는 것은 어쩌면 이런 질문에 답을 하는 것 이상이 아닐 수 있다. 사실 그 질문은 사소한 것이지만 개인에게는 정체성을 묻는 절대적 질문이 되는 것이다. 다행히 라이히는 아버지를 찾을 수 있었다. 아버지는 북한에서 고위층이었다. 북한의 유명 영화배우와 결혼하여 가정도 꾸리고 있었다. 라이히는 아버지에게 공개 편지를 보냈지만 어떠한 대답도 들을 수 없었다. 북에서 꾸린 가정이 있고 신상 공개의 문제 등 여러 가지 이유로 그녀의 아버지가 접촉을 꺼렸을 수도 있다.

루트룽게 할머니는 북한 유학생과 결혼을 약속하였으나 북한 당국의 허락을 받지 못해 약혼자만 귀국하였다. 루트룽게는 귀국한 약혼자의 아이를 키우며 그를 기다렸지만 약혼자는 루트룽게가 환경이 열악한 북한에서 살기보다는 동독이 더 나을 것으로 판단하여 그녀를 부르지 않았다.

브리기테 뉘렌베르그는 남편을 따라 평양에 갔다가 1년 반 만에 동독으로 돌아온 경우이다. 드레스덴 공대 유학생이던 남편을 만나 사랑에 빠진 브리기테는 『조선-독일어 사전』을 편찬하고 김일성대학에서 독일어를 가르친 재원이었다. 북한 생활에 적응하려 많은 노력을 기울였으나 북한의 의료사정상 폐렴에 걸린 어린 딸을 데리고 동독으로 돌아온 후 남편과 연락이 끊겨 북한으로 돌아가지 못하였다.

이처럼 독일에는 또 다른 레나테들이 살고 있었고 그들은 2007년 2월 18일 베를린 한국 식당에서 만남을 가졌다. 서로의 고통을 너무도 잘 아는 그녀들은 레나테를 보며 자신들도 희망을 갖게 되었다고 했다. 이후 그들은 정례 모임을 하고 있으며, 회원수는 40명에 이른다고 한다. 그들이 정말 레나테처럼 남편과 아버지를 만날 수 있을까? 그들이 그런 희망을 가져도 좋을 것인가? 그 답은 알 수 없다. 레나테가 옥근을 만난 것은 거의 기적과도 같은 행운이었다고밖에 말할 수 없기 때문이다. 사랑하며 기다린 시간이 길어서 만날 수 있었던 것이 아니고 그들이 서로 잊지 않고 만나고 싶어서 만날 수 있었던 것도 아니다.

그들의 만남이 성사된 배경에는 크게 두 가지가 있었다고 유권하는 말한다. 2000년 이후 독일 정부나 민간단체들이 북한에 크고 작은 경제 원조를 하고 있었고 북한의 유학생을 받아들이는 등 고등인력 양성에 힘쓰는 상황에서 생존이 확인된 홍옥근과의 상봉을 거절하기는 어려웠을 것이라는 점, 반기문 유엔 사무총장, 김대중 전 대통령 등 각국의 지도자들이 그들의 사연을 듣고 도와주었다는 점 등이 그것이다. 여기에 한국과 독일 언론의 지속적 관심과 보도 또한 중요한 역할을 한 것으로 보아야 한다. 이런 일들은 한 개인의 노력으로 가능하지 않다. 때문에 레나테의 상봉은 행운, 기적에 가까운 것이다. 이는 다시 말해 또다른 레나테의 만남이 쉽지 않을 것이라는 뜻이 된다. 화제성을 좇는 언론에 포착되어야 하고 국가 간

관계가 절묘하게 좋아야 하고 세계 지도자들과 만날 수 있어야 하는데, 그들이 그런 조건을 다시 만들기는 쉽지 않기 때문이다. 그러나 세계 지도자와 언론과 독자의 마음을 움직인 것이 레나테의 순수한 사랑이었듯이, 또다른 레나테들의 순수한 사랑과 진심이 또 다른 행운과 기적을 만들 수 있으리라는 소박한 믿음은 남아있다. 분단 상황에서 가족을 만나는 일은 이렇게 복잡하고 힘든 일인 것이다.

2008년 7월 레나테는 평양 순안공항에서 홍옥근과 47년 만의 상봉을 한다. 옥근의 독일어가 되살아나기까지 시간이 필요했지만 그는 곧 옛날의 쾌활한 남편으로 돌아갔고 준비해온 반지를 그녀에게 끼워주었다. 레나테는 행복했으며 독일에서 자란 두 아들은 곧 아버지를 자연스레 받아들였고 옥근이 북한에서 낳은 딸 광희도 이복오빠들과 잘 어울렸다. 꿈같은 그들의 만남이 끝나고 독일로 돌아온 레나테와 두 아들은 옥근과 편지를 주고받는다고 한다. "두 아들은 독일인으로 자라 혈육에 대한 그리움을 모르고 자랐어"라고 레나테는 말하지만 현철과 우베는 북한을 다녀온 후 약간의 향수병에 걸린 듯, 북한에서 보낸 11일을 자주 얘기한다고 한다. 마치 자신들이 코리안으로 다시 태어난 듯하다는 것이다. 그러나 이산의 아픔을 겪으며 자란 그들은 이미 코리안으로 살아왔다고 할 수 있다.

온전히 정치상황에 매인 남북관계를 고려할 때 이산가족의 상봉은 쉬운 일이 아니다. 다행히 상봉이 추진된다 하여도 새로운 가족을 꾸렸을 긴 시간을 생각한다면 여전히 덥석 만날 수 없는 일이다. 레나테가 그러했듯이 서로의 가족을 인정하고 조심스러워야 하며 그저 아직 그들이 가족이고 사랑하고 있으며 그리워했다는 것을 알리고 정을 나누겠다는 소박한 마음으로 임해야 할지도 모른다. 가족 사이에 이러한 거리와 감정적 균형을 유지해야 한다는 것이 슬픈 현실이지만, 이것이 인도주의에 가까울 것이다.

그들은 다시 만나 아내와 남편으로 살고 싶은 것이 아니라 가족이므로, 그리워하는 사람이므로 만나고 싶었던 것이니까. 레나테의 사랑은 해피엔딩이고 그들의 만남은 인도주의로 비칠만 했지만 그들이 만난 과정은 매우 정치적이었다. 이렇듯 분단은 견고한 정치주의의 자장 안에 있다.

4. 가족의 이름으로

지금까지 가족과 헤어진 사람들을 납치, 망명, 헤어짐과 기다림을 주제로 살펴보았다. 분단 구조 안에서 많은 이들이 선택을 강요받았다. 최은희와 신상옥처럼 원하지 않은 곳에 끌려간 이들은 그 안에서 살아가는 선택을 강요받았고, 체제 선전의 도구가 될 것인지를 선택해야 했다. 유명한 인물이었던 그들은 선택을 가장하다 탈출할 수 있었지만 평생을 허위의 선택을 연기하며 살아가야 할 사람들이 더 많은 것이 사실이다. 납치와 달리 망명의 경우 적극적 선택일 수 있겠지만 그들이 고향과 가족을 떠나는 선택을 하도록 만든 커다란 힘이 있었음은 부인할 수 없다. 학문적 이상을 위해서건 사명감 때문이건 호기심과 젊은 치기 때문이건 망명을 선택한 이들은 그 선택의 대가(代價)를 치르며 살았다. 때로는 그 대가가 죽음이 되기도 했지만 가족에 대한 죄책감과 그리움은 죽음과도 같은 고통일 것이다. 황장엽, 오길남, 이한영을 떠올려보면 그들의 신념, 대의, 욕망의 그늘은 가족에게 드리우고 있었다.

북한 유학생이었던 남편을 떠나 보낸 후 47년을 기다린 독일 여성 레나테는 남겨진 가족이 겪는 기다림의 고통을 잘 보여주는 예이다. 그녀가 평양에 가 남편을 만난 것은 축복할 일이지만 또 다른 레나테들도 그러한 축복을 누릴 수 있을지 알 수 없다. 본국으로 송환된 1960년대 북한 유학생들에게는 선택권이 없었다. 유학도, 송환도 개인이 할 수 있는 일이 아니기 때문이다. 이때에는 가족의 선택 즉 기다림의 선택밖에 남는 것이 없다. 분단은 이 모든 것의 원인이자 인권, 휴머니즘, 그리움 등을 초월한 거대한 제도이며 모든 선택은 그 안에서 이루어진다.

과연, 이산가족의 문제는 분단과 별개로 논해지고 해결될 수는 없는 것인지 묻고 싶다. 누구도 답할 수 없는 이 질문을 '만나지 못하고, 기다리고, 그리움의 고통을 안고 살아가는 가족의 이름'으로 다시 던지고 싶다.

4

디아스포라 한인과
이산가족

PARA
RA
PA
CEM

이 장은 한반도의 분단이 어떻게 개인적인 삶과 가족 이산에 영향을 미쳤는가를 이들의 집단기억과 체험을 중심으로 살펴보고자 한다. 재외한인이 각 나라별로 중국 '조선족', 구소련 '고려인', 일본 '조선인', 미주 '코리안'으로 지칭되듯이, 이주와 정주의 과정은 지역에 따라 다양한 양상이 있었고 동질적이지 않았다. 따라서 분단 이후 냉전시대에 거주지에 따른 다른 환경과 공간 속에서 파생된 한인 디아스포라의 성격을 추적·고찰하여 그 속에 담긴 분단의 트라우마를 실증적으로 보고자 하는 것이다. 일본의 조선인, 사할린의 고려인, 중국의 조선족, 미국의 코리안 및 유럽의 독일거주 한인의 삶을 비교·고찰할 것이다. 고국을 떠나 주변지역으로 이주하게 된 민족 이산의 실상과 생활체험을 해외한인들이 남긴 구술기록을 통해 구체적으로 밝히고자 한다. 이로써 아직도 진행 중인 분단의 문제를 극복·치유할 수 있는 본격적인 연구를 위한 기초를 마련하고자 한다.

1. 재일한인

1) 전후 재일한인 사회의 형성

1945년 일본의 패전과 함께 한민족의 디아스포라는 새로운 국면을 맞이한다. 한반도는 독립을 맞이하였으나 좌익과 우익의 대립과 국제정세의 영향으로 통일된 조국을 이루지 못하고 바로 분단의 아픔을 겪게 된다. 남북한의 분단체제는 한민족의 존재를 적대적인 두 범주로 분열시켰다. 재외동포 사회는 한반도의 정치상황으로부터 자유로울 수 없었다. 광복 직후 많은 한인들이 귀국을 이루기 전에 한국전쟁이 일어나고 그 혼란 속에서 재외한인 2백만 명은 끝내 고국으로 돌아오지 못하였으며 이산가족을 대량으로 발생시키는 상황을 낳았다.[1] 재소한인들은 1937년 중앙아시아로 강제 이주된 이후 고국은 물론 연해주로의 귀환도 사실상 어려웠다. 그리고 정치적 상황과 경제적 이유로 일본에 머물러야 했던 한인들은 남북 간의 분단구조와 같이 좌우익의 대립·갈등 속에 남과 북, 한쪽을 선택해야 했고, 나아가 북송사업은 또 다른 가족 이산을 파생시켰다.[2]

종전 직후 일본에 거주하는 재일한인의 수는 대체로 230만 명이 넘는 것으로 추정된다. 이렇게 많은 재일조선인이 일본에 거주하게 된 요인은 전쟁 말기의 부족한 노동력을 메우기 위하여 조선인을 강제 연행한 것에서 유래한다. 처음 지역별로 할당되어 진행되었지만 희망자를 모집하는 방법

---

1 1945년 해방 직후 만주로부터 조선으로 귀환한 사람은 조선족 인구의 40%에 해당하는 70만 명 정도로 추정하고 있다. 윤인진, 『코리안 디아스포라: 재외한인의 이주, 적응, 정체성』(고려대학교출판부, 2004), 51쪽.
2 일본 정부의 공식발표에 의하면 1945년 8월부터 이듬해 3월까지 남한으로 귀국한 사람은 94만 명이며 1950년까지는 104만 명으로 되어있다. 위의 책, 158쪽.

으로는 심각한 노동력의 부족을 채울 수 없게 되자, 일본은 1938년 4월 국가총동원법을 공포하고 강제 연행을 실시하여 많은 한인들을 일본 본토로 동원하게 되었다. 이들 한인들은 주로 광산업, 방직, 벌목, 도로공사, 운송과 토목공사 등에서 육체노동을 하는 빈민계층에 속하였고 주류 사회에 속하지 못하고 집단부락을 이루며 생활하였다. 종전 후 많은 한인이 가족이 기다리는 조국으로 귀환하기도 했으나 일본에서 장기간에 걸쳐 거주하면서 생활기반을 마련한 사람들 중 상당수는 고향에 돌아가도 생활터전이 없는 상황이라 귀국을 미루는 경우가 많았다.

박진산씨는 당시 재일한인의 상황에 대하여 다음과 같이 언급했다.

생활이 어려운 사람들이 대부분이죠. 재일교포들 중 3분의 1이 경상도니까 귀국하는 사람들도 경상도, 전라도, 제주도. 북쪽에서는 함경도, 평안도 사람은 2%밖에 안 되었지만, 그 사람들은 많이 안 돌아갔습니다. 출신이 북쪽인 사람들은 그쪽에서 생활이 어렵다는 것을 알고 있었기 때문에 많이 안 돌아갔습니다.[3]

또한 일본 정부는 한반도로 귀향하고자 하는 재일조선인이 일본에 있는 재산을 가져가지 못하게 하였기에 일본 생활을 쉽게 청산할 수 없었다. 1947년 말 재일외국인 등록자 중 한인은 거의 60만 명에 이르렀다.

귀국을 어렵게 한 배경에 대하여 신창석씨는 다음과 같이 구술하였다.

귀국하는 동포들에게 미군정 당국이 귀국자 재산을 1,000엔 이하로 제한

3 통일연구원 편, 김면 외, 『북한체제 형성과 발전과정 구술자료 일본·독일』(선인, 2006), 82쪽 (이하, '구술자료 일본'으로 축약함).

했기 때문에 많은 사람들은 일본에 재산을 남겨두고 당장 돌아갈 수 없는 상황도 있었지요. 한편으로는 가지고 갈 재산이 없는 사람들도 있었기에 이래저래 일본에 남게 되는 사람도 많았지요.[4]

한반도는 강대국의 국제적 이해관계에 따라 남과 북으로 분단되었고 서로 다른 정부가 수립되면서 이데올로기 대립이 격화되었다. 이러한 상황에서 재일한인은 한반도의 정세를 관망하면서 귀국을 늦추기도 하였다. 종전 시 일본 내 실업이 만연했고 대부분의 한인들은 일자리를 잃고 행상이나 밀매와 폐품수집 등으로 어려운 생활을 하고 있었다. 재일한인들은 귀환과 생활고 등 생존권 문제로 자신들의 권리를 찾아야 했다. 이로써 일본 내 약 300여 개 한인 자치단체가 만들어졌다. 그러나 연합군 사령부(GHQ)는 일본 당국의 재일한인에 대한 차별적인 처우에 대해 특별한 고려 없이 공동보조를 취하였다. "일본에 재류하는 조선인은 일본 법률을 따르라"는 기본 지령으로 인권 및 재산권 보호에 취약한 재일한인들을 방치한 것이다.

1945년 9월 도쿄에서 '재일본 조선인연맹 중앙준비위원회'를 조직하였고 10월 전국대표 약 5,000명이 모여 '재일조선인연맹(이하 조련)'을 결성하였다. 조련은 처음에는 좌우세력을 아우르는 한민족 단체로 시작했다. 일본 내에서 한인들의 권익과 이들의 민생을 조금이나마 대변하는 것은 진보사상을 지닌 좌익단체였기에 재일한인들은 사회사상에 자연스럽게 공감하였다. 특히 일본공산당 간부였던 김천해가 조련에 가입하면서 이 단체는 급격히 좌경화되었다. 이후 조련은 김두용, 박은철 등에 의해 장악되어

---

4 구술자료 일본, 88쪽 이하.

점차 일본공산당의 영향을 받으며 하부 조직활동을 맡게 되었다. 연합군 사령부는 일부 재일한인들이 일본공산당과 협력한 것을 문제 삼아 한인들을 부정적 시각으로 바라보았다.

홍현기, 김상호 선생 등 우파 민족주의 청년들은 '조선건국촉진청년동맹(이하 건청)'을 결성하여 좌익단체와 맞서기도 하였다. 그러나 이들 우파 세력은 재일한인 사회에서 큰 영향력을 펼치지 못하였다.

박진산 선생은 당시의 한인 사회에 대해 다음과 같이 전하였다.

> 1947년에는 60~70만 명 정도 재일교포가 있었습니다. 6·25 전쟁 당시 일본교포 사회에는 좌익세력이 강했는데 동포들도 대부분 어려운 처지에 살기가 힘드니까 사회주의를 지향하는 사람이 많아서 북쪽을 지지하는 사람이 전체 교포 중 70~80% 되었습니다. 당시 재일조선인연맹을 지지하는 사람이 상당히 강하고 그래서 그 테두리 안에서 각 지방에 민족학교도 설립하기 시작했지요.[5]

종전 후 일본 내 한인들은 한반도의 분단 상태를 반영하듯이, 남과 북을 대변하는 양측 세력으로 나뉘어 일본 내에서 서로 대립하는 상황을 만들었다. 더욱이 한국전쟁은 이러한 일본 내 한인들의 갈등을 한층 심화시키고 고착화하게 만들었다.

---

5 구술자료 일본, 74쪽.

2) 재일한인의 북송사업

해방 초기 재일한인 사회는 북한 국적이 압도적으로 많았다. 조련은 차츰 폭력적인 노선을 취하다가 1949년 9월 일본 정부에 의해 강제 해산되었고, 그 맥을 이어 1951년 1월 '재일조선통일민주전선(이하 민전)'이 발족하였다. 민전은 일본공산당의 극좌 폭력노선 대신에 민족주의적 성향을 강화하고 북한에 적극적인 지지를 표명하는 정책을 추구하였다.

일본 사회와 재일한인 사회에 대한 영향력 증대를 목표로 한덕수가 주축이 되어 1955년 5월 북한의 지원 아래 새로이 '재일조선인총련합회(이하 조총련)'가 결성되었다. 조총련은 한국 정부가 재일한인 사회에 별다른 정책을 펴지 못하던 시기에 중앙집권적 조직을 정비하고 북한의 영향력을 극대화하며 민족교육사업, 금융사업 등을 전개하여 일본 사회 내에서 재정과 조직 면에서 민단[6]보다도 훨씬 우위를 점하게 되었다. 이런 과정에서 1955년 9월 북한 정부는 재일조선인 귀국희망자를 받아들인다는 성명을 발표하였다. 1959년 2월 일본 정부는 일본적십자사를 창구로 하여 북한으로의 귀국을 인정하는 결정을 내렸다. 8월에는 북한적십자사와 일본적십자사 간 재일조선인 귀환관련 협정이 정식으로 체결되었다. 한국 정부와 민단은 북송반대운동을 전개하였으나, 같은 해 12월 니가타에서 첫 운송선이 출발하였다.

박두진 선생은 북송사업에 대해 다음과 같이 구술하였다.

조총련 조직이 전국에 많은 기관을 갖지 않았습니까? 그래서 그때 온통

---

6 '재일본조선거류민단'의 약칭. '민련'에서 이탈한 '건청'과 신조선건설동맹(건동)이 합동하여 1946년 10월 결성되었다.

조직을 동원해서 입국자를 모집했지요. 제가 고3 때 학교 가도 취직할 수 없었고 젊은이에게 희망이 없는 거예요. 일본에서 일해도 잘살까? 그래서 고철을 모아서 판다든지, 밤에 노는 빠찡코라든지 일하는 자리가 없어요. 조선인이라면 안 받아주고. 이런 것이 대부분 사람들의 심정이라 희망이 없는 기라. 그래서 그 참에 지상낙원인 북한에서 돌아오라고, 돌아오면 자기 희망에 따라서 학교도 가고 직장도 가고 자기 능력을 꽃피울 수 있다는 선전이 있고 일본매체도 다 그러고 일본 기자단이라는 사람이 북한에 갔다 와서 또 좋은 말하거든요…… 결국은 북한의 권력과 일본의 국가권력이 합심해서 재일조선인을 그곳에 10만 명 보냈다는 거죠. 국가적인 범죄라면 범죄죠.[7]

조총련의 북송사업이 민족주의적 차원에서 호응을 받은 요인으로, 재일한인 1세, 2세들은 일본에 정착하기보다 조국에 돌아간다는 생각을 항상 가지고 있었다는 점을 들 수 있다. 일본 사회가 경제적으로 고도성장을 하고 있었지만, 당시의 재일한인 사회에는 일본 정부의 차별정책으로 취직이 어렵고 생활이 힘들어 장래에 대한 불안감이 확산되어 있었다. 또한 재일한인들은 민족감정에서 남의 나라 일본에서 고생하는 것보다는 조국의 건설사업에 종사하는 것이 보람된 것이라고 생각하였다. 북한 사정에 대하여 거의 모르고 있었던 총련계 재일한인들은 대대적으로 '지상낙원론' 선전에 현혹되어 북한에 대한 환상을 갖게 되었다. 북한의 막대한 교육 원조와 장학금 지원은 재일조선인들이 환상을 갖는 데 기여하였다.

일본 정부도 북송사업을 긍정적으로 받아들였다. 전후처리 문제에서 일본 국내에 체류하던 많은 수의 한인들은 일본 정부로서도 골칫거리였기에

---

7 구술자료 일본, 47쪽 이하.

북송사업은 이들을 인도주의 명목으로 떠나보낼 수 있는 절호의 기회였다. 또한 재일한인들의 상당수가 하층계급에 속해 생활보호비를 받는 대상이었기에 북송사업을 통해 정부의 복지재정을 크게 줄일 수 있었다. 그 밖에도 일본 국내에서 문제시되었던 높은 실업 문제 및 사회주의운동의 확산 문제를 자연스럽게 해소할 수 있었기에 일본은 북한으로 귀국운동을 사실상 방치하게 되었다고 할 수 있다.

박진산 선생은 북송사업에 대해 다음과 같이 진술하였다.

북한에 가면 사회주의니까 잘살 수 있다고 생각했기 때문이죠. 북은 지상낙원이라고 선진하니끼 1959~60년에 10만 명 정도 갔습니다. 북송동포 98%가 삼팔선 이남 출신이지요. 그 사람들이 일제시대에 못살아서 이곳에 왔고 한국에 돌아가도 못살겠다고 해서 일본과 북한의 선전만 믿고 많이 돌아갔지요. 북에 가서는 실망을 해가지고 상당히 곤란한 것을 알고는 2~3년 뒤부터는 많이 안 갑니다.[8]

북한은 1959년부터 1984년 북송사업이 종료될 때까지 10만여 명에 가까운 재원을 얻었으나 그들이 자유롭게 가족과 상봉하거나 교류할 수 있는 권리를 주지 않았다. 이로써 북송사업은 그들의 인권을 박탈하고 2차 디아스포라가 진행되었다. 북으로 간 동포들은 남한은 물론, 일본에도 왕래하지 못한다.

박두진 선생은 북송선을 탔던 자신의 누나에 대해 언급하였다.

---

[8] 구술자료 일본, 80쪽.

우리 누나도 61년에 들어갔죠. 조카도 평양에 살고 그 후에 70년대에 왕래했지요. 60년대는 오가지 못했죠. 귀국하면 그만이죠. 그러나 우리가 찾아가서 만나 이야기 들어보니까 아무것도 없는 거예요. 집도 없어서 자기가 만들었고 그리고 80년대에까지만 해도 자기 집에 변소 하나가 없었어요.[9]

북송사업은 북한의 전략적 의도대로 초기에는 성공하는 듯하였다. 그러나 기대했던 지상낙원에 대한 선전은 지켜지지 못하고 절대빈곤 상태에서 일본 내 가족과의 생이별만을 초래하여 큰 반발을 낳았다. 1966년 8월 북송협정은 폐기되었다. 이후 1971년 2월 북송 재개를 위한 합의가 북한과 일본 사이에 이루어지기도 했으나 1984년까지 동참 인원은 극히 미미한 추세였다. 북송을 선택한 이들은 일본으로 돌아올 수 없을 뿐 아니라 가족 간 왕래의 자유조차도 갖을 수 없었다. 어렵게 일본 체류가족 및 친지와 만남을 갖고자 한다면 면담이라는 절차를 빌려 한정된 시간과 제한된 장소에서만 가능하였다. 그리고 일본에 남은 가족과 만난다거나 고향을 방문한 이후에는 북으로부터 경제적 도움이라는 명목으로 지원금을 요구받는 경우가 뒤따랐는데, 이는 북송가족을 둔 재일동포에게는 이중의 고통을 강요하는 상황이었다.

3) 양영희 감독의 이산가족 이야기: 〈굿바이 평양〉

양영희 감독은 다큐멘터리 〈굿바이 평양〉에서 본인 가족의 이산문제를 다루고 있다. 양감독의 부모는 제주도 출신으로 일본 오사카에 살고 있

---

9 구술자료 일본, 50쪽.

지만 그녀의 오빠들은 평양에 거주하고 있다. 북송사업과 관련하여 부친인 양공선씨는 총련의 고위간부로서 양감독의 오빠들을 모두 북한으로 보냈다. 이 다큐멘터리는 일본 오사카에 사는 양감독이 평양을 오가며 찍은 13년간의 가족 이산의 아픔을 담고 있다.

영화는 둘째오빠인 양건화씨의 딸 양선화를 중심으로 진행한다. 조카의 성장과정 및 이들 가족의 일상생활을 가감 없이 담고 있다. 온 가족이 함께 모일 수 있는 시간은 양감독과 부모들이 평양을 방문하는 때뿐이며 오빠들이 십여 년간 자라왔던 일본 방문은 원천적으로 금지되어 있다. 양감독은 직접적으로 북한을 비판하지는 않는다. 오히려 선화가 3살 때부터 대학생으로 자라는 세월을 자연스럽게 담아 북한도 사람들이 사는 곳이라는 사실을 일깨우고 있다. 그러면서도 일본과 다른 무언가 부자연스러운 생활을 관객이 느끼게 한다. 북한 사회가 얼마나 폐쇄적이며 가족의 왕래가 자유롭지 못하다는 것을 잘 보여주고 있다.

〈굿바이 평양〉에는 오사카에 사는 모친 강정희씨가 평양에 있는 아들들에게 생활용품을 보내는 장면이 나온다. 이러한 국제 물품 우송이 평양에 사는 가족들의 생활을 지탱해주고 있다. 식료품, 약, 학용품, 이불 심지어 목욕통까지 보낸다. 강씨는 이 일을 30년간 계속해오고 있다. 양감독은 어머니의 소포가 북한의 가족들에겐 '생명선'이라고 설명하고 있다.

아들 3형제의 북송과 관련한 이야기도 나온다. 아버지는 재일조선인 인권과 민족교육을 위해 막대한 자금을 원조했던 북한을 조국으로 선택하였고 정치활동에 몰두하였다. 1970년대 초 그는 총련의 간부로서 지상낙원인 북한으로 아들들을 보낸다. 아버지는 이 선택을 두고, 오빠들의 미래를 위해서는 최선이었다고 덧붙인다. 그때 이들의 나이는 18살, 16살, 14살이었다. 양감독은 6살로 너무 어려 북송은 피하게 되었다. 이들 형제들은 청년기까지 일본에서 자라며 북한식 교육과 일본 문화 사이를 자유로이 오 갔다. 그렇기에 이들이 북한 사회에 적응하는 일이 쉽지 않았다는 것은 쉽 게 알 수 있다.

첫째 아들 양건호는 음악과 커피를 사랑했으나 북한의 너무 다른 환경 에서 우울증으로 고생하다가 2009년 일찍이 명을 달리한다. 둘째 아들 양 건화는 3번의 결혼을 한다. 두 아들과 선화가 그의 자식이다. 선화의 모친 은 출산 뒤 자궁외 임신의 후유증으로 낙후된 의료환경에 손쓰지 못하고 숨을 거두고 선화는 새엄마인 혜경의 보살핌을 받는다.

선화: 지금껏 어떤 연극을 봤어요?

고모(양감독): 〈시카고〉, 〈카바레〉, 〈레미제라블〉, 〈코러스라인〉 같은 브 로드웨이 연극들 그리고 히데키 노다의 작품들도 좋아해.

선화: ????

고모: 미안, 고모 바보 같지?

선화: 잘 모르지만 이야기조차 못 듣는 것보단 나아요. 좀 더 들려주세 요. 고모만 괜찮으면(중략)

선화는 많은 것을 알고 싶어 하지만 폐쇄적인 사회에 어울리지 않는 욕 심인 것을 양감독은 잘 알고 있다.

양감독은 등교하는 선화를 보면서 카메라 뒤에서 말한다.

나는 어디까지나 방문자에 지나지 않으며 선화는 바로 이 속에서 살아가 고 있음을 통감했다. 학교 안에 들어가는 선화의 모습은 나와의 비일상적인 시간에서 벗어나 선화의 현실 속으로 돌아가는 것만 같았다.

양감독은 자신의 존재가 선화에게 짐이 되지 않길 바랄 뿐이라고 한다. 특히 부친과 아들들이 만나는 장면에서 양감독은 다음과 같이 설명한다.

가족이 모여 일상적인 식사를 하는 동안 부친과 오빠들은 특별한 대화를 나누지 않고 조용히 침묵하고 있다. 가족들은 회환을 가슴 깊이 묻어둔 채 서로를 염려하는 듯하다. 부친은 일본에서 북한의 오빠들을 보고 싶다고 항상 말을 해왔지만 막상 오빠들을 만나면 아무 말도 하지 않고 있다.

무언가 말을 아끼는 듯한 가족의 모습은 낯설게 보인다. 부친은 자식을 왕래조차 힘든 평양에 살게 하여 미안함을 느꼈는지도 모른다. 허심탄회하게 자신의 처지나 불만조차 토로하지 못하는 통제사회에 가둔 것은 아닌지, 자신은 일본으로 돌아갈 수 있지만 자식들은 다시 사회주의 일상으로 돌아가야 하며, 자신이 죽은 뒤에도 후손들은 계속 북한 체제에서 살아가야 할 수밖에 없다고 자책하는지도 모른다. 관객은 가족들이 특별한 대화를 주고받지 않지만 이들 사이에 많은 복합적인 감정이 오가고 있음을 느끼게 된다.

영화의 결말은 이산의 아픔으로 그려진다. 2004년 뇌경색으로 쓰러진 부친은 사망하고, 양감독은 2007년 전작 영화인 〈디어 평양〉 상영문제로 북한 입국을 금지당한다. 따라서 금방 다시 보자던 선화와의 약속은 기약 없는 소망이 되었다.

4) 재일 3, 4세대의 디아스포라 정체성

조총련은 북송사업을 통해 재정적 기반을 확대했고 재일한인 사회에 큰 영향력을 발휘하는 조직을 갖추고 있었다. 그러나 조총련은 1970년대 이후 김일성 우상화에 대한 조직 안팎의 반발과 북한 경제의 악화로 인한 재정 지원 감소 등으로 그 세력이 약화되었다. 반면에 민단은 조총련의 약세에 비례하여 상대적인 성장을 보였다.

재일 3, 4세대의 젊은 층은 냉전적 이념으로부터 벗어나 성장하였고 재일한인 1세대들과 달리 민족정체성을 확고히 지키려는 의식이 약하여 한반도의 분단과 이산가족 문제에 대한 인식이 매우 낮다. 이들 젊은 한인 세대들은 남과 북 어느 한쪽을 편애하는 정치적 입장을 주장하지 않는다. 오히려 현실적으로 국제결혼이 증가하고 귀화자가 늘어나는 등 일본 사회의 일원으로서 동화하는 추세를 보이고 있다. 따라서 조국으로부터의 이산집단이라는 의식과 귀환의식이 약화되어 가고 있음을 살필 수 있다.

2. 사할린의 고려인

1) 사할린의 한인 이주와 정착

재소한인, 고려인들은 여러 방식으로 이주의 역사를 경험하였다. 한인들의 연해주 정착은 1860년대 가난을 못 이겨 국경을 넘으면서 시작되었고 1937년 정착민들이 중앙아시아로 강제 이주될 때에는 그 수가 18만 명에 이를 정도로 성장하였다. 조선에서 연해주로, 연해주에서 중앙아시아로, 중앙아시아에서 다시 연해주로 가야 했던 고려인의 삶은 처참했다. 떠나온 조국은 대립하는 정치체제로 나뉘어 돌아갈 수 없는 상황이 되었고 이것이 고려인의 비극적 운명을 결정하였다. 1956년 중앙아시아 억류가 해제되면서 일부 고려인들이 조금씩 연해주로 돌아오기도 했으나 사할린 지역에서 한반도 고향으로의 귀환은 사실상 허락되지 못하였다.

소련 측 자료에 의하면 1946년 사할린에는 한인 약 5만 명 정도가 살고 있었다. 20세기 초 러일전쟁에서 승리한 일본은 남부 사할린을 점유하게 되고 이 지역의 개발을 위해서는 노동력이 필요하였다. 특히 1930년대 이후 탄광 개발이 본격적으로 추진되면서 한인들을 점차 이곳으로 확대 이주시키게 되었다. 2차 대전의 전선이 확대되면서 많은 일본인들이 군대에 입대하였기에, 일본 정부는 부족한 노동인력을 한인들의 징용을 통해 보충한 것이다. 1939년에서 1943년까지 집중적으로 한인들이 연행되었는데 조선총독부의 자료에는 1만6,113명으로 기록되어 있다. 이들은 광산업뿐만이 아니라 토목, 도로, 비행장 활주로 등 전쟁을 위한 군사시설 공사에 투입되었다.

다카키 켄이치(高木健一)의 연구에 따르면 일본에 의한 강제징용은 3단계로 진행되었다. 1939년 9월부터 '통제 모집', 42년 2월부터는 '관 알선', 44년 9월부터는 '징용'으로 호칭과 제도에 변화는 있었으나 어느 것이나 조선총독부와 일본제국 정부가 직접 관여한 강제노동에 지나지 않았다.[10]

당시 징용을 통해 사할린에 오게 된 김수돌씨는 당시 일을 회상하여 남겼다.

형제는 7명이었고 저는 차남이었습니다. 아버지가 돌아가신 뒤에는 형이 아버지 대신 일했습니다. 그래서 경찰과 면에서 징용 갈 사람을 모집하러 왔기에 제가 가게 되었습니다. 어디로 간다고 알려주지도 않았고, 1944년

---

10 이토 다카시, 『사할린 아리랑, 카레이스키의 증언』(1997), 190쪽 이하(이하 '카레이스키 증언'으로 축약함).

11월 사할린의 가와카미 탄광에 갔습니다. 각지에서 모인 40여 명과 함께였습니다. 젊은 사람은 6시간의 노동 외에 2시간의 군사훈련을 받았습니다. 제가 했던 일은 석탄을 캐낸 곳을 메우는 일이었습니다.[11]

사할린에 오게 된 한인들은 경상북도와 경상남도 출신이 70%가 넘었다. 이렇게 주로 경상도민들을 송출하게 된 이유는 전라도 지역은 쌀 생산에 인력이 동원되었고 부산지역은 군수공장이나 항구노동에 인력이 필요했기 때문이기도 했다.

김형태씨는 자신이 징용된 것은 부족한 쌀 공출에 대한 징벌이었다고 구술하였다.

종전이 되던 해에 징용당했는데 결혼한 지 8개월째였습니다. 전라북도에서 133명과 함께 1월 3일에 출발해서, 21일에 사할린의 나이부치 탄광에 도착했습니다. 6개월 동안 일했을 뿐이지요. 저의 징용은 쌀의 공출이 부족했던 데에 대한 보복이었습니다. 전라도는 평야지대이므로 쌀의 주산지였습니다. 당시의 쌀은 중요한 물자로 지구별로 공출미에 대한 할당이 있었는데 농민이 부족했습니다. 우리 집은 큰 농가로 200가마니를 수확했습니다만, 그중의 130가마니를 공출하지 않으면 안 되었습니다. 공출이 부족하면 강제적으로 쌀을 빼앗기도 했고, 그럴 때 부려먹는 조선인 '돌격대'도 있었습니다.[12]

사할린 탄광노동은 말 그대로 중노동이었고, 징용된 한인들은 먹을 것이 부족해서 매우 힘든 생활을 겪어야 했다. 혹여나 도망을 시도하다가 잡

---

11 카레이스키 증언, 46쪽 이하.
12 카레이스키 증언, 62쪽.

히면 혹독한 처벌을 받았다. 한 달에 통상 90~200엔 지불을 약속하기도
했으나, 실제로 이행되지 않았다. 상당 부분이 '국방저금'이나 '노무저금'으
로 공제되었고, 종전의 혼란 시기에 통장은 분실 처리되기도 하였다. 사할
린 출신 고려인을 연해주에서는 '화태치'라고 하는데, 이곳 한인들은 전쟁
이 끝나면 고국으로 돌아가기만을 학수고대하였지만 이들은 전후처리 문
제에서 제외되었고 그곳에 남아 이산가족의 운명을 맞이하였다.

2) 사할린 고려인의 귀환 방해와 국적 문제

많은 사할린거주 한인들은 전쟁이 끝난 후에 자신들이 일본인보다 먼
저 고향으로 돌아갈 수 있다고 생각했다. 일본은 전쟁에 패하였고 한국은
종전과 함께 일본의 지배에서 벗어났기에 고향으로 곧바로 돌아가는 것은
당연한 일이라고 여겼다. 그러나 한국인들에게는 고향으로의 귀환이 전혀
허락되지 않았다. 일본은 〈포츠담 선언〉에 따라 한국인을 일본인의 범주에
서 제외시켰기 때문에 사할린거주 한인들은 고향으로의 귀환에서 제외되
었다. 다만 4만3천 명이 넘는 한인 가운데 일본인 처를 둔 일부만이 일본
으로 돌아갔으나 이들의 수는 1천 명이 안 되었고 나머지 인원은 사할린에
체류해야 했다.

권희덕씨는 귀국의 문제에 대해 다음과 같이 구술하였다.

그다음 날 아침 근로과는 기숙사장, 반장을 모아서 이야기했습니다. 그
것은 철수를 일본인 여자, 가족이 있는 일본인 남자, 가족이 있는 조선인 여
자, 가족이 있는 조선인 남자, 독신자의 순번으로 실시한다는 것으로 저는
가장 나중의 순번에 속했습니다. 그러나 소련군이 바로 들어왔기 때문에 그

대로 되지는 않았습니다.(중략) 전후 일본이 책임을 갖고 우리들을 귀국시키려고 했다면 가능했을 것이라고 생각합니다. 1952년 〈대일강화조약〉 발효까지 우리들은 법률적으로 일본 사람이었으니까요. 조선에서 온 1세들은 사회제도의 180도 전환에 적응할 수가 없어서, 내 눈앞에서 정신이상으로 자살한 노인이 두 사람이나 있습니다.[13]

미국과 소련도 사할린에 이주한 한인에 대해 별 관심을 표명하지 않은 채 내버려둔 상태였기에 한인들의 이주는 강제 성격을 띤 정착이 되었다. 사할린에서 한인 노동력은 광산과 어업, 공업에 아주 중요한 역할을 하였고 소련 정부는 계속 이것을 유지하려고 했기 때문이다. 사할린의 한인들은 자신들의 의지와는 전혀 관계없는 이주자가 되었다.

박형주씨는 당시 상황에 대해 다음과 같이 말하였다.

전후 사할린의 조선 사람들의 생활은 정말 어려웠습니다. 최초의 고통은 일본의 패전으로 우리 조선 사람이 일본 사람보다 먼저 귀국할 수 있다고 생각하고 있었는데 일본 사람만 철수해버렸고 조선 사람들만 남게 된 일이었습니다. 정말 억울한 일이었지요. 가라후토(사할린의 일본식 명칭)의 조선 사람들에 대한 문제는 정말 비극입니다. 과거에 저는 일본국적을 가졌고 다음엔 무국적 그리고 북조선국적 또 무국적이 되었다가 지금은 소련국적입니다. 북조선의 국적을 가졌던 당시 북조선에 두 번 가서 북조선의 정치지도원을 하기도 했고 북이건 남이건 같은 민족이 아니냐는 내셔널리즘도 있었습니다.[14]

---

13 카레이스키 증언, 32쪽.
14 카레이스키 증언, 70쪽 이하.

소련 정부는 일본인의 귀국 이후 사할린에 거주하고 있던 한인들에 대해서 거주등록을 실시하였다. 한인이 소련인 처를 둔 경우 소련국적을 취득시켰다. 북한적을 취득할 경우는 공민증을 취득하고 소련인과 동등한 지위를 얻게 했다. 반면에 사할린의 한인들 중 남한의 고향 혹은 오랜 생활터인 일본으로 귀환을 절실히 바란다고 하더라도, 소련 당국은 남한 출신자들을 일률적으로 무국적 처리하였다. 이 때문에 남한 출신들은 정치적으로 완전히 차별을 받는 무국적자로서 다시 어려운 생활을 해야 했다. 직장을 얻거나 아이들의 취학 시 또는 진료를 받을 경우에도 여러 불이익을 받아야 했던 것이다.

재소한인 4만3전 명 가운데 65%가 북한적, 25%가 소련적, 나머지 10%가 무국적으로 되었다. 이들 중 끝까지 무국적을 고집하는 경우는 남한에 가족을 두고 있어서 무국적을 유지하여야 하루 빨리 고향에 돌아갈 수 있을 것이란 희망에서 국적 취득을 포기한 이들이었다. 그러나 1950년 한국전쟁이 발발하면서 이후 사할린 한인들의 귀향은 사실상 봉쇄되었다.

3) 사할린 고려인의 가족 이산 사례

미혼으로 살고 있는 김정극씨 이야기[15]

1920년 3월 24일 생으로 조선을 떠나기 전에 생활은 형편없었다. 아버지는 농사를 지었지만 늘 먹을 것이 없었다. 전쟁 중이었으므로 밭을 경작해도 전부 공출하지 않으면 안 되었고 배급도 만족스럽지 못했다. 가난해서 학교에도 못 가고, 숙부에게서 한자를 배웠다. 명목은 '모집'이었으나,

---

15 카레이스키 증언, 53쪽 이하.

가지 않으면 경찰이 체포했으니까 '징용'과 다름없었다. '모집'하러 온 사람은 일본 사람의 지령을 받은 조선 사람이었고 공무원이었다. "지금 세계전쟁을 하고 있으므로 석탄을 캐기 위해서 가라후토에 가지 않으면 안 된다"라고 강요했다.

사할린에서의 일은 탄광에서 석탄을 실은 트럭을 미는 일이었다. 숙사에는 같은 고향에서 온 조선 사람도 있었다. 숙사에서는 이불이나 베개 속에 풀을 집어넣어도 얼어서 부풀어 오르지 않았다. 아침에 일어나면 입이나 이불 위에 얼음이 붙어 있을 정도였다. 김씨는 '왜 인간이 이런 이불 속에서 잠자지 않으면 안 되는가, 우리들은 인간도 아닌가?'라고 그때 생각했다. 계약에는 8시간 노동으로 8엔을 지불하기로 되어 있었지만, 가서 보니까 임금은 일률적으로 3엔 50전이었다. 그중에서 식사, 이불요금, 물품대를 제외하면 얼마 남지 않았다. 그래도 10엔 정도 모이면 조선으로 송금했다고 한다.

1943년 11월에 사할린에 도착했기 때문에 2년간의 징용기간이 채 안 되어 전쟁이 끝났다. 그는 광복 당시인 8월 15일 작업은 대기조였기 때문에 숙사에 있었다. 거기에는 라디오가 한 대 있었는데, 낮 12시경 일본 천황의 발표가 있었다. 그때는 "조선 사람도 황국신민이라고 교육받았으니까 일본이 승리했더라면 좋았을 것"이라고 생각했다. 본국과도 연락할 수 없게 되었고, 돈도 떨어져 노동자들은 회사에 맡겨둔 저금을 달라고 일본 우두머리들에게 달려들었다. 이에 위험을 느낀 일본 사람들은 모두 도망가 버렸다.

조선에서 함께 온 78명 중 지금까지 살아남은 사람은 다섯 명뿐이다. 김씨는 한국에 아내와 딸이 있지만, 딸이 어릴 때 사할린에 건너왔기 때문에 자신의 얼굴을 기억 못할 것이라고 했다.

가라후토에서 저는 줄곧 혼자 살아왔다. 왜 여기서 결혼 안 했는가 하면 내일, 내년에는 귀국할 수 있다고 믿어왔기 때문이다. 그러다가 어느덧 사십 몇 년이 흘러버렸다.

사할린으로 강제징용 당한 배용권씨 이야기[16]

배용권씨는 1920년 3월 23일 생으로 소련 사할린주 브이코에 무국적으로 거주하고 있다. 그의 본명은 배태권이며 대구 출신이다. 어느 날 그의 형인 실제 배용권씨는 징용서류를 받았다. 그러나 형은 이미 처자가 있고 생계를 책임지고 있어서 동생인 태권씨가 징용을 가게 되었다. 부산에서 일본 규슈를 거쳐 사할린의 오도마리(코르사코프)에 철도와 배를 타고 건너왔다. 오도마리에서 다시 나이부치 광업소로 이송되어 일본 인조석유제조 가라후토 소속으로 탄광에서 일하게 되었다. 그는 그곳에서 2년간 일한 후 타코베야(노무자 합숙소)로 옮겨가게 되었다. 그는 주로 갱 안에서 석탄을 실은 차를 운반하는 일을 맡았다. 배고픔, 고단한 작업량 그리고 감독관의 혹독한 채벌로 힘든 날을 보내다가 광복을 맞게 되었다.

전쟁이 끝나면 그는 고국으로 돌아갈 것을 기대하였다. 그러나 일본인들은 철수하면서 이들에게 "먼저 철수해서 조선 사람이 돌아갈 수 있게 하겠다"라는 말만을 남기고 가버렸다. 그 뒤로 그는 1982년 연금 생활에 들어가기까지 같은 탄광에서 징용 때부터 하던 같은 일을 40년간 하였다. 이곳에서 그는 1953년 재혼을 해서 아들 둘, 딸 셋을 두었으나 고향에 빨리 가기 위해 무국적으로 남았다. 그런데 1978년에 우연히 고향의 아내가 자신과 이혼한 후 재혼했다는 소식을 들었다.

---

16 카레이스키 증언, 72~76쪽.

1990년에는 한국의 가족으로부터 초대를 받아 일본 우에노의 한 식당에서 아흔 살이 되신 어머니를 만나게 되었다. 그때 배씨는 너무나 기뻐서 어머니를 붙잡고 하염없이 눈물을 흘렸다. 그 후 일시 귀국한 그는 대구시 교외에 있는 고향 본가에 도착하여 부친과 형의 묘를 참배했다. 배씨는 징용될 때부터 형의 이름인 '용권'으로 평생을 살아왔으나, 다시 고향에서 그의 본명인 '태권'으로 불렸다. 고향마을은 하루 종일 그의 귀환을 환영하였고 마을 잔치가 벌어지고 그동안의 이별의 아픔을 잊게 하였다. 그러나 그는 그 후에도 자신의 자녀들과 사할린에 거주하여야 했다.

김기룡씨가 카레이스키로 남은 사연[17]

김기룡씨는 1916년 12월 22일 생으로, 남자형제 3명과 누이동생 1명이 있었다. 그의 형은 5~6년 전부터 '일본수산 주식회사'의 포경선을 타고 있었기에, 그는 같은 회사에 들어가고 싶다고 편지를 보냈다. 그는 이 회사에 들어가면 징용에 안 가도 될 것이라고 생각한 것이다. 그런데 형은 "일본은 전쟁에서 지니까 회사에 들어오지 말라"고 했다. 그는 징용이 무서워서 그 말을 듣지 않고 회사에서 증명서를 받아 일본으로 일하러 가게 되었다. 일본수산의 시코탄 섬의 공장에 간 것은 전쟁이 끝난 해로 조선 사람 20명이 함께였다. 공장에서는 그 친구들과 30명이 넘는 일본 사람과 함께 일했다. 형은 이 회사의 '다이이치 타이헤이 마루'라는 포경선에 타고 있었지만 그는 육지에서만 일을 했다. 맡은 일은 잡아 온 고래 껍질을 벗기고, 살을 소금에 절이거나 냉동하고, 뼈를 증기로 쪄서 기름을 짜는 등이었다.

이곳에서 4~5개월 일하던 중 전쟁이 끝났다. 형은 "먼저 가지만 일본으

---

17 카레이스키 증언, 34쪽 이하.

로 소개(疏開)하기 위한 배가 입항하니까 그것을 타고 다음에 오라"고 말하고 포경선을 타고 앞서 일본으로 가버렸다. 형의 말대로 그 배는 곧 입항했지만 주둔 소련군은 출항을 허락하지 않았다. 섬에 남은 징용자들은 이곳에서 3년을 더 일한 후, 사할린으로 전원 이주되었다. 그는 고루노자보크의 벽돌 공장에서 일하기도 하고 탄광에서 필요한 목재를 절단하기도 했다. 1972년에 연금을 받기까지 그곳에서 줄곧 일한 뒤 퍄치레이체로 이사 왔다. 그는 줄곧 혼자 살았다. 그러나 한국에 두고 온 집사람은 그의 고향을 떠나 다른 마을로 가서 재혼했다고 한다. 그는 돌아가고 싶어도 돌아갈 수 없었다.

"일본 사람들은 '딩신들 조선 사람은 우리들보다도 먼저 소개할 수 있을 것입니다'라고 말했지만, 자기들만 먼저 배를 타고 돌아가 버렸다"고 그는 분개했다. 이 때문에 여전히 그는 일본 정부나 일본 사람이 나쁘다고 생각하고 있다. 함께 일본 수산에서 일한 친구들 중에는 북한으로 건너가 버린 사람도 있었지만 이제는 대부분이 죽었다고 한다. 남아 있는 사람은 그와 체홉에 있는 사람뿐이라고 했다.

3. 재중 조선족

1) 한인의 만주 이주와 조선족 사회의 형성

현재 중국의 조선족은 대략 200만 명이 넘는 것으로 추정하고 있다. 이는 중국 내 여러 소수민족 중 11번째에 이르는 큰 규모로 주로 동북 3성인 길림성·흑룡강성·요령성 및 내몽골 자치구에 주로 분포되어 거주하고 있다. 한인들이 중국 땅으로 이주하게 된 시기는 대략 150년 전으로 추정하고 있다. 19세기 중엽 이주 초기에는 접경지역이라고 할 수 있는 함경도와 평안도 지방에서 옮겨온 이들이 많았다. 중국과 한반도 인근 국경지방에 거주하던 한인들이 고향에서 흉년과 자연재해로 생계의 어려움을 겪게 되자 압록강과 두만강을 넘어 중국 내 간도지역으로 개별 이주해 오면서 이들의 정착이 시작되었다고 볼 수 있다. 청(淸)나라는 만주지역을 봉쇄하여 한인들의 거주 정착을 이전부터 금지하여왔으나, 기근과 가혹한 과세 부담으로 인한 생활고로 백성들은 국경을 넘게 되었고 이주민은 점차 증가하였다. 당시 이주한 한인의 수는 1만 명이 넘은 것으로 추정한다. 1881년 청은 러시아와 국경 문제로 만주지역에서 실시하던 봉금령을 해제하고 월간국(越墾局)을 설치하였다. 이주민의 정착과 개간을 허용하고 토지세를 징수하는 개방정책으로 전환하면서, 만주지역으로 한인들의 대규모 이주가 가능하였다. 1897년에는 통화, 환인, 관전, 신변 지역에 대략 8천 가구 3만여 명이던 것이 1910년경에는 만주지역 전체 조선족이 15만 ~20만 명으로 크게 늘었다.

이처럼 한인들의 수가 크게 증가한 계기는 일본의 제국주의 야욕에 따른 이민정책으로 볼 수 있다. 1910년 조선을 강제로 합병한 일본은 만주 대륙 침략을 위해 한인들을 이용하였다. 일본은 식민지 정책의 일환으로 1936년 이래 20년간 중국 동북 3성에 일본인 100만 호 500만 명의 이주계획을 수립하면서 매년 조선에서 일본신민 1만 가구를 이민시키기로 계획하였다. 조선총독부는 만주 이민정책을 통해 실제 1936~1940년에 25만 6천 명, 1941~1944년에 6만4천 명을 송출한 것으로 기록하고 있다.[18]

---

18 김경일 외, 『동아시아의 민족이산과 도시』(역사비평사, 2004), 47쪽.

현재 연변 안도현 명월진 발재마을에 거주하는 박정숙씨는 고향 경상남도 산청에서 11살 때인 1937년 부모를 따라 만주로 오게 된 경위를 다음과 같이 전했다.

우리 아부지 이름이 진출이오. 아부지가 내 손목을 잡았다 놓았다 멫분이나 망설이디이마는 길국 나를 딜고 왔어요. 빈 몸만 가마된다 캐서 만척을 따라왔는데 와보이 암굿도 없고, 먹을끼라꼬는 좁쌀 썩은 거하고 미역선낫 주더라꼬.[19]

이때 신청에서 한인 30호가 이주해 왔으며, 이들은 '삼도만'이라는 곳에 일단 거처를 정했으나 한족들이 밭에 물이 들어온다면서 수전개간을 막는 바람에 발재마을로 옮겼고, 김해와 거창지역의 주민 40호와 합세해 황무지를 논으로 개간하기 시작했다고 전한다.[20]

간도지역에는 집중적으로 1937년부터 1941년 사이 대략 2만4천여 호의 한인농민들이 이주되었다. 한인들은 새로운 삶의 터전을 일구고자 하였지만 이곳에서 직면한 이주민들의 생활환경은 매우 열악하였다. 이들은 원주민의 집 곁방살이나 비바람만을 간신히 피할 허름한 집에 묵었고 농업환경도 벼농사를 짓기에는 부적당한 척박한 땅이었다.

일본에 의해 강제로 중국 이민 길에 오른 김두련씨 가족은 당시 상황을 다음과 같이 구술하였다.

근근득식(근근득생)으로 살던 중 일본 사람들이 와서 이민살이를 하라고

---

19 정근재, 『그 많던 조선족은 어디로 갔을까?』(북인, 2005), 36쪽.
20 위와 같음.

떠들어대는 통에 행여나 중국에 가면 좀 잘살겠는가 싶어 우리도 이민들 속에 끼어들었다…… 일본 사람들이 이민들을 끌고 동네방네 다니면서 암무집에나 강박으로 우리를 떠맡기는 것이었다. 그래서 우리는 한족 집 뒤칸을 하나 차지하게 되었는데…… 논이라는 게 물만 찌면 하얀 소금밭이 되군 하였다…… 사방 다 돌아봐야 물이란 건 다 쯥쯜한 게 도무지 먹을 수가 없었다. 할 수 없이 짠물이라도 먹고 나면 그만 병이 들어 넘어가는 판이었다. …… 그해 숱한 사람들이 병이 들어 고생했고 죽기도 수태 죽었다. …… 농사는 못 짓고 사람만 병들어 쓰러지니 도무지 살 수가 없었다. 그래서 숱한 사람들이 도망을 치기 시작했다. 밤만 자고 나면 호수가 줄었다. 그러니깐 일본 놈들이 집집이 쫓아다니면서 이사를 못하게 생지랄을 피워댔다. …… 우리도 길을 떠나고 말았다.[21]

당시 조선 중부와 남부지역에서 만주까지 한인들이 이주하게 된 큰 원인 중 하나는 농민들이 국내에서 생계를 유지하려고 해도 할 수 없는 상황에 이르렀던 일제하 농업정책을 들 수 있다. 대표적으로 일제가 실시한 사업으로 '토지조사사업'(1910~1918)과 '산미증산계획'(1920~1934)을 들 수 있다. 이들 정책은 조선 농촌을 수탈하려는 목적으로 이행되었다. 토지조사사업은 대부분의 농민을 자작농에서 소작농으로 전락시켰고 산미증산계획은 쌀을 일본으로 반출하기 위한 의도로 한반도 농촌을 피폐하게 만들었다. 어려워진 농촌경제 탓에 파산한 많은 농민들은 연변과 같은 국외지역으로 내몰리게 된 것이었다. 조선의 모든 지역에서 이곳으로 옮겨 와 살게 되었지만, 특히 이 시기 이주자들 중 지리적으로 가장 먼 영남지역 출

---

21 중국조선족 청년학회 수집·정리, 『중국조선족 이민실록』(연변인민출판사, 1992), 222~223쪽.

신이 많은 수를 차지하고 있었다. 호남지역은 쌀식량 증산을 위한 노동력 수요로 상대적으로 만주로의 인력송출이 적었던 것으로 보인다. 경상도 사람들은 길림성 통하시·유하·매화구시·장춘시·구태시를 거쳐 흑룡강성으로 혹은 길림시와 영길현·흑룡강성 오상시와 상지시, 아성시 등으로 이어지는 이주로를 통해 이동하였다. 나아가 흑룡강성 전역은 물론 내몽골 지역으로까지 분포하는 넓은 지역으로 한인들이 이주·정착하고 있음을 알 수 있다.[22]

중국 동북지방의 조선족 인구수는 1944년 165만 명에 이르기도 하였다. 해방을 맞아 많은 한인들이 조선으로 돌아간 이후에는 1947년 111만 명이 거주하던 것으로 추정한다.[23] 또한 간과할 수 없는 사실은 중국지역에는 조선에서 끌려간 한인여성들도 상당수 거주했던 점이다. 일제 시기 일본군은 조선위안부를 강제로 모아 군부대 옆에 배치하였다. 일본군에 끌려간 조선위안부의 숫자는 학자에 따라 다소 다르지만, 여자정신대에 끌려간 한인여성은 25만 명이고 그중에서 위안부로 된 여성은 18만이라고 한다. 조선위안부들이 중국의 점령지역에서는 약 80% 이상을 차지하고 동남아지역에서는 절반 이상을 차지하였다고 추정하고 있다.[24]

2) 분단 그리고 조선족 동포의 이산

1945년 광복이 이루어졌지만, 한반도 국내사정은 극히 혼미하였다. 사회적, 경제적 기반이 정착되어있지 못한 상황이었고 이데올로기 대립이 격

---

22 정근재(2005), 241쪽.
23 최진욱 외, 『동북아 한민족 사회의 역사적 형성과정 및 실태』(통일연구원, 2004), 62쪽.
24 주성화, 『중국 조선인 이주사』(한국학술정보, 2007), 547쪽.

화되는 정세불안 속에서 남북의 분단이 점차 현실화되어가고 있었다. 당시에 연변지역 거주 한인들 중 상당수가 쉽게 고향으로 돌아가지 못하였다. 이유는 조선에서 가난에 시달리다 중국으로 왔기 때문에 국내에 생활 근거가 없는 상황에서 다시 귀환하기가 쉽지 않았던 것이다. 또한 이들은 향후 국내사정을 잠시 관망하는 차원에서 바로 귀국을 하기보다는 중국에 잔류하는 것을 선택하였다고 볼 수 있다. 이러한 가운데 귀환하지 않고 남은 연변 조선족은 중국 사회주의 체제에 자연스럽게 복속되면서 자신들의 삶을 영위해 나가야 했다.

당시 일본 패망 직후 만주는 국민당과 공산당의 대결장이 되었다. 중국의 내전 과정에서 조선족은 공산당 편에 가담해서 싸우게 되었다. 중국공산당이 민족차별을 없애고 적극적으로 소수민족을 포용하는 정책을 추구하였으며 조선인에게도 토지를 무상으로 분배하려는 정책노선을 보였기 때문이다. 그동안 한족에게 소작을 얻어 빈농으로 어렵게 살아왔던 한인들에게 공산당의 소수민족 정책은 삶의 희망으로 다가왔다.

허학선씨는 당시 국민당 토비들의 수탈에 맞서 총을 들어야 했고 공산당에 가담하게 된 경험을 다음과 같이 구술하였다.

내가 16살 되던 해에 일본놈들이 망하구 국민당 토비놈들이 들어왔다. 그자들은 밤중에 우리 마을에 뛰어들어 벼를 빼앗고 사람을 마구 두들겼다. 그날 10여 명의 조선족 청년이 그자들한테 잘못되었다. 그게 바로 설 전날이었는데 우리 집 식구는 맨발 바람으로 도망쳐 나와 4시간 동안이나 눈 속에서 헤맸다. …… 우리는 일본놈들이 버리고 간 총으로 무장하고 토비들과 맞서 싸우기 시작했다. 그 후 나는 참군했댔는데…… 땅을 분여받았다.[25]

중국공산당 편에서 조선의용군 등으로 전투에 참가한 조선족 인원이 6만여 명이 되며 공안부대와 기간대 등 지방 무장조직에 참가한 인원도 10만 명에 달했다고 한다.[26] 4년간의 중국내전 기간 조선족은 3,500여 명을 희생하였다. 1948년 공산당이 중화인민공화국을 수립함으로써 조선족이 집거하는 조선족 자치정부가 건립되었다. 공산화에 일조하였던 많은 조선족은 그 대가로 생활상의 안정을 얻을 수 있었다.

조선족으로서 중국내전과 한국전에 참여했던 최기석 선생은 자신의 참전과 관련하여 당시 중국과 북한의 긴밀한 혈맹 관계를 구체적으로 말하였다.

4년 동안 해방전쟁에 참여했으니까 그동안 가족은 모두 여기 있었지만 우리를 중국공민으로 취급한 것이 아니라 조선인으로 취급해줬다. 우리가 조선(전쟁) 나갈 때는 깃발에다가 '우의'라는 표현을 썼다. 그것은 다른 나라의 동무들이 잠시 이곳에 있다가 가는 것을 의미했다. 그때는 공화국이 건립되기 전이니까 일본 통치라서 이중국적을 취급해줬다. 하나는 중국국적이고 하나는 조선국적이다. 그러니 네 마음대로 선택하라. 돌아갈래면 돌아가고, 돌아갈 사람은 조선공민이고 안 돌아갈 사람은 중국공민이고. 이래서 나는 1958년 (중국으로) 돌아왔는데 돌아와서 중국공민을 회복했다.[27]

1950년 한국전쟁에 수만 명의 조선족이 인민군 혹은 중국의용군으로 참전하였고 전후에는 북한 복구건설 지원사업에 참가하였다. 중국에 남게

25 중국조선족 청년학회 수집·정리, 『중국조선족 이민실록』(연변인민출판사, 1992), 121~123쪽.
26 위의 책, 65쪽.
27 정현수 외, 『중국조선족 증언으로 본 한국전쟁』(선인, 2006), 22쪽.

된 조선족은 북한과의 강한 연계성 속에서 친(親)북한의 일방적인 편향을 보여왔으며 한반도의 분단구조에서 북한을 유일한 조국으로 받아들이고 남한과는 단절된 삶을 이룰 수밖에 없었다.

3) 조선족 동포의 가족 이산 사례

곽병희씨 가족의 생존을 위한 이주 이야기[28]

경남 거창군 신흥면에서 태어나서 21세까지 고향에서 살았다. 80호 정도가 모여 사는 마을이었는데 다른 성씨는 한 집밖에 없고 모두 곽씨 일가만 모여 사는 동네였다. 농사를 짓고 살았는데 형편이 어려워서 망하기 직전이었다. 3남1녀의 막내로 태어났는데 작은형은 일본에 의해 징용으로 북해도 탄광에 끌려가고 큰형은 34세에 사망했다. 농지는 모두 13마지기가 있었는데, 작은형이 결혼할 때 3마지기를 떼어주고 10마지기만 남았다. 형이 죽자나, 어머니, 형수, 조카 1명 등 모두 4명만 남게 되었다. 그래도 열심히 농사를 지어 3년 뒤에 토지를 더 사서 14마지기를 경작하게 되었다. 형수는 재취로 들어와서 나보다 1살 위였는데 그럭저럭 먹고사는 데에는 어려움이 없었고 집도 좋은 것을 샀다.(중략) 고향에 계속 머물러 있으면 작은형처럼 일본군에 끌려갈지도 모른다는 생각이 들었다. 그래서 어머니에게 조카를 맡기고 혼자 21세 되던 1944년에 중국에 왔다.(중략)

러시아 국경의 천리라는 곳으로 일본인이 운영하는 회사인 찬란툰에서 벌목공을 모집한다는 공고를 보고 찾아갔다. 일꾼들의 수가 엄청나서 몇 만

---

28 김광억 외, 『중국 흑룡강성 한인동포의 생활문화』(국립민속박물관 학술총서 24, 1998), 65~69쪽.

명이 넘었다. 거의 다 한족과 만주족이었고 조선족은 300명 남짓 되었다. 급료는 얼마 되지 않았지만 조선족이 많지 않아서 그랬는지 조선족에 대한 대우가 만주족이나 한족에 대한 것보다 훨씬 좋았다. 나는 강 위로 뗏목을 나르는 일을 했다. 관리하는 일은 모두 조선족의 차지로 권한이 상당히 컸다. 이간정책의 하나였겠지만 조선족은 감독을 주로 했고, 한족들은 조선족들에게 상당한 불만을 갖고 있었다.(중략) 그래도 빨리 돈을 벌어서 해방이 된 후에도 8일 정도 더 일했다. 구들장 움직이는 소리만 나서 알 수가 없었는데 일본인들은 서서히 하나둘씩 소리 없이 사라졌다. 나중에 중국 군대가 와서 해방이 되었다는 소식을 알려주었다. 해방이 되었다는 사실이 알려지자 중국인들은 좋아서 춤을 추고 난리였다. 남은 식량과 가축을 자기들끼리 분배했다. 그러나 나와 조선족들은 앞으로 어떻게 될지 두려워서 강 너머에 있으면서 나오지도 못했다.(중략)

오상에서 중국 군인과 조선의용군을 모집한다는 광고를 보고 바로 중국 군대에 입대했다. 먹고살 대책도 없고 돈도 없어서 고향에 가고 싶어도 갈 수가 없었다. 돌아다니다가 길에서 얼어 죽은 사람도 많이 보았다. 1945년 중국 군대에 입대한 후에 중국 각지를 다니면서 인민해방운동에 참여했다. 거기는 조선족 간부가 많았는데 나는 처음에는 사무장으로 있었다. 당시에 도시지역은 국민당이 장악한 곳이 많고, 농촌지역은 팔로군이 지배를 하는 경우가 많았는데, 팔로군은 인원은 많아도 돈이 없어서 힘들었다. 처음에는 총도 없어서 몇 달 뒤에 뺏어서 사용했다. 동북3성, 북경, 상해를 돌아다니다가 1949년 마지막으로 중경에서 승리한 후에 전쟁이 끝났다. 그 다음에 모택동이 조선인은 조선으로 가라는 명령을 했다. 그래서 남쪽의 정주로 가니 김일성이 파견한 조선해방을 위한 군대가 편성되고 있었다. 거기서 계속 훈련하다가 1950년 4월 북한에 들어갔다. 일부의 조선인들은 1949년에 이미 들어가서 회령에서 집결해서 훈련을 하며 대기하고 있었다.

북한에 들어간 지 2개월 만에 한국전쟁이 발발했다. 서울에서 부산 근처까지 한 달도 채 못 되어 도착했다. 지금 생각하면 친척끼리도 서로 총구를 겨누었을 것이다. 다 알기는 하지만 미국을 몰아내고 통일을 해야 된다는 생각에서 싸웠다.(중략) 인천상륙작전이 일어나서 피해가 극심했다. 살아남은 북한군은 뿔뿔이 흩어지고 연합군의 모습이 보이면서 산에서 숨어 지냈다. 모두 중국에서 두 번, 한국에서 세 번 부상을 당했다. 낮에는 벼 사이에 엎드려 있거나 산에 숨어 있다가 밤에 태백산맥을 따라 북한으로 도주했다. 그곳에서 중공군 정찰병에게 붙잡혔다.(중략)

그래서 중공군에 입대하겠다고 요청했으나 거절당했다. 거기서 전화를 해서 원래 내가 속했던 북한군대를 수소문했는데, 부대는 평북 삭주에 있었다. 그때 느낀 점이 북한군대는 중군군대와 달랐다. 중국군은 부상자가 생기면 같이 죽어도 내버리지 않고 꼭 데리고 오는데 북한군은 그렇지 않았다. 그래서 중국으로 가겠다고 했는데 허락을 하지 않아서 북한군에 머물 수밖에 없었다. 부상을 당해서 전선에는 나가지 못하고 후방에서 1955년 7월까지 있었다. 제대 후에는 북한에서 중국으로 못 가게 막았다.(중략)

오상에 가보니 전우 중의 한 사람이 정치지도원이 되어있었다. 그래서 어려운 형편을 털어놓고 다시 북한으로 돌아가야 되는데 간 뒤에 중국으로 돌아오게 해달라고 도움을 청했다. 다시 북한군으로 복귀했는데 며칠 후에 중국에서 여권이 나왔다. 여권이 나왔는데도 북한에서는 인정을 하지 않았다. 임시휴가증을 주면서 1년 동안 잠시 있다가 오라고 했다. 1957년 중국에 돌아온 뒤에 다시는 북한으로 돌아가지 않았다.(중략) 1957년 9월에 신락촌으로 들어오게 되었다. 1년 뒤에 생산대장과 당지부 서기를 맡아서 12년 동안 했고, 그때 8마지기 분배받아서 정착했다.

일본군 위안부 박서운씨 이야기[29]

일제는 주로 군대병원 간호원, 병영청소부, 세탁원, 취사원 등 좋은 직업을 알선해 준다고 유괴하거나 강제연행 혹은 '정신대'의 모집 형태로 20만 명이 넘는 한인여성들을 끌어갔다. 이들 중에는 어린 소녀들로부터 결혼식을 앞둔 약혼녀, 유부녀도 포함되어있었다. 조선인 종군위안부로 끌려간 이들은 해방 후 쉽게 귀환할 수 없었다.[30] 분단된 조국은 이들에 대한 이산대책을 정치적, 외교적 상황에 따라 적절히 마련할 수 없었고, 대다수 위안부 할머니들이 돌아가신 이후인 2000년 8월 17일 유엔 인권소위는 일본 정부에 위안부에 대한 법적배상을 요구하는 내용의 〈군위안부를 비롯한 현대판 성노예에 관한 결의안〉을 만장일치로 채택했다.

박서운씨(중국 훈춘 거주) 사례가 바로 여기에 해당한다. 박씨는 1915년 11월 23일 조선의 남대문인 부산에서 태어났다.

항렬로는 열 번째데 내 위로 아홉이 모두 요절하였기에 열 형제에서 내가 외동딸로 자랐다.(중략) 내가 19살이 되어 어느 농촌 마을로 시집갔다. 남편은 나보다 다섯 연상이었다.(중략) 일 년도 못 되어 나는 시집에서 쫓겨나고 말았다. 몇 달 후 여관집의 양딸로 들어갔다. 어느 날 여공 모집하는 사람이 여관에 머물렀다. 그의 말은 달콤하였다.

"북간도는 복지다. 농사를 지으면 조이삭이 개꼬리만하고 감자가 사발만큼씩 하다.(중략) 공장에 가 일하려고 하면 방직공장, 옷공장, 과자공장, 신공장 등 별의별 공장이 다 있는데 각자가 요구하는 대로 들어가 일할 수 있다. 대우가 좋고 로임이 높아 간도에서는 누구나 풍족한 생활을 한다. 마누

29 강용권, 『끌려간 사람들, 빼앗긴 사람들: 강제징용자와 종군위안부의 증언』(해와 달, 2000).
30 주성화(2007), 551~553쪽.

라들이 시장에 나갈 때는 개들이 돈가방을 물고 앞서 간단다. 돈이 가랑잎처럼 날려가고 있으니 돈 벌러 갈 사람은 자원하라."

나는 22살인 1937년도에 사람장사꾼을 따라 부산에서 도문까지 기차를 타고 왔다. 그리고 도문에서 훈춘, 춘화까지 자동차를 타고 왔다. 여관에서 2일 묵고 간판까지 붙어있는 군위안소에 들어가게 되었다. 나는 문맹이어서 어떤 글이었는가는 모른다. 작은방에 한 사람씩 넣을 때에야 우리는 공장에 들어가는 것이 아니라 위안부로 떨어졌다는 것을 알게 되었다. 나와 함께 온 여자애들 중 넷은 팔려온 돈을 도로 내놓고 끝내 조선으로 돌아갔다. 나와 같이 돈 없는 여자들은 제자리에 눌러앉고 말았다.

내가 있는 군위안소 남쪽으로 100미터에 군위안소가 또 하나 있었다. 거기에도 10여 명의 위안부들이 있었다. 이 두 위안소를 제외하고는 허허벌판에 다른 건물이 없었다. 우리는 방에 들어간 첫날부터 일본군에서 성폭행을 당했다. 제일 어린 여자는 14살이었다. 대부분이 농촌에서 팔려온 문맹소녀들이었다. 군위안소는 일본 군부대와 약 1시간 정도의 거리가 있었다. 백성은 한 명도 들어올 수 없었고 일본 군인만 들어왔다. 한 사람이 한 시간에 2원씩 내면 주인이 표와 삿쿠 하나씩을 주었다. 일본군이 표를 나에게 주고 내가 그 표를 다시 주인에게 바친다.(중략)

1942년에 군위안부에서 풀려나게 되었다. 1943년에 일본 군관가족의 보모로 들어갔다. 1년이 못되어 노두구촌에 있는 홀아비한테 시집을 갔다. 광복은 로투구에서 맞이했다.

중국에서 미국으로 건너간 백홍용 할머니 이야기[31]

백홍용 할머니는 1912년 평양의 부유한 양반집에서 태어나, 22살 때 얼굴도 모른 채 3살 연하인 이득필과 결혼을 하고, 일제의 잔혹한 탄압을 피해 1939년 중국으로 망명하게 된다. 중국의 쉬저우(徐州)에서 생계를 위해 아편 장사를 하는 등 숱한 고생과 피눈물 나는 노력으로 한때는 부귀도 누리지만 공산 정권이 지배하는 고향으로 돌아와서는 모든 것을 잃게 된다. 기독교를 믿는다는 이유로 감옥에 갇히게 되나 우여곡절 끝에 풀려난다. 그러나 곧바로 한국전쟁이 일어나 남편과 장남을 남쪽으로 먼저 피신시킨 뒤 뒤따라 남하했지만 백 할머니는 17세이던 큰아들과 이산가족이 된다. 디프테리아에 걸린 남편은 목숨을 잃었다.

죽고 싶은 생각도 들었지만 중국에서 배운 치료의(醫) 시술을 통해 세상과 인간에 대한 애정을 다시 회복해 나간다. 이후 백 할머니는 질병으로 고통받는 사람들을 무료로 치료하여 만인의 은인이 되기도 한다. 서울에서 치료의 시술을 베풀다가 다시는 끔직한 전쟁의 고통을 후손에게 남겨줄 수 없다는 생각에서 자식들에게 이민을 권유하고, 자신도 치료의를 금지하는 한국 의사들 때문에 미국으로 이민을 떠난다. 이후 로스앤젤레스에 정착해 살다가 1991년 6월 북한의 한 구석에 살고 있던 아들로부터 41년 만에 편지와 사진이 태평양을 건너온다. 백 할머니는 반세기 전에 헤어진 아들을 다시 안아볼 생각으로 오늘도 열심히 살아가고 있다.

4) 경계인으로 사는 조선족 이산가족

1980년대 후반부터 국제사회의 탈냉전 흐름과 남한의 경제성장, 중국

---

31 백홍용 할머니의 자전 소설을 바탕으로 하고 있다. Helie Lee, *Still Life with Rice: a young American woman discovers the life and legacy of her Korean grandmother* (New York: Touchstone, 1997); 이혜리, 홍현숙 옮김, 『할머니가 있는 풍경』(디자인하우스, 1997).

의 개혁개방과 한중 간 수교 등 환경의 변화는 지금까지 조선족의 일방적인 친북적 태도를 변화시켰다. 교류가 차단되었던 시기에 조선족이 지녔던 남한에 대한 왜곡된 인식을 털어버리고 교류왕래가 급속히 증가하게 되었다. 그러한 가운데 남한에서 취업을 통해 돈벌이가 가능해지는 풍조가 조성됨으로써 새로운 이산의 문제가 파생되기도 하였다.

중국 조선족은 경계인으로 살고 있다. 중국 내 한민족들이 조선인 또는 한국인으로 분리되어 인식되고 있는 것이 사실이지만, 이들의 거의 대부분은 스스로를 한국인도 아니고 조선인도 아닌 중국의 조선족이라고 규정한다. 중국 내 한민족은 50개가 넘는 소수민족의 일원으로서 중국을 조국으로 생각하고 있다. 이들에게 한국은 조상의 나라일 따름이지 모국은 아닌 것이다.[32] 따라서 이들은 남과 북 그리고 한반도의 통일문제에 대하여 한 걸음 물러나서 중국공민으로서 견해를 갖고 있다. 반세기의 분단과 통일문제에 대해 남북한 당사자들이 해야 할 일로 보고 조직적으로 편을 갈라 북이나 남을 지지하는 단체를 결성하지는 않고 있다.[33]

4. 재미동포

1) 재미동포 사회의 형성과 특징

미국으로 이주를 처음 시작한 것은 대략 100여 년 전으로 보고 있다. 대한제국 말기 하와이의 사탕수수 농장으로 유입된 한인들이 최초의 한인

---

32 최진욱 외(2004), vi쪽.
33 조정남 외, 『북한의 재외동포정책』(2002), 220~222쪽.

이민자들로 볼 수 있다. 이 시기는 일본제국의 침략으로 대한제국이 주권을 차츰 잃어가던 때였다. 처음 102명의 한인들이 1902년 12월 22일 제물포항을 떠나 1903년 1월 13일 호놀룰루에 도착하였다. 이후 7천여 명의 한인들이 하와이에 도착하였고, 그중 2천 명이 미국 본토에 정착하게 된다.

일제 식민지 기간 미국으로의 한인 이주는 중단되었다. 해방 이후 다시 소수의 사람들이 미국으로 이주·정착하기 시작하였으나, 당시 미국으로 이민을 간 한인들은 연간 100명에 불과하였다. 한국전쟁이 일어나고 미군이 남한을 지원하면서 이후 한국과 미국 사이의 관계는 밀접해졌고, 이를 바탕으로 1964년까지 집단적인 이주민이 생기게 되었다. 국제결혼으로 6천 명의 여성들이 미군의 배우자로서 그리고 5천 명의 고아들이 미국으로 건너가게 된 것이다. 한국전쟁부터 2000년까지 미군 부인의 전체 규모는 10만 명에 이르렀고 해외입양은 약 15만 명을 기록하였다. 그렇지만 국제결혼 여성들이나 입양인들은 한인 이민자들처럼 공동체를 이루지 않고 미국 전역에 흩어져 살고 있어 한인 사회의 주류 구성원으로 받아들여지지 않고 주변적인 위치에 살고 있다.[34]

한인들이 미국 사회에 본격적으로 이주하기 시작한 시기는 1965년 이후이다. 미국은 한인을 포함한 비유럽계인들에 대해 이민을 제한하여왔으나, 이민법이 1965년 개정되고 각국 이민자들에게 대폭 개방되면서 한인들의 가족이민도 크게 증가하였던 것이다. 해방 직후 건국연도인 1948년도부터 2000년도까지 미국으로 이민 간 한인들의 숫자는 80만 6,414명으로 집계된다.[35] 1950년대까지 한인 사회는 주로 하와이와 본토 캘리포니아

---

34 윤인진(2004), 208쪽.

지역을 중심으로 형성되었으나 1960년대부터는 미국 본토의 전(全) 지역에 확산되었다. 그러나 한인들도 다른 아시아인들과 같이 대체로 서부와 동부에 집중된 분포를 보여왔다.

한인 이민자들이 미국으로 건너간 주요 동기는 시기에 따라 다르다. 해방 이전 초기 이민자들은 국내의 참담한 상황에서 벗어나고자 외국으로 갔다. 이들은 수적으로 소수였고 일제 통치 시기에는 조선의 독립을 위해 미국에서 지원활동을 하였다. 이들은 한국으로 다시 돌아갈 정세가 조성되면 다시 고국으로 돌아가려는 생각이었기에 우리의 문화를 지키며 미국을 잠시 머무는 장소로 여기는 경향도 있었다.

임배세씨는 이민 초기 이승만 박사의 초청을 받고 하와이로 건너갔다. 그녀는 당시 일화를 다음과 같이 구술하였다.

우리 교포들이 사탕수수밭에서 받는 하루 일당은 1달러였다. 그래서 노동만 하면 달러를 저축할 수 있었으나 독신으로 사는 남자의 경우 여기에서 파생되는 문제가 있었고 설사 결혼은 했다고 하나 혼혈아의 교육문제 등 시급한 문제가 있었다. 그 무렵 하와이 교민들은 애국심에 불탔고 교육에도 지대한 관심이 있었다. 내가 처음 하와이에서 뛰어든 일은 이 박사의 청원에 의한 한인 기독학원 유지를 위한 모금운동이었다. 나 역시 애국심에 불탔던 터에 부끄러움을 모른 채 교포들이 살고 있는 하와이 다섯 개 성을 찾아다니면서 모금운동을 전개했다. 나는 교민들을 모아놓고 독창과 연설을

---

35 유의영, 「재미한인의 인구통계학적 특성과 주요 현안」, 『동북아 평화번영과 재외한인』(전남대 세계한상문화연구단 국제학술회의 자료집, 2003), 125쪽; 1948~1950년 107명, 1951~1960년 6,231명, 1961~1970년 3만4,526명, 1971~1980년 26만7,637명, 1981~1990년 33만7,746명, 1991~2000년 16만4,166명.

했다. "교육을 하는 것이 나라를 위한 독립운동의 지름길입니다." 이런 말로 목이 아프도록 외쳤다.[36]

해방 이후 1960년대 초 미국으로 건너간 동포들은 결혼이주자와 입양아가 다수였고 그 외 정치적 이유로 또는 종교적 활동을 위해 미국으로 이주하였다. 이 시기의 이민자들도 수적으로는 많지 않았다. 1960년대 후반 이후에는 한인 이민자들의 수가 급증하였다. 이민을 간 교민들의 다수는 새로운 중산층의 삶을 동경하거나 혹은 자녀를 더 나은 교육의 기회를 얻고자 미국으로 갔다. 한인들의 직종도 병원, 회사, 부동산업, 세탁소, 미용실, 식료품가게, 식당, 봉제업, 여행사 등 다양하였다. 한인동포들은 한반도의 분단, 통일과 같은 정치적 이슈보다는 자신과 가족의 삶에 더 관심을 쏟는 개인적인 성향을 보인다고 할 수 있다.

1970년대 이후 급증한 이민자들은 미국에 처음부터 정착을 위해 왔다. 이들 한인들은 높은 교육수준과 경제적인 능력을 갖고 이주한 이들이 다수였다. 이런 한인 이민자들은 자영업에 주로 종사하며 미국 사회에 정착하려고 노력하였다. 재미동포 사회는 한국의 정치적, 사회적 상황으로부터 완전히 단절되지는 못하였다. 특히 미국의 한인들은 남한의 정치적·사회적 흐름에 따라 다양한 움직임을 보여왔다. 유신체제로 인하여 재미동포 사회가 남한의 정치에 대하여 관심을 늘려가고 국내의 민주화운동을 해외에서 지원하게 하는 계기가 되기도 하였다.

1980년 광주민중항쟁과 군부의 진압을 계기로 군사정권을 지지 내지 묵인하였다는 미국의 영향력에 대해 국내에서 비판여론이 확산되면서 반

---

36 정석기, 『한민족의 디아스포라』(쿰란출판사, 2005), 49쪽.

미감정과 민족의식이 커졌다. 이에 따라 재미동포 사회에서도 이런 영향을 받아 남한 정치상황에 대한 비판 및 한반도 분단의 현실에 대해서 새롭게 자각을 하고 통일에 대한 관심이 대중적으로 확산되기도 하였다.

2) 재미동포 내 이산가족 문제

미국 내 한인 이주자들 중 북한지역에 고향을 두고 남한으로 내려온 후 남한에서 일정 기간 거주를 하다가 이민을 온 사람이 상당수 있다. 이들 북한 출신들은 남한도 고향은 아니었기에 경제부국인 미국에서 타향살이를 하는 것이 나쁠 것 없다고 생각하여 초기에 미국으로 상당수 이주하였다. 이들은 미국에서 경제적인 기반을 마련한 후 고향인 북한을 방문하는 기회를 찾게 되었다.[37]

1970년 미국 카터 대통령이 대(對)공산권 여행제한을 해제하게 되었고 국내에서 1988년 노태우 대통령의 〈7·7 선언〉 이후 해외동포들의 북한방문이 가능해지면서 재미한인들이 북한에 거주하는 이산가족을 만나는 것이 가능하였다. 비공식적으로 1만여 명이 넘는 한인교포들이 북한을 방문했다고 추정된다. 그러나 한인들은 쉽게 친북적인 성향을 보이지는 않는다. 이들 재미교포들은 고려인과 중국 조선족과 달리 자발적인 선택을 거쳐 이민을 왔으며, 냉전 시기에 북한과 적대적이었던 미국에 거주하던 관계로 내재된 반공이념의 성향이 상대적으로 강하였다. 따라서 이들은 국내 정치에 대하여 비판적인 자세를 갖고 있다고 하더라도 친북적인 세력화를 바라지는 않았다.

---

37 유재천·김병문, 「이산가족 문제와 한민족 네트워크 공동체 형성」, 《세계지역연구 논총》 16(2001), 235쪽.

이전까지 한국전쟁 이후 미국과 남한이 군사동맹관계를 유지하고 냉전 체제 아래서 북한과 대결하고 있었으므로 미국 내 거주 실향민이 북한을 방문하는 것이 불가능하였다. 그러나 국제정책의 변화와 미국과 국내의 해빙무드를 타고 북한지역 출신 동포들이 방북을 선택할 수 있었던 것이다. 북한은 이들을 친북적인 성향으로 유도하거나 외화 획득의 수단으로 이들의 방북을 적극적으로 유치하게 되었다. 1970년 이전은 해외학자나 기독교단체 소속의 소수 재미동포들이 비공개로 북한을 방문하였다. 남북한 사이에 교류가 활발하지 않던 이 시기에 재미동포 사회는 방북활동과 국제사회의 만남을 주선함으로써 나름대로 남북한 사이에서 교량 역할을 맡고자 하였다. 또한 외부와 동포사회에 북한을 알리는 데 일부 기여하였다고 볼 수 있다. 이후 1980년대 이후에는 많은 다양한 그룹과 개인들이 북한을 방문하게 되었다.

미주한인 사회는 다양한 구성원과 대북관의 차이로 한인 전체를 대변할 포괄적인 공동체를 만들기가 사실상 어려운 상태이기 때문에, 북한과 교류하는 총괄적인 모임은 설립되기 힘든 상태이다. 1980년부터 토론토 소재 '해외동포이산가족찾기회(Organization for the Reunification of Seperated Korean Families)'와 1987년부터 로스앤젤레스 소재 '북미조국통일협의회 소속 이산가족위원회(One Korea Movement Committee for Seperated Korean Families)'가 미국과 캐나다에 거주하는 이산가족의 북한 방문을 주선해오고 있다. 1994년 10월 미국 내 친북인사 20여 명이 중심이 되어 '재미동포전국협회'가 결성되고 60대 이상의 실향민이 중심이 되어 '한겨레통일협의회(한통협)'를 조직하였다. 1995년 4월에는 '재미경제인연합회'가 결성되어 북한에 대한 투자 교역을 위한 재미동포 사업가 모임을 현실화하려고도했다.[38] 《재외동포신문》 2007년 5월호 보도에 따르면

2007년을 기준으로 북한에 가족을 둔 재미동포 이산가족은 10만4천 명에 이르고 있다. 로스앤젤레스 3만6,300명, 뉴욕·뉴저지 1만5,100명, 시카고 8,100명, 버지니아와 메릴랜드를 포함한 워싱턴 DC 메트로폴리탄 지역 6,900명 순이다.

3) 재미 실향민의 사례: 분단과 이산 그리고 또 다른 이별

고향 북한으로 홀로 떠나간 최우성씨 이야기[39]

최우성씨는 미국 버지니아주 노르만디 전자회사 사원이었다. 그는 1924년 평남 강서군 초리면 보통리에서 태어났으며 평양철도국에서 근무하였다. 한국전쟁이 발생하고 1950년 가을 미군이 고향까지 들어왔을 때 그는 남에서 온 정보요원의 강요로 잠시 치안대 서기일을 보게 되었다. 12월 초 미군이 후퇴하기 시작했을 때 그는 치안대 경력이 마음에 걸려 피신을 결정하게 되었다. 그는 아내와 아이들을 남겨두고 대동강을 건너 중화, 황주, 사리원, 개성을 거쳐 남쪽으로 내려왔다. 서너 달만 있으면 고향에 남겨둔 식구들과 다시 만나리라고 생각하였다.

이후 그는 피난민 수용소를 찾아갔으나 오히려 방위군으로 끌려가게 되었다. 최씨는 생년을 1919년으로 고쳐 겨우 군입대를 피할 수 있었다. 그는 영등포에서 미군부대 노무자로 일하면서 고향에 돌아갈 기회만을 기다렸다. 그러나 휴전이 되고 재회는 더욱 힘들어졌다. 결국 주위의 권유로 재혼하게 되었다. 그러나 사회진출에 실패하고 그는 깊은 회의와 혐오 속에 1979년 3월 미국 이민을 결행했다.

38 조정남·유호열·한만길, 『북한의 재외동포정책』(서울, 2002), 232~233쪽.
39 전충림, 『세월의 언덕위에서』(한겨레신문사, 1996), 199~201쪽.

그는 미국에서 워싱턴 부근 스프링필드에 자리를 잡았다. 그 후 10년의 세월이 흘렀다. 그는 북의 가족소식을 알아보고자 1979년부터 이산가족찾기 사업을 하던 전충림 선생과 연결이 되었다. 1988년 당시 이미 북의 가족을 찾은 교포가 2천 명을 넘어서고 있었다. 이후 그는 고향 강서 땅에 처자식이 살아있다는 편지를 받게 되었다. 네 살 때 헤어진 그의 딸은 40대 중년 부인이 되어있었고 부인은 재가를 하지 않고 시부모를 모시면서 시동생들 장가까지 보냈다는 것이다. 그는 이 소식을 듣고 고민하였다.

그는 1988년 12월 첫 방문에 이어 네 번째 방문을 한 후 북한으로 영구귀국을 결심하게 된다. 그러나 북한의 해외동포원호위원회에서 그의 신청을 받아들이지 않았다. 법적인 절차뿐만 아니라 미국에 재혼해서 살고 있는 처자식의 문제를 어떻게 처리할 것인가 하는 문제도 제기되었다. 그러나 아버지의 망향의 한과 재가하지 않고 지낸 첫 부인에 대한 죄의식으로 그의 결심은 확고하였다. 이에 대하여 미국에 있는 아내와 아들들이 동의를 하였다. 마침내 1991년 4월 그는 미국의 가족과 이별하고 고향 북한으로 돌아갔다. 한 가족의 만남이 또 한 가족과의 헤어짐을 의미하는 슬픈 현실을 만들었다.

처자식을 두고 떠난 김현무씨 이야기[40]

김현무씨는 33세에 인민군에 자진 입대하였다. 미군의 폭격으로 어머니가 돌아가셨기 때문이다. 그러나 그는 이미 세 아이의 아버지였다. 몇 주간의 훈련을 받고 그는 전선에 파견되었다. 그러나 한 달이 안 돼 미군의 인천 상륙이 있었고 낙동강 전선의 그의 부대는 퇴각하면서 그는 본대

---

40 위의 책, 165~167쪽.

와 떨어져 산중에 헤매다가 관통상을 입고 거제도 포로수용소에 옮겨졌다. 그의 가족은 흥남철수 때 미 군용선을 타고 남으로 왔다. 미군이 흥남 부근의 주민들을 철수시켰기 때문이다. 부인은 11살 난 장남 동철과 그 아래 7살, 4살의 세 아이를 안고 미군의 LST에 몸을 실어 거제도로 향하게 되었다.

이들은 서로의 소식을 모른 채 지내게 된다. 부인은 장승포에서 식모살이를 하면서 밤에는 피란민 수용소에 있는 세 아이를 돌보면서 지냈다. 바로 옆에 포로수용소가 자신의 운명과 어떤 관련이 있는지는 전혀 생각해 보지 못했다. 휴전이 되면서 부인과 아이들은 부산으로 떠났다. 그러나 포로교환 협상과정에서 남편은 가족이 고향에 있으리라 생각하고 북으로 갔다. 그렇게 그의 가족들은 서로 다른 길로 가게 되었다. 그의 장남은 부산 국제시장과 서울 남대문에 터를 잡은 장사꾼이 되었다. 그리고 미국으로 이민을 떠났다. 생활이 안정이 되면서 아들은 아버지를 찾아 나섰다. 가족 찾기를 통해 부친의 소식을 알게 되었다. 아버지는 북한 흥남 근교 협동농장의 작업반장이었다.

아버지는 아들에게 편지를 보냈다.

내가 어찌 한시라도 너희들과 너희 어머니를 잊을 수가 있었겠니. 10년을 혼자 지내다가 농장에서 권하여 남편이 전사하여 혼자 사는 여인과 결혼했다. 지금 이곳에서 나는 아들 하나와 딸 하나를 갖고 있다. 혼자 수절한 너희 어머니를 생각하니 내가 이중으로 죄를 지은 것 같아 어찌할 바를 모르겠다. 너희 어머니도 이제 육십이 넘었으니 많이 늙었겠구나. …… 나는 눈만 감으면 30대 시절의 너희 어머니 모습이 떠오른다. 지금 있는 이곳 어머니도 너희 소식을 듣고 몹시 기뻐하신다. 동철아! 어머니를 모시고 한번 이곳에 올 수 있겠니?

이후 아들과 아내가 보낸 답장을 김현무씨는 오열 속에서 받았다.

김영식씨의 모친 상봉 이야기[41]

김영식씨는 샌프란시스코에 살고 있는 재미교포다. 그는 1970년에 미국으로 이민을 오자 북에 두고 온 어머니의 소식을 알기 위해 수소문을 하였다. 그는 1933년 평남 중화에서 정미소를 경영하던 아버지의 장남으로 태어났다. 1950년 한국전쟁이 치열해지면서 혼자 평양 근교의 할머니 집으로 갔다. 피난 대열이 대동강 다리를 건널 때 그의 가족들도 원자탄 투하 소문에 도하를 결심한다. 그러나 어머니가 영식이를 두고는 못 가겠다고 완강하게 버텨 아버지는 다시 가족을 이끌고 평양으로 되돌아와 할머니 집으로 향했다. 그 사이에 영식이는 평양 집에 갔다가 아무도 없자 모두 피난 갔다 생각하고 혼자 대동강을 건넜다. 그러는 와중에 대동강 철교가 끊겼고 아버지는 하는 수없이 단신으로 대동강을 건너 남하한 것이다.

아들은 아들대로, 아버지는 아버지대로 각기 남으로 내려간 것이다. 이것이 김영식 가족의 마지막 이별이 되었다. 1953년 4월 김영식씨는 부산 거리에서 외삼촌을 만나게 되었다. 다행히 외삼촌과 아버지가 함께 지내고 있다는 소식을 듣고 만나게 된다. 40년 후 그는 어머니를 찾으려고 나섰다. 그 사이 부친은 가족을 그리다가 돌아가셨다. 그는 1987년 캐나다에 있는 이산가족찾기회의 전화번호를 입수하고 연락을 취했고, 2년이 지나서야 연락을 받게 된다.

---

41 위의 책, 188~190쪽.

그는 북한을 방문하고 고향 평남 순천으로 갔다. 거기서 노파로 변한 어머니와 10살 때 헤어져 50살이 된 동생을 만나게 되었다. 그의 모친과 동생 그리고 그의 가족을 잠시 만났지만 다시 이별해야 하는 현실에 발길을 돌려야 했다.

5. 유럽한인

1) 독일지역 한인 이주와 교민 사회의 형성

현재 유럽지역에 거주하는 한인동포의 수는 약 10만 명 정도로 추산된다. 유럽의 한인 사회는 미국, 일본, 캐나다 등 다른 지역의 동포 사회와 비교해볼 때 그 규모가 매우 작다. 한인 이주의 역사도 미국이나 일본의 여타 지역과 비교하면 매우 짧은 역사를 지닌다. 19세기 후반 조선이 유럽 내 프랑스와 독일 등과 조약을 체결하며 소수의 인원이 국가 간 교류의 발자취를 남겼다. 1900년도 전후에 홍종우와 같은 국가 관리들이 유럽으로 파견된 기록을 확인할 수 있다. 현지 도서관에 소장된 학위논문들로 추정하여 1920년대부터 한국 유학생의 진출을 확인할 수 있다.[42] 한국전쟁 이후 1950년대와 60년대 주로 유학생들이 공부를 목적으로 유럽에 오게 되었으며 이들 중 결혼이나 현지 취업을 통해 정착한 것이 한인 이주의 시작으로 볼 수 있다.

본격적인 한인 사회는 탄광광부들과 간호사들이 이주한 시기인 1960년

---

42 최종고, 『한강에서 라인강까지』(유로 2005) 197~203쪽.

대 이후 본격적으로 기틀이 놓였다. 파견 광산근로자는 1962년부터 1진 247명을 시작으로 그 수가 총 5천 명에 이르렀다. 간호사들의 경우 이수길 박사의 주선으로 1965년 독일 마인츠병원에 채용된 1진 128명을 시작으로 총 2천 명이 독일로 오게 되었다.[43] 이수길 박사는 당시 한인 이주가 이루어진 배경을 다음과 같이 구술하였다.

> 장면(총리)시대 때(중략) 그 당시에 일본 사람들이 일본 광부들을 독일로 보냈어요. 그래서 그때 그 광부들이 와서 여기 광산 기술을 배우고 돈 받고 2년씩 하고 다시 일본으로 가서 그 광산 일 하는 것. 그것을 유솜(Usom, 유엔대외한국원조기관)에서 알아서 여기저기 독일광산협회에 교섭하기 시작했어요.(중략) 5·16 혁명 이후, 광부가 오기 시작한 건데. 박정희 때예요. 그때 실현된 거고. 1961년도에 (군사)혁명이 나고 나서 4개월 후에 독일 와서 재건차관을 받았어요. 15,000만 마르크를 받았는데 그 절반은 재건차관을 위해서 이자 없이 주는 것이고,(중략) 헤그에스 보험회사에 맡겨 우리나라 물건 사고 팔 때 재정보증을…… 정부에서 하는 거예요. 그래서 합쳐서 15,000만 마르크 차관을 받은 거거든. 그것도 장면시대 때 유솜에서 시작한 거예요. 그런데 박정희 정권이 들어와서는 장면시대 때 장기 5년, 장기기획안이라고 있었어요. 5개년 경제개발연구기획이 있어요. 그때 유솜에서 하던 것이 혁명이 나면서 정부에서 다시 꺼내서 시작한 거예요.[44]

유럽 내 한인 사회의 출발은 이처럼 한국 정부가 국가경제개발 정책을

---

43 이수길, 「독일 이민사의 비화를 밝힌다 1부: 한국간호사 파독 40년을 회고하며」,《재독한인》(2006), 34~41쪽.

44 이수길 박사 구술/ 저자 녹취.

통해 노동인력을 보낸 것에서 유래하고 있음을 확인할 수 있다. 사실 이들 근로자들 중 30%가 대학을 졸업했던 화이트칼라였기에 신체적으로 과중한 업무를 견뎌내기가 힘들었다. 이에 따라 3년 노동체류 계약기간이 끝나는 시점에서 독일 측은 일방적으로 탄광근로자와의 계약을 연기하지 않고 국내로 송환하려 하였고 이에 근로자들이 반발하기도 하였다.[45] 간호사들도 한국에서는 사회적으로 인정받는 지위였으나 독일에서는 인종 및 언어소통 같은 문제로 병원 측의 비인간적인 처우를 겪기도 하여 한국 근로자들의 인권을 위한 운동을 벌이기도 하였다. 이러한 가운데 유럽에서 점차 한인동포 사회가 굳건한 연대의식을 맺으며 성장하게 되었다.

탄광근로자 중 3년 계약기간이 끝난 후 한국으로 돌아온 사람이 40%, 독일에 남은 교민이 40% 그리고 미국 및 유럽의 다른 나라로 이주한 사람이 20%였다. 이러한 이주과정을 통해 한인들의 확산이 이루어졌다.[46] 현재 프랑스 교민에 해당하는 사람들은 독일 탄광근로자와 간호사가 프랑스로 이주한 사람과 프랑스로 유학을 와서 잔류한 사람들이 대부분이다. 오늘날 공관원과 한국기업의 지사에 근무하는 사람들이 늘어 한인 사회의 구성원으로 자리 잡고 있다. 영국의 경우는 3만여 명이 넘는 한인이 있는 것으로 추정하는데, 실제 순수 교민은 3,500명 정도이고 기업관련 체류 가족이 4,000명이며 나머지는 유학생의 수가 큰 폭을 차지하고 있다.

북유럽의 스웨덴, 노르웨이와 덴마크는 한국전쟁 시 야전병원과 병원선(船)을 파견하였다. 이후 이들 국가 중 전후 여러 분야의 기술자들이 한국으로 파견되어 근무하기도 하였는데, 이들과 결혼한 한인여성을 주축으로 교민 사회가 형성되었다. 그외 유럽으로 온 많은 한국 입양인들이 이들 나

---

45 김용출, 『독일아리랑』(에세이, 2006), 172쪽.
46 이광규, 『동포는 지금』(집문당, 2005), 114쪽.

라에 정착하기도 하였다. 그러나 유럽은 지속적인 이민을 막는 정책으로 후속 이민이 단절된 상태에서 1세대와 1.5세대가 한인 사회 안에서 여전히 중심구성원으로 남아있다.

2) 분단, 이산과 통일운동

유럽지역은 교민의 수가 타 지역보다 상대적으로 적으나 한반도의 통일과 관련하여 활발한 활동을 전개하였다. 특히 독일은 동서독으로 분단되어 있을 당시 양국이 각각 북한, 남한과 외교관계를 맺고 있었고 이념적으로도 비교적 개방적이어서 좌우 세력의 활동이 비교적 활발하게 북한 및 남한 양쪽과 교류할 수 있는 위치에 놓여있었다. 독일거주 한인들은 타 지역보다 유리한 이러한 정치적 조건 아래서 한반도 통일문제와 관련하여 국내에서는 용공시되어 논의조차 불가능했던 시기에도 해외동포들의 다양한 단체 활동을 진척시킬 수 있었으며 남북관계 진전에 중요한 역할을 하였다. 남과 북을 바라보는 데 편견이 비교적 적고, 필요에 따라 어느 한쪽에 치우치지 않는 비판적 의견을 제시하기도 하였던 것이다. 지리적으로도 독일지역은 유럽의 중심에 자리하고 있어서 해외 다른 지역, 즉 미국과 일본 지역의 동포 사회에서 전개된 통일운동을 연결시키는 교량 역할을 맡기도 하였고, 유럽 현지의 정당이나 사회단체와 연계하여 한민족 통일운동을 전개하는 특징을 보이기도 하였다.[47]

현재까지 유럽지역에 이주한 한인들 중 1세대는 자신들의 이산의 아픔뿐만이 아니라 분단된 독일과 통일된 독일을 모두 겪어보았는데, 이러한

---

47 김면, 「독일 한인 통일운동의 형성과 전개과정」, 《카프카연구》 18집(2007), 398쪽.

경험은 한인 1세대가 다양한 통일운동을 추진하는 데 밑거름이 되었다. 유학생 수가 100여 명에 불과하던 1960년대 학생들은 강한 결속력을 바탕으로 학술토론단체 '퇴수회'를 조직하였고 1964년 '재독한인회'로 명칭을 변경한 후 1973년 회원 범위를 교민으로 확대하였다. 이들 유학생들은 조국의 민주화운동과 통일운동에 관심을 두어 1970년대 초부터 여러 활동의 핵심 브레인으로 조직을 이끌게 된다.

또한 한인교회 그룹이 통일관련 활동을 활발히 펼치기도 하였다. 유럽 지역에는 많은 개신교 교회들이 진출해있다. 현재 교민 4천여 명인 베를린의 경우만도 20개 이상의 교회가 있다. 선도적 인물로는 이영빈 목사와 이화선 목사를 들 수 있다. 1980년대 초 남한 내에서 통일운동은 그 당시 사회분위기에서는 여의치 않은 상황이었으며, 국내 교회에서는 이를 교회의 활동으로 인정하지 않는 등 여전히 냉전의식의 굴레를 벗어나지 못한 채 기독교 진보세력의 통일운동에 부정적인 입장을 취하였다. 그러나 1984년 12월 빈에서 북한의 전금철을 위시한 33개 단체 대표 40명과 양은식·선우학원 등의 미주·호주 대표 33명, 이영빈·최기환 등 유럽대표 17명이 모여 기존 기독교회의 입장에서 벗어나 새로이 '조국통일을 위한 민족연합'을 만들기로 합의하게 된다.

광주민주화운동 이후 1980년대는 활발한 교민운동이 전개되었다. 유럽민협은 1989년 7월 임수경 전대협 대표가 평양축전을 참가하는 과정에 직간접적으로 관여하며 통일에 대한 관심을 대내외에 불러일으켰다. 이는 민주화운동의 성과가 어느 정도 쌓이고 차츰 화두가 통일과제로 전이되면서 이전에는 볼 수 없었던 민간 차원의 통일운동이 더욱 확산되기 시작한 것이다. 1990년 독일이 통일된 이후 '조국통일범민족연합(이하 범민련)'을 결성하는 데 유럽교민들이 중심적인 구실을 하기도 하였다.

현재는 2001년 5월 '한민족 유럽연대(유럽연대)'가 결성되어 이 단체를 중심으로 유럽동포의 연합운동을 부활하고 5월 민중제 등 다양한 활동을 펼치고 있다. 또한 유럽연대는 《한민족유럽연대》라는 기관지를 발간하며 특히 소수민족으로서 동포 사회의 상호협력과 권익보호 및 2세들의 교육 프로그램에 힘을 쏟고 있다.

이 밖에도 유럽의 한인 사회에는 다양한 형태의 통일운동들을 볼 수 있다. 우선 라인마인 한인교회의 '통일음악회'로 대표되는 문화분야 활동은 높이 평가할 만하다. 앞서 1980년대 초 이화선 목사와 함께 교회단체의 통일운동을 벌였던 김순실 선생은 그의 딸인 이한나 여사와 더불어 독일 프랑크푸르트지역 한인교회를 중심으로 민족돕기운동과 자신 음악회를 이어가고 있다.

의료기구 보내기. 그리고 설탕, 식용기름 또는 국수공장을 세웠는데 밀가루가 없어서 가동이 안 되고 있다 그런 얘기를 듣고, 그것을 해마다 보내오다가 5년 전, 2002년도에 다시 생각을 한 것이 국수공장이 가동이 되기 위해서는 밀가루를 좀 지속적인 루트를 통해서 보낼 수 있는 그런 것이 없을까 하고 생각하다가 음악회를 열자. 여기 공부하러 온 음악학생들 또는 여기 있는 독일 사람이나 한국 사람인 전문가들을 좀 흡수해서 자선음악회를 열어서 거기에서 들어온 돈을 보내는 것으로. 그래서 시작을 했는데, 그게 굉장히 호응이 좋아서 2006년 11월에 5회째 했어요. 라인마인 한인교회 통일음악회. 그것이 이제 지금까지 우리 교회에서 지속사업으로 해오는 일이에요.[48]

---

[48] 김순실 선생 구술/ 저자 녹취.

또한 한인 1세대에 국한되어왔던 통일운동을 확장시켜 자기정체성 문제로 고민하던 2세대에게 민족 공동체 의식을 고취하는 데 이바지하는 세종학교도 의미 있는 사례라고 하겠다.

3) 독일거주 한인의 이산 사례

이영빈 목사 가족[49]

이영빈 목사는 1926년 함경남도 안변군 신고산에서 태어났다. 해방 직후 그는 북에 진출한 소련군들의 횡포와 혼란스러운 사회에 심각한 회의를 느끼며 가족과 떨어져 서울로 오게 된다. 1948년 서울 감리교 신학교를 졸업하고 대전 지역에서 목회를 하다가 한국전쟁을 겪게 되었다. 한편 그의 부친은 동해안 통천군 협곡구역 교회에서 목회를 하고 있었으며 다른 목사들처럼 월남하라는 주위의 권유가 많았다. 남한 감리교회는 부친이 월남하면 충북의 한 교회를 맡기로 내정하기도 했다고 한다. 그러나 부친은 그곳 농민들과 함께 하기로 결심하고 월남을 거부하였다. 실제 전쟁 후에 북한에 남은 목사가 20명도 되지 않았다.

이목사는 서독병원에서 통역을 맡게 된 계기로 1955년 서독으로 유학을 가게 되었다. 그는 동서독 사이에는 편지왕래가 가능하기에 서독에 가면 북한에 계신 부모님과 서신왕래를 할 수 있으리라는 희망을 갖고 있었다. 당시 국내에서는 북한의 가족이나 친척과 편지왕래가 반공법으로 금지되어 있었다. 그러던 중 이목사는 동독지역 목사들의 도움으로 2년이 걸려 가족과 연결이 되었고 아버지와 연락을 할 수 있었다. 그렇게 서신을 주고

---

49 이영빈·김순환, 『경계선』(신상과 지성사, 1996).

받던 아버지는 그와 남한에 있는 동생을 다시 만나지 못하고 끝내 1970년에 별세하셨다.

이목사는 분단과 한국전쟁의 비극을 겪고 나서 기독교인으로서 민족의 화해와 통일을 위해서 힘쓰게 된다. 그는 북한과의 화해를 통해서 통일이라고 하는 기초를 만들어야 한다는 구상으로 이화선 목사와 함께 기독교통일협의회(기통회)를 결성하여 통일운동을 시작하게 된다. 이 단체는 1978년부터 북한의 조선기독교연맹에 편지글을 보내서 통일논의를 제안하였고, 1980년 여름 조선기독교연맹과 조국평화통일위원회의 초청에 따라 평양에서 조선기독교연맹을 방문하고 남북의 기독자 사이의 교류를 맺게 된다.

당시 한반도에서는 분단이 고착화된 상황에서 통일논의 자체가 어려웠다. 이들은 1981년 11월 오스트리아의 빈에서 '남북 기독자의 대화모임'을 개최하였는데, 이 행사에는 허정숙, 고기준, 최덕신 등 70여 명이 참석했다. 이후 이영빈 목사는 1982년 11월 핀란드의 헬싱키에서 '북과 해외동포 기독자 간의 대화', 1983년 7월 평양에서 '북과 해외동포 학자 통일문제 토론 모임'이 잇따라 열리도록 주선하게 된다. 그러나 이목사는 당시 '반공법' 같은 실정법상의 처벌을 감수하게 되었고 현재까지 친북인사로서 국내 입국이 금지되어있다. 그는 1981년 방북 시 처음 부모님의 묘를 성묘하고 친지들을 잠시 만날 수 있었으나, 오늘날 그는 남북한의 경계인으로서 독일에서 통일을 위한 과거사를 정리하고 있다.

북한 유학생 신동삼 선생의 가족 이야기[50]

신동삼 선생은 1930년 봄 함경남도 함흥 전평군 출신으로 함흥 공업중학교를 다녔다. 한국전쟁이 일어나자 그는 1950년 7월 중순 인민군에 입대하게 되었고 공업중학교 학생들로 조직된 여단에 편성되었다. 그는 1950년 미군이 원산 상륙으로 들어왔을 때 미군과의 교전에서 부상을 입는다. 그 후 만주 하얼빈으로 이송되어 야전병원에서 3개월간 치료를 받은 후 평양북도 자강도 강계시 시위원회에서 근무하게 된다. 그는 1952년 5월 자강도 도교육부 위원들에 의해 유학생으로 선발되어 '유학생 강습소 특별교육반'으로 가게 된다. 같은 해 5월에서 8월까지 교육을 받았고, 9월 평양 문교부에서 동독으로 유학이 결정되어 평양에서 기차를 타고 안동을 거쳐 시베리아 철도로 동독에 가게 되었다.

동독 유학은 동독과 북한 간에 합의된 사회주의 건설을 위한 기술인재 교육사업의 일환이었다. 한국전쟁 이후 북한은 상당한 피해로 인하여 공업시설을 새로이 갖추어야 했다. 또한 공업화를 위한 기술자가 매우 부족한 상황에서 필요한 기술인재를 확보하는 것이 북한의 사회주의 건설에 필수적인 조건이 되었다. 소련과 동유럽 사회주의 국가들은 아시아 내 사회주의 건설을 지원하고자 하였고 북한은 선진적인 공업기술을 전수받고자 하였다. 김일성은 한국전쟁 기간에도 전후 사회주의 건설을 위해 유능한 인재를 선발하여 동유럽 국가들에 파견하였다. 선발된 이들은 이공계 전공을 배우게 하였는데, 이는 기계, 전기, 철도, 화학, 건축, 통신, 조선 등의 분야가 국가 재건에 중심이 되었기 때문이다. 이들은 전쟁터에서 희생되어서는 안 되기에 극비리에 중국으로 이동한 후 소련과 동유럽 국가들에 보내졌다.

북한은 1952년 9월부터 소련, 동독, 폴란드, 체코, 루마니아, 불가리아와 알바니아에 이르기까지 기술교육사업을 시행하였다. 1952년 9월 유

50 신동삼 선생 구술/ 저자 녹취.

학생 1기, 1952년 12월 유학생 2기가 시베리아 열차를 타고 각지로 파견되었다. 이후 1957년까지 유학생이 매년 한 기씩 전체 5기가 파견되었다. 신동삼 선생은 라이프치히 마르크스 종합대학교에서 예과과정으로 독일어를 배웠고 이후 1954년 드레스덴 공대에서 건축학을 전공하게 되었다. 1기로 같은 대학으로 평양에서 온 유학생이 37명에 이르렀다. 동독의 기밀 문서에는 1955년 자국의 대학에서 기술인재양성교육을 받고 있던 북한인들을 총 334명으로 파악하고 있다.

유학생활은 사적인 생활까지 통제하는 엄격한 규율을 따라야 했다. 1957년엔 사상 검열을 문제 삼아 유학생 중 3분의 1이 북한으로 송환되어 정치학습을 받았으며, 이들 가운데 상당수가 동독으로 돌아오지 못하였다. 특히 남녀 간 사랑은 금기시되었다. 1기 유학생 책임자인 마영광씨는 김일성종합대학에서 2년을 다니다가 유학생으로 선발되어 왔는데, 북한에 가정을 두었음에도 현지 독일 여성과 사랑을 나누다가 자살이라는 막다른 선택으로 내몰렸다. 또한 유학생끼리 교제를 하다가 아이를 갖게 되어 비인간적으로 송환되는 사례 등이 있었다.

신동삼씨는 동독의 함흥복구사업에 통역원으로 차출되어 북한 함흥을 1956년 4월 방문하였다. 1948년 고향을 떠난 지 8년 만에 가족을 다시 만나게 되었다. 그 뒤 동독으로 돌아온 그는 북한 체제에 대해 고민을 하게 된다. 그리고 마침내 1959년 가을 서부 독일로 넘어오게 된다. 당시는 베를린장벽이 아직 세워지기 전이라 베를린에서 전차(S-Bahn)를 타고 서베를린으로 어렵지 않게 올 수 있었다. 행동에 옮기기 전에 그는 체제 선택에 대해 괴로워했다. 그러던 중 1959년 여름 부친의 사망 소식을 편지로 접하게 되고 3남인 자신을 대신해서 큰형과 둘째형이 홀로 남은 어머님을 모실 수 있다는 생각에 서독으로 넘어오게 되었다. 이렇게 동독의 유학생으로 북한에서 파견된 사람 중 분단과 체제이념의 갈등을 겪다가 서독으로 넘어와서 현재까지 독일에 생존하고 계신 분이 대략 16명 정도로 추정되고 있다.

6. 아픈 기억 가슴 안고

지금까지 동북아지역 격동의 정세 속에서 해외 한민족이 겪어야 했던 디아스포라의 역사적 경험을 살펴보았다. 수백만 명의 이주민과 관련하여 한반도를 떠날 수밖에 없었던 정황과 이역에서 한인들이 흩어지고 각자의 처지에 따라 현지 사회에 적응해야 했던 디아스포라의 이산체험을 구체적인 사례별로 조망하였다. 일본본토, 사할린, 간도, 중앙아시아, 연해주, 미주지역으로 가족 이산의 양상은 조금씩 다르지만, 실향민으로서 이산의 아픔을 간직한 채 새로운 현실에 뿌리를 내려야 하는 타향살이를 포괄적으로 비교하였다. 이를 통해 분단이 가져온 냉전체제가 개인의 가족 이산에 어떠한 영향을 미쳤는가를 살펴보았다.

한반도의 분단이라는 한민족의 특수한 조건은 재외한인 사회를 남북의 대립구도와 같이 갈라놓았고 또 다른 이산의 아픔을 겪게 하였다. 일본의 경우, 해방 후 많은 한인들이 귀국하기도 하였으나, 재일한인은 귀국 시 재산권 문제 및 한반도의 좌우익 대립으로 인하여 고국 귀환의 어려움을 겪기도 하였고 민단과 총련의 갈등 및 10만 명의 북송사업으로 가족 이산을 심화시키는 현상을 볼 수 있었다. 사할린의 고려인 이산문제의 경우 일제는 전쟁 시 수많은 한인들을 사할린으로 강제 동원하였으나 종전 시 일본의 자국민 우선정책으로 한인 귀환의 기회를 외면하였다. 소련군이 진주한 이후 사정은 더욱 나빠져서 한반도 특히 남한 출신 한인들에 대한 귀국기회가 철저히 배제되어 수만 명이 이산된 채 생사확인을 이루지 못하고 냉전시대를 살아야 했다.

중국지역의 경우 해방 후 많은 한인들이 혼란한 국내사정을 관망하던 중 한국전쟁에 휘말리면서 거주지의 사회주의 체제에 자연스럽게 복속되었다. 분단 이후 북한에 편향된 교류만이 가능한 상황에서 남한의 가족과는 단절되어야 했다. 곽병희, 박서운와 백홍용 여사의 구술기록에 조선족이 겪은 이러한 수난사가 고스란히 묻어나 있다. 미주지역이나 유럽으로 간 한인 이주자들 중 북한지역에 고향을 두고 있는 이들이 상당수 있었다. 실향민들은 헤어진 핏줄을 확인하고 싶었으나 냉전체제는 가족과의 교류에 제약을 강요하였다. 미국에서 최우성, 김현무와 김영식 선생, 독일에서 이영빈 목사와 신동삼 선생의 사례에서 디아스포라 한인가족의 안타까운 이산이야기를 들여다보았다.

한인 디아스포라의 역사는 동북아 지역정세의 격랑 속에서 겪은 한민족의 수난사를 고스란히 반영하고 있다고 볼 수 있다. 구한말 농민들이 궁핍한 생활을 벗어나고자 한반도에서 간도지방과 만주로 건너가 중국과 러시아에 정착하기 시작하였고 일부는 하와이 농장으로 노동이주를 선택하기도 했다. 청일전쟁과 러일전쟁에서 승리한 일제는 한반도에 대한 실질적인 지배력을 행사하며 해외이주가 본격화되었다고 볼 수 있다. 특히 식민지시기 수탈정책에 의해 토지와 식량을 빼앗기고 정치적 박해를 받게 된 많은 조선 민중들은 만주로 이주를 선택할 수밖에 없었다. 일부는 독립운동을 위해서 중국, 러시아 그리고 미국으로 건너가기도 했다. 일본은 식민통치를 하며 한인들의 집단이주 및 강제징용을 실시하여 일본, 만주, 사할린으로 한민족 이산을 촉진시켰던 것이다.[51]

분단체제는 가족의 상봉은 물론 서신교환이나 생사확인조차 어렵게 만들었다. 이산민들의 귀환은 기약 없는 소망으로 바뀌었다. 흩어져있던 한인들은 낯선 땅에 정착하면서 소수민족으로 차별과 핍박과 같은 현실적인 삶의 고통을 견디며 또 다시 살아남기 위해 제한된 선택을 해야 했다. 많은 이들은 어쩔 수 없는 상황에 의해 생활공간을 옮겨야 했다. 이들은 일본, 중국, 사할린, 중앙아시아에 잔류하며 각자의 처지에 따라서 정주의 공간을 선택해야 했다. 이주한인들은 이산의 아픔을 지닌 채 소비에트인민으로서, 중국공민으로서, 귀화인으로서 때론 무국적자로서 새로운 현실에서 뿌리를 내려야 했다.

재외한인들은 민족의 힘든 역사를 겪으며 강제적으로든 자발적으로든 중국, 러시아, 일본으로 이주를 해야 했지만, 해외에서 살아도 혈연적으로나 문화적으로 모국의식을 지닌 한민족 공동체로서 유대감을 강하게 지니고 있었다. 그러나 정치체제의 대립에 따른 분단과 전쟁은 한반도를 갈라놓았을 뿐만이 아니라 해외교민집단을 포함한 전체 민족구성원에게 직간접으로 지대한 영향을 미쳤다. 분단과 냉전이라는 정치적 요인은 고국을 떠나 해외 곳곳에 흩어져 있는 한인들에게 거주국의 정치사회적 상황 등에 따라 조국으로의 귀환문제, 민족의식, 통일관 및 정치적 입장을 결정하도록 제약을 가하였다. 재외한인들은 남북한 분단의 틀 속에서 한쪽으로 편향된 교류만을 선택해야 했고, 조국 내 가족친지들과는 물론 현지 가족 구성원들 사이의 이산을 경험해야 했다.

특히 중국, 러시아, 일본 및 미국은 역사적으로 한반도와 깊은 관계를

---

51 윤인진(2004), 8~15쪽. 한민족의 이산의 역사는 크게 네 시기로 구분하고 있다. 제1시기는 1860~1910년 한일합방, 제2시기는 1910~1945년 해방, 제3시기는 1945~1962년 남한 정부의 이민정책 수립, 제4시기는 이후~현재까지로 구분하고 있다.

맺으면서 국가별로 상이한 민족 이산의 현상을 보였다. 중국과 러시아의 공산권 내 한인들은 친(親)북한적 환경에서 북한과 긴밀한 관계를 맺었고, 미국과 유럽 내 한인은 친남한적 환경에서 남한과 일방적인 관계를 유지하면서 상대진영과는 단절되어야 했다. 일본 내 한인 사회는 민단과 총련으로 나뉘어 갈등과 반목을 경험하였다. 이처럼 분단체제는 당사자인 한반도의 남북한 주민뿐만 아니라 해외에 거주하는 한인들도 분열시켰다.

이산민들은 모국으로 돌아갈 수 있다는 기대가 서서히 멀어지기 시작하자 고향은 이제는 잊어야 하는 과거가 되어갔다. 한때는 한데 어울려 살면서 정을 나누고 살았던 고향의 가족들과 생사도 안녕도 모른 채 떨어져 살아야 하는 현실의 조건을 받아들여야 했던 것이다. 각지에 흩어져 살던 재외한인은 이중의 정체성을 지니게 되었다. 한인 1세대들은 여전히 한민족으로서 귀속의식을 유지하고 있으며 이산의 아픔을 넘어 고향의 그리움, 귀향 및 가족 재회의 소망을 간직하고 있다. 다른 한편으로 거주국 일원으로 편입되어 그곳의 국민으로서 정체성을 또한 갖고 있으며 이산을 과거의 상흔으로 여기고 현재의 삶에 적응하는 모습을 보이기도 한다.

1990년 이후 냉전체제가 붕괴되고 해외여행이 허용되면서 고향과 거주지 사이의 왕래가 가능해졌다. 그러나 그동안의 세월은 모든 것을 변화시켰다. 고향은 타향살이에서 그들에게 다시 돌아갈 희망의 공간이었으나 그리워하던 기억 속의 고향은 낯선 땅이 되어 있었다. 많은 실향민들은 이미 오래전에 소식이 끊긴 가족들을 찾아야 했고, 설사 고향을 찾아 일가친지를 만나더라도 자신을 이방인처럼 낯설게 대했다. 따라서 지금까지 오래 살던 거주지를 떠나 귀환을 선택해야 하는지 고민하는 경우도 생기게 되었다.

이산의 문제는 당사자나 과거 헤어진 가족 구성원에게만 해당하는 문제가 아니었다. 헤어진 가족이 낯선 이주지에서 다시 가족을 구성하거나 이산된 가족이 몇 십 년 만에 다시 상봉을 하는 경우에 또 다른 이산의 문제를 낳는 것이다. 이산의 상처는 역사적 경험으로 남아있지 않고 오늘날에도 지속적으로 영향을 미친다는 점에서 현재진행형인 비극이다.

냉전체제의 종식과 함께 고향으로 왕래가 가능해졌다. 그러나 상당수 이산을 체험한 가족들이 사망하거나 고령으로 거동조차 불편한 상황에서 이산의 상처는 그대로 남아있다. 이들은 한반도의 격동기에 고국 땅을 떠날 수밖에 없었던 아픈 기억을 가슴에 안은 채 디아스포라 한인으로 살아가고 있다. 통일을 지향하는 21세기 한반도가 한민족의 공동체로 하나가 되려면 식민과 분단, 이데올로기 갈등과 경제적 궁핍으로 디아스포라 한인이 겪어야 했던 가족 이산의 고통과 아픔을 공감하는 연대의식이 선행되어야 할 것이다. 이런 점에서 디아스포라 한인에 대한 관심과 공감, 그리고 가족 이산의 문제를 해결하려는 노력이 한반도 평화의 시작이 될 것이다.

평화 부재의 삶, 그리고 치유

1. 평화로운 삶의 자리, 가족

지금까지 살펴본 각각의 이야기들은 이산의 과정과 형태가 다른 서술들이고 가족 이산 후 겪고 있는 고통과 상처가 제각각 다른 형태로 나타나고 있다. 그러나 공통적인 내용을 구성하고 있는 부분은 그들이 왜 이산가족이 되었는가에 대한 원인과 동기에 관한 이야기이다. 어느 누구도 이렇듯 장기적으로 가족이 만날 수 없는 이산의 상태를 예감하지 못했고, 심지어 생사조차 확인할 수 없는 단단한 분단의 벽에 갇힐 것이라 상상치 못했다. 전쟁의 공포 속에 일신상의 피해를 모면하기 위해 '잠시'라고 생각했던 혈육의 '피신'이 60년을 넘어섰다. 국경을 넘어설 때만 해도 극심한 '생존' 문제를 해결하기 위해서였지, 다시는 돌아갈 수 없는 '분단의 강'을 넘었던 것이 아니었다. 가족 이산이 얼마나 '어이없게', '상상치도 못하게', '급작스럽게' 그러나 '어쩔 수 없이' 다가왔는지 그 이야기를 다룬 것이다. 그래서 더 가슴 절절하고, 고통스럽고, 그립고, 처절한 그들의 가족 이산의 경험을 이 책에서 보다 대중적으로 전달하고자 하였다.

이산가족들은 가족이 이산하게 되었다는 사실에서 공통의 성격을 지녔지만 분단에 얽힌 그들의 가족사는 삶과 생활세계가 각기 다르게 펼쳐진다. 김귀옥의 연구처럼 월남인 가족들은 한국에서 보통국민이 되기 위해 '반공전사'의 삶을 살아왔다. 의식적으로 그들은 이데올로기의 첨병 역할을 자임했고, 누구보다 열렬한 반공이데올로기의 증식자로 왜곡된 삶을 살아왔다. 반면 조은의 연구에서 보이듯 월북인 가족들은 반공이데올로기의 가장 큰 피해자로서 죽은 듯이 지내왔다. 시기에 따라 정권에 따라 정치논리에 휘둘리며 월북인 가족이력의 꼬리표를 달고 살았으며, 누구보다도 가장 먼저 감시와 국가폭력의 희생자가 되었다. 그 결과 가족의 삶은 파괴되었고, 대물림을 하지 않기 위해 소리 내어 말하지 않으며 은폐의 삶을 살아왔다. 탈북자 역시 마찬가지이다. 절박한 생존의 문제를 해결하기 위해 국경을 넘은 탈북자들은 북측에 남겨 두고 온 가족에 대한 미안함, 혹여 '나'로 인해 피해가 가지 않을까 하는 두려움과 조심스러움 속에서 남측 생활을 제대로 영위하고 있지 못한 경우가 많았다. 삶의 안테나는 북측에 세워놓고, 가까운 미래에 '가족 재형성'의 희망과 꿈을 키우고 있었다. 이렇듯 유형별 이산가족들의 과거와 현재의 삶은 평화롭지 못하다. 이산가족의 삶과 생활은 분단국가를 공고히 하는 데 적극적으로 활용되었고 분단국가의 모순과 왜곡을 그대로 투영하고 있다. 따라서 이들의 고통스러운 삶을 헤집어 살펴보는 일은 그들의 고통을 배가시키기 위함이 아니라, 바로 이들 삶에 묻어있는 분단의 왜곡과 평화 부재의 삶이 무엇인가를 생생하게 전달하려는 것이었다.

이산가족들의 삶의 서사를 통해 분단의 희생자이며 분단체제의 모순과 왜곡을 그대로 안고 살아왔던 이산가족의 가족 구성원들이 왜 분단의 주체로 나서고 있지 못한지, 이들 삶의 치유와 복원, 그리고 평화적 삶의 추구는 어떻게 가능한지에 대해 시론적 대안을 제시하고자 하였다. 많은 이산가족들은 자신들이 가족 이산의 상태임을 밝히고, 가족 이산을 해결하기 위한 자신의 목소리를 당당하게 내고 있지 못하다. 이들은 가족 이산 문제를 해결하기 이전에 '삶의 문제', '생존의 문제'를 절박하게 느끼고 있었다. 월남인 가족들은 남으로 내려와 살아야 했고, 남측의 참된 구성원이 되어야 했다. 월북인 가족들은 북으로 간 가족을 끊어내야 했고, 가슴에 묻고 잊어야만 생존할 수 있었다. 몰라야 했고, 몰랐고, 앞으로도 모르는 가족이 되어야만 했다. 탈북자 가족들은 북에서는 죽은 사람으로 처리되었고, 남으로 내려온 탈북자는 행여 남은 가족이 다칠까봐 존재를 드러내서는 안 됐다. 이것은 모두 '생존'의 문제였다. 생과 사의 인간생존 문제 앞에서 정치적, 사회적 이슈와 쟁점 앞에 때론 과감히 나서야 했고, 때론 숨죽여 살아야 했던 것이다. 어쩔 수 없었다고 말하는 이들의 상처와 고통은 누가 어떻게 해야 하는가. 바로 이런 물음 앞에 지금 우리는 서 있다. 누구도 외면해서는 안 되는 우리의 이야기임을, 아직도 이산가족의 삶이 현재 진행형임을 보고 있는 것이다.

수년 전 평양을 방문하였을 때 북한 사람과 이산가족 문제에 관해 대화를 나눈 적이 있다. 남북한 정부가 진심으로 통일을 염원하고 국민들의 복지 향상을 바란다면 다른 무엇보다 남북으로 갈라져 있는 이산가족들이 부모와 형제자매를 만날 수 있도록 정부가 적극 배려해야 하지 않겠느냐고 물었다. 북한측 인사는 사실 북한 당국이 2001년 이산가족 사업과 관련한 남측의 제안을 받고 이산가족의 고향방문과 대규모 상봉을 준비하라는 김정일의 지시를 받은 적이 있다고 했다. 그러나 북한적십자사와 조국평화통일위원회 등 통일관련 기관들이 사전조사와 현장답사를 실시한 결과 사업 추진이 불가능하다는 결론을 내렸다고 한다. 그 이유인즉, 당시 북한의 사정이 워낙 열악하여 이산가족들이 거주하고 있는 시골농촌 마을까지 그대로 보여줄 수 있는 상황이 못 된다는 것이었다. 그의 표정과 말투에서 가식은 느껴지지 않았다. 가족 상봉의 자유보다 당장 먹고 살아야 하는 가족의 생존 문제가 더 시급하다고 생각되니 안타까움만 더했다.

〈세계인권선언〉은 "사람은 누구를 막론하고 어디에서나 인간으로서 인정된 권리"를 향유하며(제6조), 이에 대한 "평등한 보호를 받을 권리를 갖는다"(제7조)고 선언하고 있다. 또한 "사람은 누구를 막론하고 그 사생활, 가족, 가정 또는 통신에 대한 전반적 간섭이나 침해를 받지 아니하며 그러한 간섭이나 침해로부터 보호를 받을 권리를 가진다"(제12조)고 하며, "가정은 사회의 자연적이며 기본적인 집단적 단위이며 사회 및 국가의 보호를 받을 권리를 가진다"(제16조 3항)고 규정하고 있다. 따라서 이산가족의 재회 및 상호연락은 인간의 기본적 권리이며 어느 누구도 그 본질적 내용을 침해할 수 없다.

또한 〈세계인권선언〉은 고향에 돌아갈 인간의 권리가 보장되어야 한다고 쓰고 있다. "사람은 누구를 막론하고 박해를 피하여 타국에 피난·거주할 권리를 가진다"고 하며, "사람은 누구를 막론하고 자국을 포함한 여하한 국가로부터 퇴거하고 또한 자국에 귀향할 권리를 가진다"라고 규정하고 있다. 모든 국가와 사회는 이러한 권리를 존중하고 보장해야 할 의무가 있다. 이러한 권리는 정치적 또는 기타 의견을 이유로 차별되어서는 안 되며 모든 사람에게는 이러한 권리와 자유가 완전히 실현될 수 있는 사회적·국제적 질서를 향유할 권리가 있다고 〈세계인권선언〉은 천명하고 있다.

〈국제인권규약〉도 가족의 자유로운 만남과 결합에 대해 강조한다. 〈경제적·사회적·문화적 권리에 관한 국제규약〉(ICESCR, 제10조 1항)과 〈시민적 정치적 권리에 관한 국제규약〉(ICCPR, 제23조 1항)은 가족을 "사회의 자연적이고도 기초적인 단위집단"이라고 규정하면서 이러한 "가족은 사회와 국가의 보호를 받을 권리를 가진다"고 명시하고 있다. 또한 "어느 누구도 자기의 사생활, 가족, 가정 또는 통신에 대하여 자의적·불법적 간섭을 받지 아니하며, 명예와 신용에 대한 불법적 침해를 받지 아니"(ICCPR, 제17조 1항)하는 한편, 규약에 규정된 권리가 인종, 피부색, 성별, 언어, 종교정치적 또는 그 밖의 사회적 출신이나 의견에 차별 없이 행사되도록 보장할 의무를 규약당사국에 부과(ICESCR, 제2조 2항; ICCPR, 제2조 1항)하고 있다.

남한과 북한은 인권으로서의 가족권을 포함하고 있는 위의 〈국제인권규약〉에 가입해 있다.[1] 남한은 ICESCR과 ICCPR, 그리고 ICCPR 제1선택의정서 모두 1990년 4월 10일 가입서를 제출하여 같은 해 7월 10일부터 그 효력이 발생되었다. 북한은 1981년 9월 ICESCR과 ICCPR에 가입하였다. 북한이 비록 가입국 상호간에 서로 인권문제를 제기할 수 있게 되어 있는 ICCPR 제41조를 유보하였고 UN 인권위원회에 제출하도록 되어 있는 정기보고서도 제출하지 않고 있으나 〈국제인권규약〉의 가입국으로서 이산가족들의 상봉과 재결합 문제를 인도주의적 보편성에 입각하여 해결해야 하는 의무를 지니고 있다.

〈제네바 제4협약〉(1949)과 〈제네바협약 추가의정서〉(1977)도 전쟁이나 무력충돌 시 민간인을 보호하기 위해 가족권을 인정하고 이산된 가족 간

---

1 2000년 4월 현재 ICESCR에 140개국이, ICCPR에 131개국이, 그리고 인권침해에 대한 개인통보절차를 규정하고 있는 ICCPR 제1선택의정서에는 87개국이, 사형제도를 금지한 제2선택의정서에는 28개국이 각각 가입해 있다.

의 서신교환 및 그들의 재회를 위해 노력할 것을 규정하고 있다. 〈제네바협약〉 제26조는 "각 충돌당사자는 전쟁 때문에 이산된 가족들이 상호연락을 회복하고, 가능하면 재회하려는 목적으로 행하는 문의에 대해 편의를 제공하여야 한다. 각 충돌당사자는 특히 이러한 사업에 종사하는 단체가 자국에서 용인될 수 있고 그러한 단체가 자국의 안전보장 규칙에 따르는 한 동 단체의 사업을 장려해야 한다"고 선언하고 있다. 이러한 선언은 〈제네바협약 추가의정서〉에도 재천명되었다.

주목할 것은 탈냉전 이후 세계질서는 점차 인권과 같은 세계적 공통문제들에 대한 관심과 이를 위한 국제기구의 역할 증대가 두드러진 특징으로 나타나고 있다는 사실이다.[2] 1993년 6월 테헤란회의(1968. 4) 이후 25년 만에 개최된 제2차 세계인권회의에서 채택된 〈빈 인권선언〉과 〈행동강령〉은 사회주의권 붕괴 이후 정책과 체제의 위기를 겪고 있는 사회주의 국가들의 변화를 가속화시키는 데 중요한 몫을 담당하였다. 특히 빈 인권회의에서는 인종·종교적 분규 및 독재정권에 의한 인권침해가 계속되는 탈냉전시대의 새로운 인권보호원칙과 행동계획을 재정비할 필요성이 높아짐에 따라 인권의 보편성 문제, 경제발전·민주주의와 인권보장 간의 상관관계, 시민권에 대한 정부의 의무와 역할 등이 집중적으로 논의되었다. 또한 인권문제의 보편성에 입각하여, 내정불간섭이라는 미명하에 정권유지를 위하거나 발전을 이유로 자행되는 인권유린을 방관할 수 없으며 개발은 개인의 기본권이 보장되는 민주제도 아래 국민적 참여 및 인권의 제도화와

---

2 Marc Trachtenberg, "Intervention in Historical Perspective," in Laura Reed and Carl Kaysen, eds., *Emerging Norms of Justified Intervention*(Cambridge: American Academy of Arts and Science, 1993); 김학준, 「북한의 인권개선을 위한 국제사회의 역할」, 『북한의 인권: 실상과 국제사회의 역할』(한양대 사회과학대학 학술심포지엄 논문 및 토론집, 1994. 11. 9), 6쪽에서 재인용.

병행해야 한다는 점도 강조되었다.

　냉전 종식 이후 많은 국가들이 인권의 보호·증진을 통한 국제질서 및 평화 유지라는 기치를 내걸고 공동보조를 취하며 인권문제에 적극적으로 대응하고 있고, 정치적 자유와 경제 문제 및 주민생활 등 인간으로서 마땅히 누려야 할 자유와 권리 문제가 커다란 이슈로 부상하고 있다. 따라서 한 가족이 정치이데올로기의 희생물이 되어 서로간의 상봉은 고사하고 생사확인도 할 수 없는 한반도의 반인권적 상황은 심각한 주목의 대상이 아닐 수 없다. 사회주의권이 붕괴되고 세계화가 가속화되고 있는 21세기 국제사회의 변화는 가히 '인권혁명'으로 부를 수 있을 만큼 기본적 인권문제를 인류의 공통관심사로 끌어올렸기 때문이다.

2. 남과 북의 합의

　이산가족 문제가 인도주의적 보편성을 띠고 있다는 점에 대해서는 남북한 사이에도 어느 정도 공감대가 형성되어 있다. 그것은 남북한이 관계개선을 위해 대화의 장을 마련할 때마다 이산가족 문제를 중심에 놓고 민족의 화합과 화해를 도모하고자 시도했다는 데서 잘 나타난다. 분단고통의 상징인 이산가족의 상봉과 재결합 문제를 해결하지 않고서는 남북화해를 꾀할 수 없다는 것이 남북한 국민이면 누구나 공유하는 인도주의 정신인 것이다. 이렇게 볼 때 남북한은 이산가족 문제가 민족화해의 징표라는 사실과 인도주의 문제라는 점에 대해 인식을 같이한다고 볼 수 있다.

　1972년 8월 시작된 남북적십자회담에서 남북한 이산가족의 생사확인과 상호방문, 자유로운 상봉, 재결합 등의 문제를 두고 25차례의 실무회담을 가졌다. 그러나 불행히도 북한에 거주하는 이산가족들과의 방문이나 상봉 등 구체적인 성과는 얻지 못했다. 그러다가 1985년 9월 남북한 이산가족 고향방문 및 예술단 공연을 계기로 이산가족의 고향방문이 최초로 이루어졌다. 남북한에서 각각 선발된 50명의 가족들이 판문점을 통해 평양과 서울을 방문하였고, 이 가운데 35명은 가족과 친척들을 상봉하는 극적인 순간을 맞이하였다. 이것은 남북한 이산가족이 공식적으로 고향땅에서 만남의 자리를 갖은 첫 번째이자 마지막 기회였다.

이산가족 문제에 대한 남북한의 공통된 인식은 1992년 9월 17일 발효된 〈교류협력 부속합의서〉에 뚜렷하게 나타나 있다. 즉 "남과 북은 흩어진 가족·친척들의 자유로운 서신거래와 왕래와 상봉 및 방문을 실시하고 자유의사에 의한 재결합을 실현하며, 기타 인도적으로 해결할 문제에 대한 대책을 강구한다"(제15조)고 합의하였다. 이를 위해 다섯 가지 구체적 실천사항도 제시하였다. ① 이산가족의 범위는 쌍방 적십자사가 토의하여 결정하고 ② 이산가족들의 자유왕래와 방문은 쌍방이 합의한 왕래절차에 따르며, ③ 이산가족 상봉면회소 설치는 쌍방 적십자가 협의·해결하고, ④ 자유의사에 의한 재결합 실현대책을 강구하며, ⑤ 사망자 유품 및 유골이전에 편의를 제공하도록 규정하였다. 특히 상대지역에 자연재해가 발생했을 경우 인도주의 정신과 동포애에 입각하여 서로 돕자고 합의하였다.

비록 이러한 합의가 이산가족의 실제적 만남으로 실현되지는 않았으나 남북한은 모두 이산가족 문제를 인도주의 정신과 동포애로 해결해야 한다는 당위성을 인정하고 있는 것이다. 이산가족들이 서로 만날 수 있는 면회 장소를 마련하고 자유의사에 따라 재결합하며 유골이전까지 허용하도록 합의한 것은 이산가족 문제가 사상과 이념을 초월한 인간의 기본권리이며 인도주의 문제라는 의식이 남북한 간에 자리함을 엿볼 수 있다. 또한 적십자사라는 인도적 구호단체가 이산가족 문제를 주도적으로 해결하도록 합의한 것도 이산가족 문제는 탈정치화되어야 하며 인도주의 정신에 따라 해결되어야 할 문제라는 데 남북한이 공감하고 있음을 보여준다.

북한도 이산가족 문제에 대하여 한 치의 양보도 하지 않던 종전의 태도에서 조심스런 변화의 조짐을 보이고 있다. 그간 이산가족 문제를 기피해온 북한은 경제난이 악화되면서 외화벌이 목적으로 해외동포들의 고국방문과 북송된 일본인 처의 일본방문 및 제3국에서의 남북한 이산가족 상봉을 묵인 또는 실시하였다. 또한 1998년 3월 1일부터 인민보안성(구 사회안전부)에 '주소안내소'를 설치하고 국내외에 흩어진 이산가족 찾기사업을 전개함으로써 약간의 기대를 모으고 있다.

남한 정부도 1998년 9월 1일부터 이산가족들의 북한방문을 용이하게 하기 위해 방북절차를 기존의 승인제에서 신고제로 전환하고 60세 이상의 이산가족에 대해 적용하기 시작하였다. 그리고 2000년 3월부터는 이산가족에 대한 북한주민 접촉 승인기간을 2년에서 5년으로 연장하고 지원계획에 따라 방북신고제의 적용범위를 60세에서 '이산가족 1세대 전체'로 확대하는 등 이산가족 교류 절차를 간소화하였다.[3] 또한 정부는 제3국을 통한 민간 차원의 이산가족 교류를 촉진하기 위해 1998년 1월 1일부터 재북 가족의 생사확인 및 상봉을 추진하는 경우 소요되는 경비를 지원하기 시작하였다. 생사확인의 경우 40만 원, 상봉의 경우는 80만 원을 지원하였고 생활보호대상자·국군포로 가족 등 '특별지원대상자'에 대해서는 2배 범위 내에서 지원하기 시작하였다.

이러한 이산가족 상봉의 제도화를 바탕으로 2000년 이후 금강산면회소

---

3 위의 책, 86쪽.

건립과 화상상봉 등의 제도 상설화와 다양한 형식의 시도를 통해 이산가족 문제해결의 가능성을 열었다고 할 수 있다. 또한 이 시기 이산가족 상봉의 전형적인 대상으로 생각해오던 전쟁으로 인한 이산의 형태뿐만이 아니라 다양한 이산의 형태가 드러나기 시작하였다. 분단과 전쟁으로 인한 이산가족 외에 납북인과 국군포로, 비전향장기수 등 분단 이후 발생한 이산의 형태까지 드러난 것이다. 또한 납북인 및 비전향장기수의 귀환 등으로 인해 남한과 북한 모두 이산가족을 둔 사례 등 복잡성까지 더해져 이산가족들이 겪는 슬픔은 분단이 고착화되면서 더욱 깊어지고 있다. 때문에 이산가족 문제의 해결은 정치적인 사안이 아닌 인도적인 문제로 접근해야 하고, 정치적인 문세로 활용되지 않도록 하는 남북의 노력이 반드시 필요하다.

그렇다면 이산가족 문제의 인도주의적 보편성에 입각하여 남북한이 합의문까지 도출했음에도 이산가족 문제가 근본적으로 해결되지 않는 이유는 무엇인가? 그것은 이산가족 문제가 본질적으로는 인도주의 문제이지만 분단과 전쟁으로 인한 정치적 갈등이 증폭된 남북한에는 정치적 의미를 띠고 있기 때문이다. 이산가족 문제가 순수한 인도주의 문제이며 인권문제인 것은 사실이나 이념분단과 전쟁으로 가족이 흩어짐으로써 남북한 체제에 정치적 의미를 지니게 되었다. 특히 월남인 이산가족은 북한에 정치적 부담으로 자리 잡고 있어 이산가족 문제를 다루는 데 있어서 정치적 측면도 신중히 검토해볼 필요가 있다.

이산가족! 남북분단의 아픔을 상징적으로 담고 있는 언어, 그러나 너무 오랫동안 귓전에 들려온 터라 별다른 감각과 아련함이 묻어나지 않는다. 사람이 산다는 것, 그리고 살아 있다는 것의 의미는 사람과 사람 사이에 주고받은 정과 사랑일 터인데, 한반도 땅에 아직도 수많은 가족들은 부모와 자식이 헤어진 채 보지 못하고 만나지 못한다는 것은 과연 무슨 연유인가?

사상과 이념이 스치고 간 조국강토에 이처럼 비인간적인, 비도덕적인 처사가 버젓이 존재하는데도 많은 사람들이 그렇고 그런 것이려니 하며 관심을 두지 않으니, 이 어찌 스스로 살아 있는 사람이라고 말할 수 있을까? 사상과 이념이 무엇이기에 그리운 형제와 자매, 부모와 자식의 만남을 막을 수 있다는 말인가. 정말 철저하게 강포한 인간의 모습을 보게 된다. 무엇을 위해, 무엇 때문에 그렇게 하고 있다는 말인가. 분노, 절대로 용서할 수 없다는 원망, 정의를 세우고 불의를 바로잡겠다는 욕망, 그런 허망한 것들이 우리를 가로 막고 있지 않은가!

3. 이산가족의 치유를 위하여

지금까지 분단의 여러 측면—가족이 어떻게 나뉘었는지, 국경을 넘어 가족 이산을 극복하고자 한 노력은 어떻게 지속되었는지, 사람들은 분단 트라우마에 어떻게 대처하였는지, 어떻게 삶을 다시 시작하였는지, 물질적인 것이든 정신적인 것이든 자원을 어떻게 활용하였는지, 이산과 트라우마는 그들의 삶을 어떻게 만들었는지 그리고 그들이 실제로 주어진 생활세계 속에서 어떻게 정착해 나갔는지, 역사가 거의 반영하지 않은 분단과 이산 그리고 가족 이야기를 하고자 했다. 이 책은 많은 연구자들의 구술채록 연구와 직접적인 인터뷰 방식으로 이루어졌지만, 분단과 전쟁, 그리고 이산가족에 대한 '이야기'나 '경험담'의 나열에 그치는 것이 아니라 이들이 인터뷰 중간중간 한숨을 쉬며 말을 멈추고, 이것까지 털어놓는 것은 처음이라거나, 이 이야기를 녹음하지 말아달라는 등의 표현에서 묻어난 그 고통과 상처에 관한 이야기이다.

흔히들 분단을 이데올로기 대립의 결과로 간주하지만, 이산가족을 통해 본 분단은 생존의 결과였고 가족희생을 전제로 구축된 정치적 도구였다. 당시 정치가들에게 분단은 유용한 정치적 책략으로 간주되었을지 모르지만, 그것이 땅에 터전을 두고 사는 사람들에게 어떠한 의미였는지, 그 결과를 안고 살아가야 하는 사람들에게는 어떤 의미였는지, 우리는 충분히 돌아보지 않았다. 오히려 역사는 식민주의에 이어 분단을 낳고 분단은 집단 광기를 낳았다. 가족 이산의 존재와 이산가족의 역사가 국가와 민족을 위해 잊혀야 할 것으로, 때론 활용되어야 할 정책으로 국가에 의해 끊임없이 조종·강요당해왔다. 그리고 그 이후 분단된 양쪽의 땅 사람들은 장벽에 갇혀 가족 이산의 고통 속에 분단국가의 순결한 국민이 되기 위해 안간힘을 쓰고 있었다. 가족 공동체는 국가와 개인의 영역을 넘나들며 때론 가족의 이름으로 국가에 순응하고, 때론 원자화된 가족 해체의 형태로 침묵했다. 이 모두 가족 공동체를 보호하기 위한 방편이었다. 그 과정에서 이산가족들은 깊은 내면의 상처와 고통을 트라우마로 지니게 되었다. 이들의 고통과 상처는 어떻게 치유 가능한 것일까.

필자가 경험한 3차 이산가족 상봉사업은 금강산에서 2박3일 동안 이뤄졌다. 북측에서 남측 가족을 만나고 싶다고 신청한 케이스였다.[4] 북측 신청자 100명과 남측 상봉가족 500여 명이 만나는 자리였다. 남측 상봉가족은 남측 가족끼리 버스에 나눠 타고 상봉 장소에 가서 잠시 북측 가족을 만나고, 다시 남측 가족끼리 버스를 타고 숙소로 돌아온다. 첫째 날을 보내고 버스에서 만난 남측 가족들은 저마다 북측 가족이 누구인지, 왜 월북인이 되었는지, 만났더니 어떠하더라는 이야기를 서로 주고받았다. 처지

---

4 북측에서 1명이 신청하면 남측 가족은 5명이 만날 수 있다. 반대로 남측에서 북측 가족을 만나고 싶다고 한다면 남측 1명에 북측 5명이 상봉 가능하다.

가 비슷하기 때문이다. (상봉사업이 진행될수록 이러저러한 다양한 사례들이 상봉장에 나타났겠지만) 초기 상봉사업에 나온 월북인들은 대부분이 지식인이거나, 문화예술인 등 남쪽에서 원래 유명했거나, 북쪽에서 성공한 사람이 많았다. 그러니 버스 안에서는 서로 자신의 가족인 월북인들에 대한 칭찬이 많을 수밖에 없다. 집안의 기둥이었다느니, 원체 똑똑해서 공산주의 색에 물들었다느니, 가족들이 그리는 월북인의 모습은 부잣집의 배운 도련님 혹은 저항적 지식인의 모습 그 자체였다. 그러나 상봉사업을 마치고 돌아설 때면 더 이상 그들을 가족 구성원으로 받아들이지 않았다. 월북인 구성원이 선택한 삶에 대해 인정해주는 것 그 이상의 배려는 존재하지 않았다. 그렇게 칭송 자자한 가족 구성원임에도 불구하고 데려오고 싶어 하지도 않고, 애끓는 모정으로 따라 올라가고 싶어 하지도 않았다. 지난 세월 서로가 서로에게 미안함과 서운함, 원망이 남아있겠지만 상봉 이후 나쁜 감정들은 눈 녹듯 사라지며 그리움만 남는다. 그래도 가슴이 뻥 뚫린다고나 할까. 생존을 확인하고, 손을 잡고 안부를 전하고, 여러 감정들을 눈물 속에 녹여 보이며 서로에게 전달했고, 핏줄임을 확인하지만 함께 거주하는 가족이 될 수 없는 현실을 받아들였다. "지나고 보니 누구를 탓할 수도 원망할 수도 없고…… 그저 빨리 통일만 되었으면 좋겠다. 통일이 되려는지……"

이 같은 현장의 반응은 문헌 속의 월남인 가족에게도 동일하게 나타났다. 속초 아바이 마을의 신포 할아버지 이야기이다. 신포 할아버지는 한중수교 이후 연변지역을 여러 차례 다니며 가족을 수소문했고, 사진 한 장과 만날 수 없다는 상봉거부의 연락만을 받았을 뿐이다. 그러나 신포 할아버지는 불같이 일었던 이산가족에 대한 그리움이 아내와 딸이 북에서 비교적 안정적으로 생존한다는 사실을 접하는 순간 어느 정도 가라앉았다고 구술했다. 그리고 다시는 소식을 접할 수도, 접하려고도 마음을 먹지 않았다고 했다. 조사자가 어떻게 그럴 수 있냐고 했을 때, 신포 할아버지의 대답은 자신이 그렇게 백방으로 수소문하는 가운데 40년 넘게 가슴속에 쌓였던 미안함이 어느 정도 해소되더라고 했다. 자신의 실수로 북으로 돌아가게 된 미안함과 남편·아버지로서 역할을 다하지 못했다는 죄책감은 이제 맘 깊이 잦아들고 다만 그리움만이 실재할 뿐이었다.

이산가족⋯⋯ 참 별거 없었다. 너무 오랫동안 헤어져 살아서, 헤어지는 과정에서 서로에게 상처가 되어 맘속에 응어리가 풀어도 풀어도 끝이 없을 듯 하지만, 만나면 그냥 확 풀어진다. 모두들 이상하리만치 조용해진다. 생각해보면 가족이 그런 것 같다. '미안하다'는 말 한마디, '보고 싶었다'는 눈물 한 방울만으로도 모든 것은 해소되고, 풀어지고, 이해되며, 용서되는 그런 관계가 가족이자 혈육인 것이다.

그나마 상봉가족들은 생존을 확인하고, 같이 못한 60년의 세월을, 눈물을 나누었기에 일종의 치유과정을 거친 셈이다. 만난 것만으로도 치유가 되는 이산가족. 만나서 눈물밖에 흘린 것이 없는데 마음속에 응어리졌던 원망과 미움이 눈처럼 녹아버리는 이산가족. 그렇게 가족 구성원을 지켜내기 위해 모진 고생을 했음에도 가족의 또 다른 헤어짐을 가족으로서 인정하는 이산가족. 이러한 모습들에서 필자는 가족이 참 모질고 숭고하다는 모순적 생각이 들었다. 그러나 아직도 많은 이산가족들은 여전히 가족 이산의 고통과 트라우마만 깊숙이 간직하고 있을 뿐, 고통의 해체와 치유의 과정을 거치지 못하고 있다. 이들 가족이 건강하게 복원될 때 분단의 상처가 치유되고 미래지향적인 통일을 더 빨리 앞당길 수 있을 것이다. 그것이 곧 분단을 넘어서는 일이 될 것이다.

참고문헌

강용권, 『끌려간 사람들, 빼앗긴 사람들: 강제징용자와 종군위안부의 증언』, 해와 달, 2000.

강정구, 「해방 후 월남동기와 계급성에 관한 연구」, 한국사회학회 편, 『한국전쟁과 한국사회변동』, 풀빛, 1992.

국방군사연구원, 『한국전쟁』 下, 국방군사연구원, 1997.

국방부정훈부, 『구월산』, 국방부, 1955.

국사편찬위원회, 『재외동포사회의 역사적 고찰과 연구방법론 모색』, 2005.

곽진오, 「해방초기 재일조선인의 귀국과 일본에서의 생활에 관한 연구」, 《통일연구》 10권 2호, 2007.

김경일 외, 『동아시아의 민족이산과 도시』, 역사비평사, 2004.

김광억 외, 『중국 흑룡강성 한인동포의 생활문화』, 국립민속박물관 학술총서 24, 1998.

김귀옥, 「냉전시대의 경계에 선 사람들—월남인-월북인-납북인」, 《황해문화》 2010년 여름.

_____, 「북한은 이산가족 문제를 어떻게 인식해왔을까」, 《경제와 사회》 49호, 2001년 봄호.

_____, 「분단과 전쟁의 디아스포라—재일조선인 문제를 중심으로」, 《역사비평》 91호, 역사비평사, 2010.

_____, 「이산가족의 섬, 한반도: 한국전쟁과 이산가족의 경험·고통」, 《문화과학》 55권, 문화연구사, 2008.

_____, 『월남민의 생활경험과 정체성』, 서울대학교 출판부, 2002.

_____, 「탈냉전시대 이산가족 문제를 보는 새로운 시각과 해법」, 《통일문제연구》 제43호, 통일문제연구소, 2005.

김면, 「독일 한인 통일운동의 형성과 전개과정」, 《카프카연구》 18집, 2007.

김영대, 「소수자로서의 납북인 및 납북인 가족문제: 정책의제형성을 중심으로」, 『한국거버넌스학회 학술대회자료집』, 2006.

김용출, 『독일아리랑』, 에세이, 2006.

김일성종합대학출판사, 『형법학(1)』, 1986.

김일성, 「현정세와 당면과업」, 『김일성 저작선집』, 조선로동당출판사, 1950.

김종군, 「구술을 통해 본 분단 트라우마의 실체」, 《통일인문학논총》 제51집, 2011.

내무부, 『대한민국 통계연감』, 내무부, 1953.

대한적십자사, 『이산가족백서』, 대한적십자사, 1972.

_____, 『이산가족찾기 60년』, 대한적십자사, 2005.

문옥표 외, 『해외한인의 민족관계』, 아카넷, 2006.

민경우, 『민경우가 쓴 통일운동사 1972~2005』, 통일뉴스 2006.

민족통일연구원, 『남북한 이산가족 문제 해결방안』, 민족통일연구원, 1998.

민주화운동기념사업회 편, 『지역민주화운동사 편찬을 위한 기초조사사업 최종보고서』, 미
    간행물, 2005.

박명선, 「북한출신 월남인의 사회경제석 배경 및 사회이동에 관한 연구」, 이화여대 사회학
    과 석사학위논문, 1983.

박성희, 『베를린, 그리고 3천일만의 귀향』, 한울, 1999.

서은성, 「이산가족의 의미 변화 분석」, 경남대학교 북한대학원 석사학위논문, 2006.

성혜랑, 『등나무집』, 세계를 간다, 2000.

손전후, 『우리나라 토지개혁사』, 과학백과사전출판사, 1983

송두율, 『경계인의 사색』, 한겨레신문사, 2002.

신상옥, 『난, 영화였다』, 랜덤하우스, 2007.

신영진, 「한국전쟁시 동원연구」, 『점령정책·노무운용·동원』, 국방군사연구소, 1995.

오길남, 『잃어버린 딸들 오! 혜원 규원』, 세이지, 2011.

유권하, 『아름다운 기다림, 레나테』, 중앙북스, 2010.

유의영, 「재미한인의 인구통계학적 특성과 주요 현안」, 『동북아 평화번영과 재외한인』, 전
    남대 세계한상문화연구단 국제학술회의 자료집, 2003.

유재천·김병문, 「이산가족 문제와 한민족 네트워크 공동체 형성」, 《세계지역연구 논총》
    16, 2001.

윤여상, 「납북인 실태와 해결방안」, 『뜻』 제3호, 6·25전쟁납북인사가족협의회, 2002.

윤인진, 『코리안 디아스포라』, 고려대학교 출판부, 2004.

_____ 외, 『재외한인 연구의 동향과 과제』, 북코리아, 2011.

이광규, 『동포는 지금』, 집문당, 2005.

_____, 『재외한인의 인류학적 연구』, 집문당, 1997.

어수갑, 『베를린에서 18년 동안 부치지 못한 편지』, 휴머니스트, 2004.

이수길, 「독일 이민사의 비화를 밝힌다 1부: 한국간호사 파독 40년을 회고하며」, 《재독한인》 2006. 12.

이수자, 『나의 독백』, 한겨레신문사, 2001.

이영빈·김순환, 『경계선』, 신앙과 지성사, 2005.

_____, 『통일과 기독교』, 고난함께, 1994.

이유진, 『빠리망명객 이유진의 삶과 꿈』, 필맥, 2004.

이태호·신경완, 『압록강변의 겨울: 납북요인들의 삶과 통일의 한』, 다섯수레, 1991.

이토 다카시, 『사할린 아리랑, 카레이스키의 증언』, 눈빛, 1997.

이한영, 『김정일 로열 패밀리』, 시대정신, 2004.

이화선, 『비창』, 예솔, 2006.

이혜리, 홍현숙 옮김, 『할머니가 있는 풍경』, 디자인하우스, 1997.

임영상, 『구술생애사와 문화콘텐츠를 통해 본 고려인』, 신서원, 2012.

임채완·전형권, 『재외한인과 글로벌 네트워크』, 한울아카데미, 2006.

조병옥, 『라인강변에 꽃상여가네』, 한울, 2006.

조정남, 「동아시아의 민족환경과 재외한인」, 《평화연구》 제8호, 1999.

_____·유호열·한만길, 『북한의 재외동포정책』, 집문당, 2002.

전충림, 『세월의 언덕위에서』, 한겨레신문사, 1996.

정근재, 『그 많던 조선족은 어디로 갔을까?』, 북인, 2005.

정석기, 『한민족의 디아스포라: 한민족 이민의 大河는 흐른다』, 쿰란출판사, 2005.

정현수 외, 『중국조선족 증언으로 본 한국전쟁』, 선인, 2006.

주성화, 『중국 조선인 이주사』, 한국학술정보, 2007.

중국조선족 청년학회 수집·정리, 『중국조선족 이민실록』, 연변인민출판사, 1992.

차종환·이봉수·박상원, 『미주동포들의 민주화 및 통일운동』, 나산출판사, 2004.

최병현, 「재미 한인교회와 교포사회: 뉴욕한인교회 70년사」, 『한국기독교역사연구소 소식』 제9호, 1992.

최은희, 『고백』, 랜덤하우스, 2007.

_____·신상옥, 『조국은 저 멀리』 상, 하, Pacific Artist Cooperation, 1988.

최종고, 『한강에서 라인강까지』, 유로, 2005.

최진욱 외, 『동북아 한민족 사회의 역사적 형성과정 및 실태』, 통일연구원 2004.

최협·이광규, 『다민족국가의 민족문제와 한인사회』, 집문당, 1998.

통일연구원 편, 『북한체제의 형성과 발전과정 구술자료: 일본·독일』, 선인, 2006.

한민족유럽연대 편, 『정규명』, 서울, 2007.

한·유럽연구회 편, 『유럽한인사』, 재외동포재단, 2003.

황장엽, 『회고록』, 시대정신, 2010.

《동아일보》 2000년 9월 4일자.

《로동신문》 1954년 2월 19일, 1957년 11월 27일자.

통일부 보도자료, 2005년 8월 22일자.

통일부 홈페이지 http://www.unikorea.go.kr/CmsWeb/viewPage.req?idx=
PG0000000241.

이산가족 통합정보센터 http://reunion.unikorea.go.kr/reunion/index.

필자 소개

김병로

성균관대학교 사회학과를 졸업하고 미국 인디애나주립대학교에서 경제발전과 민주화의 상관관계에 관한 논문으로 석사학위를, 뉴저지주립대학교(럿거스)에서 남북한 발전비교연구로 사회학 박사학위를 받았다. 통일연구원 북한연구실장, 아세아연합신학대학교 교수를 거쳐 현재 서울대학교 통일평화연구원 HK교수이다. 북한 계층구조와 주체사상 등 북한 연구와 남북한 비교, 통일 문제를 연구해 왔으며, 주요 저서로는 *Two Koreas in Development*, 『북한의 지역자립체제』, 『북한-중국간 사회경제적 연결망의 형성과 구조』, 『노스코리안 디아스포라』, 『북한 김정은 후계체제』 등이 있다.

김 면

연세대학교 독어독문학과에서 학사 및 석사를 졸업한 후 독일 베를린(T.U.)대학교에서 문학박사(Dr.Phil)학위를 취득했다. 통일연구원 기초사업부 연구위원과 연세대학교 연구교수를 역임했으며, 현재 건국대학교 통일인문학연구단 HK연구교수로 있다. '통일로 본 독일민속학'을 연구했으며, 주요 논문과 저서로는 「나치즘과 독일민속학」, 「분단구조의 동서독 민속학」, 「독일 한인통일운동의 형성과 전개과정」, 『독일민속학』, 『구술로 본 해외통일운동사의 재인식: 독일편』 등이 있다.

박희진

이화여자대학교 북한학 박사로 북한경제의 시장화 과정을 '계획과 시장'의 관계로 해석한 후 초기 중국과 비교연구를 단행한 논문으로 학위를 취득하였다. 비교사회주의 방법을 통해 북한경제의 시장화 과정을 고찰하고 있으며, 조·중 접경지역 연구에도 관심을 갖고 있다 현재는 동국대학교 북한학연구소 연구교수로 북한 도시사 연구(함흥시·평성시)를 진행 중이다. 주요 저서는 『북한과 중국: 개혁개방의 정치경제학』, 『김정일의 북한, 어디로 가는가?』 등이 있고, 논문은 「북한경제의 개방화구상과 반개혁의 이중주」, 「북중경제협력과 남북경제협력의 유사성 비교」, 「동독과 중국의 인적자본 개발방식 비교」 등이 있다.

이상숙

고려대학교 국어국문학과 및 대학원을 졸업했으며, 고려대학교·서울산업대학교·한경대학교에서 강사를 역임, 2007년부터 가천대학교 글로벌교양학부 교수로 재직 중이다. 1995년 「정현종론」으로 세계일보 신춘문예 문학평론 부문에 당선했다. 2005년 제6회 젊은 비평가상을 수상했으며 2006~2007년 Harvard University Korea Institute에서 펠로로 '남북한 문학 전통론 비교 연구'를 진행하였다. 문학평론집 『시인의 동경과 모국어』, 『북한문학예술의 지형도 1, 2, 3』(공저), 논문 「북한문학의 민족적 특성론 연구」, 「북한문학 속의 백석」 외 다수가 있다. 우리 문학의 전통론과 남북 문학의 비교 연구에 관심이 있다.

조은희

이화여자대학교에서 북한 혁명전통의 상징화 연구로 박사학위를 받았으며, 현재 이화여자대학교 통일학연구원 연구위원으로 재직 중이다. 북한 사회와 남북한 정통성 비교 등 북한 사회문화 연구를 해왔으며, 주요 연구로는 「남북한 박물관 건립을 통한 국가 정통성 확립」, 「탈북대학생들의 국가정체성 형성과 변화」, 「역사적 기억의 정치적 활용: 북한의 「항일빨찌산참가자들의 회상기」 분석을 중심으로」 등이 있다.

찾아보기

ㄱ

한반도 분단과
평화 부재의 삶

1판 1쇄 찍음 2013년 5월 23일
1판 1쇄 펴냄 2013년 5월 30일

지은이 ┃ 김병로 외
펴낸이 ┃ 김정호
펴낸곳 ┃ 아카넷

출판등록 2000년 1월 24일(제2-3009호)
100-802 서울 중구 남대문로 5가 526 대우재단빌딩 16층
전화 ┃ 6366-0511(편집) · 6366-0514(주문)
팩시밀리 ┃ 6366-0515
책임편집 ┃ 박수용
www.acanet.co.kr

Printed in Seoul, Korea.

ISBN 978-89-5733-287-0 94340
ISBN 978-89-5733-269-6 (세트)